JUGEND MACHT GESELLSCHAFT
Was ist uns unsere Jugend wert?

Herausgegeben von Birgit Ebbert und Klaus-Peter Lilienfein

JUGEND MACHT GESELLSCHAFT –
Was ist uns unsere Jugend wert?

Herausgegeben von
Birgit Ebbert
und Klaus-Peter Lilienfein

Aktion Jugendschutz (ajs)
Landesarbeitsstelle Baden-Württemberg
Stuttgart 1995

CIP-Kurztitelaufnahme der Deutschen Bibliothek

Jugend macht Gesellschaft : was ist uns unsere Jugend wert? /
[Aktion Jugendschutz (ajs), Landesarbeitsstelle Baden-Württemberg]. Hrsg. von Birgit Ebbert und Klaus-Peter Lilienfein. – Stuttgart : ajs, Landesarbeitsstelle Baden-Württemberg, 1995
    (Jahrestagungsband / ajs, Aktion Jugendschutz Baden-Württemberg ; 1994)
    ISBN 3-923970-20-X
NE: Ebbert, Birgit [Hrsg.]

Inhaltsverzeichnis

Vorwort *(Birgit Ebbert, Klaus-Peter Lilienfein)* 7

Einleitung *(Klaus-Peter Lilienfein)* 9

I. Analyse

Jugend macht Gesellschaft: Was ist uns unsere Jugend wert?
(Dieter Baacke) 13

JUGEND - MACHT - GESELLSCHAFT
(Richard Rathgeber) 26

II. Zur Diskussion gestellt

Jugendgemeinderäte: ein Modell zur politischen Partizipation
junger Menschen *(Wolfgang Berger)* 48

Aktionsräume von Kindern in der Stadt *(Baldo Blinkert)* . . . 54

Redezeit in „logo" *(Jutta Breitenstein)* 65

Lobby für Kinder in Karlsruhe *(Christine Dörner)* 67

Jugendgerechte Stadtplanung *(Andreas Feldtkeller)* 73

Der Landesschülerbeirat Baden-Württemberg
(Dominik Hierlemann) 92

„Wir schaffen es gemeinsam" - Kooperationsprojekt zwischen
Schule, Elternhaus und Gemeinde *(Renate Pfau)* 95

„Moskito" - nichts sticht besser *(Juliane Rossius)* 99

Jugendforum Murrhardt - eine Möglichkeit zur politischen
Beteiligung *(Matthias Sammet)* 104

Kinderalltag und Lebensqualität in einem Reutlinger
Stadtgebiet *(Elke Schön)* 110

III. Projekte aus der Praxis

Interessenvertretung für Herner Kinder in der Praxis - Alltag
einer Kinderanwältin *(Hedwig Blanke)* 118

Spielfreundlicher Schulhof *(Brigitte Dieckmann)* 129

Karlsruher Fan-Projekt *(Rolf Fluhrer)* 142

Chico Mundo - Ferienspielstadt *(Reinhard Gradmann)* 150

Jugendliche auf der Straße *(Dieter Meyer)* 162

Arbeitslose Jugendliche - was ist uns unsere Jugend wert?
(Wolfgang Sartorius) 167

Zeitungen als Sprachrohr für Jugend *(Maria Wetzel)* 182

IV. Praktische Hinweise aus den Workshops

Diskussionsspiele - Hintergrund und Workshopverlauf
(Elke Beck) 189

Sich ins Spiel bringen *(Merlin Grön)* 199

Ökomobil - Natur erleben - kennenlernen - schützen
(Bodo Krauß) 201

Kindergipfel in Eigenregie *(Kristin Michna, Gerd Pfitzenmaier)* . 203

„Du doitsch?" - Beschreibung einer Spielaktion
(Josef Minarsch-Engisch) 212

„Mit Jugend ins Gespräch kommen... - mehr eine Frage von
beruflicher Haltung als eine Frage von Handlungskonzepten
(Georg Zwingmann) 217

Autoren 220

Vorwort

„Ein Drittel der Menschheit sind Kinder und Jugendliche, ein Drittel des Lebens ist Kindheit. Kinder werden nicht erst zu Menschen, sie sind es bereits."

Janusz Korzcak

Obwohl Kinder und Jugendliche ein großer Teil der Bevölkerung sind, und obwohl sie die Zukunft der Welt gestalten sollen, werden ihre Bedürfnisse und Interessen bei der Gestaltung unserer Gesellschaft noch immer nicht angemessen berücksichtigt.

Medienberichte vermitteln eher den Eindruck, Kinder und Jugendliche seien „Störer" von Ordnung und Ruhe, weil sie anders sind und durch Gewalt, Kriminalität oder für Erwachsene unverständliche Jugendkulturen auffällig werden.

Aber darf sich eine Gesellschaft, die ihren Nachwuchs an den Rand drängt, wundern, wenn Heranwachsende sich auf anderen Wegen Gehör verschaffen, ihre eigenen Ideale suchen oder vor der Realität flüchten?

„Was ist uns unsere Jugend wert?"
„Welchen Wert hat Jugend für uns?"

Diese Fragen stellen sich gerade in einer Zeit, in der über das Recht auf einen Kindergartenplatz gestritten wird und alle Bereiche der Erziehung und Jugendarbeit von Kürzungen bedroht sind. Daher erinnerte die Aktion Jugendschutz mit ihrem Jugendschutztag 1994 daran, daß auch der Stellenwert von Kindern und Jugendlichen die Qualität einer Gesellschaft bestimmt.

Die vorliegende Tagungsdokumentation versucht dementsprechend, auf Zusammenhänge und Mißstände hinzuweisen und gleichzeitig Perspektiven gegen diese bedenkliche Entwicklung aufzuzeigen. Sie belegt, daß es Möglichkeiten der Gegensteuerung und Vorbeugung gibt, wenn Erwachsene und Heranwachsende sich kreativ und offen zeigen und Mut haben, neue Ideen auszuprobieren.

Birgit Ebbert
Klaus-Peter Lilienfein

Einleitung

Was ist uns unsere Jugend wert?

Wenn wir fragen, wie wertvoll uns unsere Kinder sind, haben wir uns den Umgetriebenen unter ihnen zuzuwenden. Ich rede ungern von verhaltensauffälligen Kindern, weil hier das Verhalten zum Symptom wird, an dem man herumkuriert, ohne an die Wurzeln gehen zu müssen. Zudem ist „Verhalten" ein außerordentlich ideologieanfälliger Begriff.

An den umgetriebenen Kindern muß sich bewahrheiten, was unsere Antworten wert sind und wie sich das, was wir an Wertvollem tun, gerade an ihnen auswirkt.

Wir wissen ziemlich genau, was Kinder nicht zur Ruhe kommen läßt, sie unruhig durch Klassenzimmer und Wohnungen treibt oder depressiv in die Ecken drückt: seelische Wunden, verursacht

– durch die Arbeitslosigkeit ihrer Eltern;
– durch eine lieblose Erziehung;
– durch den Mangel an gelebten Werten, der eine wertlose Erziehung nach sich zieht, in der sie sich selbst als wertlos erfahren;
– durch die sogenannten „ganz normalen" Fernsehsendungen;
– durch die Videos und die Computerspiele, die sie kaputtmachen;
– durch eine eindimensionale Erziehung zur Bedürfnisbefriedigung, die sie so auch bei ihren Eltern erleben;
– dadurch, daß sie oft nicht mehr erfahren, welche Hoffnungen es für ihr Leben gibt, was „gut" und was „böse" ist, und wie das Leben gelingt, wo es sinnvoll ist, und woraus sie Zuversicht schöpfen können über den Tag hinaus.

Welche Antworten geben wir ihnen in dieser total vergeldlichten Welt, in der man buchstäblich für alles bezahlen muß?

An den Umgetriebenen unter unseren Kindern und Jugendlichen haben wir alle zu erforschen und abzulesen, was uns in der Politik, der Wirtschaft, der Pädagogik, in Kirchen, Verbänden und Vereinen umzutreiben hat. Die Umgetriebenen müssten unser Sensorium sein. Und wenn wir irgendeinen Wert benennen, so darf er uns nicht nur auf der Zunge liegen, sondern muß sich auch in barer Münze zeigen, wo das notwendig ist. Werte in unserer Gesellschaft müssen sich in den Prioritäten erweisen, die wir setzen und leben.

Doch was ist in unserem Land denn wichtiger, die Anlagen, die Materialien, die Repräsentation, der Schein – oder das Sein?

Wo spielen die Werte, zu denen wir erziehen sollen und wollen, im Verhalten dieser Gesellschaft noch eine Rolle: die Freundlichkeit, Mitmenschlichkeit, Gerechtigkeit, die Religiosität und die Liebe – wo spielen sie etwa dieselbe Rolle wie das Durchsetzungsvermögen, die Belastbarkeit, die Leistungsbereitschaft, Coolneß, Fitneß und Cleverneß?

Sind die zuerst genannten Werte nicht erfolgreich hinter Anstaltsmauern und in Krankenhäuser verbannt worden?

Wo bleibt in viel zu großen Lerngruppen – und in oft viel zu klein gebauten Klassenzimmern – Raum für eine kinder- und jugendfreundliche Erziehung und Bildung?

Wie sollen Kollegien, die immer älter und kränker werden, an unseren Schulen diese Probleme meistern, zumal, wenn sie von einem Politiker dazu noch mit Häme übergossen werden?

Wenn Selbsttätigkeit, Entscheidungsfähigkeit und Kooperation wichtige Erziehungsziele sind, dann müssen wir fragen, wo Kinder und Jugendliche dort planerisch und kooperativ eingebunden werden, wo es um ihre Lebensbereiche geht: beim Bau von Schulhäusern, Kinderspielplätzen, bei der Sanierung und Planung von Wohngebieten und Stadtteilen.

Unsere Gestaltungsspielräume sind jedoch oft begrenzt. Deshalb richte ich diese Fragen dorthin, wo die Prioritäten gesetzt werden, wo eine kinder- und jugendfreundliche Gestaltung unserer Gesellschaft entweder ermöglicht oder verhindert wird:

– an die Familien und Eltern;
– an die Parlamente des Landes, der Kreise und Kommunen;
– an die Spitzengremien unserer Verbände;
– an die Chefetagen der Konzerne;
– an die Synoden und Bischofskonferenzen unserer Kirchen
– und an die Hauptversammlungen unserer Vereine!

Wenn der Satz wahr wäre, den alle im Munde führen – daß unsere Kinder unser höchstes Gut seien –, dann müßten alle, die so etwas sagen, auch endlich darangehen, ihre Gesetze, ihre Prioritäten, ihre Lebenswirklichkeit an diesem Axiom zu überprüfen. Dann wäre es höchste Zeit, alle Entscheidungen auf ihre Kinder- und Jugendverträglichkeit hin zu untersuchen!

Dann müßten Programmgestalter, die lieber Strafen für jugendgefährdende Sendungen bezahlen – weil das viel weniger ist, als der Profit, den sie dafür einstreichen, dann müßten solche Programmgestalter aus ihren Sesseln fliegen! Dasselbe gilt für den Bau eines Laserdromes, das gilt für die Herstellung und den Vertrieb von rechtsradikalen Gewaltvideos und Musikkassetten.

Es ist für uns nicht nachvollziehbar, daß Leute, die hier verurteilt wurden, kurz darauf wieder auf der Matte stehen und unter einem neuen Firmennamen den alten Schrott weiterverkaufen! Es muß doch möglich sein, ihnen die Geschäftsfähigkeit auf Dauer zu entziehen, ihnen auf Dauer das Handwerk zu legen – genauso wie es möglich ist, Strafen für jugendliche Straftäter, die in die Gewalt-Szene geraten sind, kreativ zu gestalten. Im Kreis Esslingen werden hier mit sozialen Trainingskursen neue, verheißungsvolle Wege beschritten.

Wir brauchen für Lehrer und Lehrerinnen dringend die Möglichkeit einer sozialpädagogischen Aus- und Fortbildung, wenn wir die Probleme von Gewalt, Aggressionen und Umgetriebensein an unseren Schulen bewältigen sollen.

Mit großer Sorge sehen wir eine doppelte Armutsentwicklung in unserem Land: Auf der einen Seite ist sie vor allem verbunden mit der Arbeitslosigkeit. Über 1 Million Kinder sind in Deutschland davon betroffen. Arbeitslosigkeit macht krank und grenzt aus – das trifft Kinder besonders hart, weil sie die Folgen zu tragen haben, ohne die Ursachen verstehen zu können. Kinder von arbeitslosen Eltern – das berichten alle Armutsuntersuchungen – nehmen zunehmend nicht mehr teil an Freizeitveranstaltungen und schulischen Programmen, die Geld kosten. Sie haben in der Kleidung stark zurückzustecken und haben deshalb unter dem Gespött der modeverwöhnten Mitschülerinnen und Mitschüler zu leiden.

Dagegen leben in unserem Land[1] 18 457 Menschen, deren Vermögen – nach Abzug aller Schulden – 68,8 Milliarden Mark beträgt. Das sind in Prozenten ausgedrückt 56,1 % des Gesamtvermögens in unserem Land!

Ich gönne jedem, was er hat, wenn er verantwortungsvoll damit umgeht. Aber ich gönne keinem Kind, daß es unter der Knute der Armut zu leiden hat, daß es ausgesetzt wird und an wichtigen Gesellschafts- und Kulturgütern nicht mehr teilhaben kann.

---

[1] Stuttgarter Zeitung vom 5.5.1993

Die andere Armutsentwicklung bedrückt uns in gleicher Weise: das Armwerden an geistigen Werten und Gütern. Einer der Gründe für diese Entwicklung liegt im Umgang mit den Medien.

Prof. Bo Reimer an der Universität Göteborg weist nach, daß sich mit den Fernsehgewohnheiten – seit dem Vielkanal-Fernsehen – auch die Lebensgewohnheiten stark verändern. Wir gehen hier auf eine Zweiklassen-Gesellschaft zu, deren kleinerer Teil es lernt, souverän mit den Medienmöglichkeiten umzugehen und seine anderen Lebensbereiche ebenfalls souverän zu gestalten, während der größere Teil sich durch die „Actionsendungen" hindurchzappt und sehr schnell auf kulturelle und informative Sendungen ganz verzichtet – auch auf die Nachrichten. Zeitungen und Bücher werden von dieser Gruppe ebenfalls nicht mehr gelesen. Die Folge ist nicht nur Uninformiertheit. Diese Menschen wissen am Ende auch nicht mehr, wie und wo man sich informieren kann. Das demokratische Interesse geht bei ihnen ebenfalls sehr schnell gegen Null!

Wer diese Untersuchung ernstnimmt, weiß, daß – bei der Manipulierbarkeit dieser Menschen – die große Zeit der Psychogruppen, der Sekten und der politischen Verführer erst noch kommen wird!

Die Vertreter des Kommunitarismus haben diese Gefahren im Blick, wenn sie vor den Schattenseiten eines ausufernden Individualismus und vor einem dramatischen Zerfall der Urteilskraft in den westlichen Industrieländern warnen. Beides wird unserem demokratischen Staatswesen und unserer Kultur noch große Probleme bereiten. Ob wir diesen Prozeß, der ja eine enorme Bedeutung für den Kinder- und Jugendschutz hat, aufhalten werden, weiß ich nicht. Ich weiß nur, daß wir – im Interesse unserer Kinder – nicht resignieren dürfen!

Wenn Sie mich nach dem Wert unserer Kinder fragen, so kann ich dazu vorweg nur sagen: Ihr Wert und ihre Würde liegen allein in ihrem Dasein verborgen, im Mysterium ihrer Einzigartigkeit und Unwiederholbarkeit, in ihrem Erschaffen-Sein und in ihren Hoffnungen auf Leben und Glück!

Für das Präsidium der Aktion Jugendschutz
Klaus-Peter Lilienfein

I. Analyse

Dieter Baacke

Jugend macht Gesellschaft: Was ist uns unsere Jugend wert?

1. Was ist uns unsere Jugend wert?

Die Frage im Untertitel meines Artikels kann auf den ersten Blick eigentlich nur rhetorisch gemeint sein. *„Was ist unsere Jugend wert?"* - natürlich viel, denn schließlich ist sie es, die zukünftig für unsere Gesellschaft verantwortlich sein wird. Schauen wir genauer hin, so wird freilich schnell deutlich, daß es schon wichtig ist, deutlich zu machen, aus welcher Perspektive diese Frage gestellt und beantwortet wird.

Eine – leider vorherrschende – Art und Weise, mit dieser Frage umzugehen, wie sie besonders von vielen PolitikerInnen, aber auch manchen Pädagogen immer wieder demonstriert wird, sieht so aus, daß Kinder und Jugendliche zur „Problemgruppe" gemacht werden, zu einem Fall ständiger Sorge und Besorgnis, die zur Behütung und Überwachung auffordert. Kinder und Jugendliche werden unter dem Schafsfell von Fürsorge und Jugendschutz zum Objekt von Bedürfnissen und Interessen, die die sogenannten „Verantwortlichen" vordefinieren: Sie legen fest und bestimmen, was Jugendliche wollen müssen und daher brauchen! – Gerade in diesen Jahren des Umbruchs und der Veränderung ist ein solches Verhaltensmuster wieder leitend. Da gibt es ganze Problem-Kataloge, aufgestapelt an einer Klagemauer pädagogischer Arroganz oder Wehleidigkeit. Wir betrachten die wachsende Zahl von „Scheidungswaisen", machen uns Sorgen über alleinerziehende Mütter und ihre (scheinbare) Unfähigkeit zur verantwortlichen Erziehung; wir machen uns Sorgen über die Drogenszene oder beklagen die Jugendarbeitslosigkeit; in letzter Zeit ergehen wir uns in Konferenzen, Vorträgen und „Maßnahmen" angesichts wachsender Straßengewalt und Ausländerfeindlichkeit; parallel dazu wird die Politik-Abstinenz vieler Jugendlicher beklagt.

Gleichzeitig und im Widerspruch dazu werden die öffentlichen Mittel für die Kinder- und Jugendarbeit gekürzt, angefangen von Kindergärten, die geschlossen oder nicht erweitert werden, über das Fehlen offener Angebote nach der Schule bis zu den Kürzungen in den Jugendhaushalten des Bundes, der Länder und der Kommunen, bis zu Schließungen von Jugendhäusern, Kinderkrippen und anderen öffentlichen Einrichtungen.

Unerfreulich ist aber nicht nur die zweizüngige Unwahrhaftigkeit von Klage und Kürzung in einem Atemzug, sondern – und dies ist mindestens ebenso bedenklich – die Tatsache, daß die meisten übersehen: Nicht eigentlich Kinder und Jugendliche stecken in einer Krise, sondern die „Verantwortlichen" in der Jugendpolitik sind in Krisenstimmung und die PädagogInnen ebenfalls, weil sie angesichts von Klage und Erfahrung eines wachsenden Vandalismus und einer zunehmenden Individualisierung jugendlicher Bestrebungen den pädagogischen Wertehimmel strahlender Erlösungsprogramme längst zusammengebrochen sehen. Fiskus und Pädagogik sind rat- und mittellos; Stichworte dafür sind „die Krise der kommunalen Haushalte, Haushaltssanierung, drastische Einsparungen von sog. freiwilligen sozialen Leistungen, Um- und Abbau (Stichwort: Sozialstaatskrise) einerseits; Neubegründung der Perspektiven des Arbeitsfeldes bzw. konzeptionelle Neuüberlegungen (Stichwort: eigenständiges Profil) unter den krisenhaften und risikoreichen Lebensbedingungen (Stichwort: Folgen des Modernisierungs- und Vereinigungsprozesses) von Kindern und Jugendlichen heute, von professionellem Selbstverständnis und (fachlichen, kommunikativen, methodischen, parteilich-anwaltlichen) Kompetenzen der Mitarbeiterinnen und Mitarbeiter andererseits"[1].

In diesen Dschungel von Argumenten und Widersprüchen möchte ich mich keinesfalls begeben. Ich möchte die Antwort auf die Frage „Was ist uns unsere Jugend wert?" nicht an den politischen und pädagogischen Sorgen orientieren, sondern an den Kindern und Jugendlichen selbst, indem ich versuche, ihre Subjekthaftigkeit, ihre Ansprüche und Wünsche, zum Maßstab zu nehmen. Dann ist die Antwort eigentlich recht einfach: Sie ist uns so viel wert, wie wir es ertragen können, sie nicht zum Objekt sorgenvoller Betrachtung zu machen, sondern zum Teilnehmer und Mitverantwortlichen an den Veränderungen, die wir planen. Noch einfacher: Nur dem ist Jugend etwas wert, der ihr Partizipation zugesteht, und sie als Partner betrachtet, der zwar keine fachlichen und fiskalischen Kompetenzen besitzt, wohl aber Kompetenzen darin, wie er seine Lebenswelt haben möchte, welche Bewegungsspielräume er sich wünscht, welche Ansprüche er an sich selbst erfüllen kann.

Lassen Sie mich diese Programmatik im folgenden noch ein Stück weit entfalten: Im zweiten Abschnitt frage ich danach, wie sich die Diskurse der Jugend und der Jugendkulturen seit den sechziger Jahren geändert

---

[1] Hafeneger, Benno: Offene Kinder- und Jugendarbeit unter Krisenbedingungen. 12 Thesen zu neuen Herausforderungen. In: deutsche jugend 4/94, S. 181

haben; dies im Hinterkopf behaupte ich sodann, daß schon Kinder (Jugendliche erst recht) Partizipation und Politik brauchen: *für* sie und *mit* ihnen. Ich werde im 3. Abschnitt die dazu notwendigen pädagogischen Grundhaltungen erörtern.

2. Jugendverhalten in den letzten 25 Jahren

Szenen und Erlebnisräume von Kindern und Jugendlichen lassen sich heute keinesfalls mehr auf einen einfachen Nenner bringen. Was hat sich in den Jugendkulturen, bei den Jugendlichen im Verlauf der letzten Jahrzehnte eigentlich verändert?

Blicken wir kurz zurück, nicht im Zorn, sondern mit Neugier. Ich umgreife im folgenden etwa die Zeit von 1967 bis jetzt, also gut 25 Jahre.

Ich meine, eine eindeutige Tendenz diagnostizieren zu können: eine starke Abkehr der Kinder und Jugendlichen vom **Appell-Verhalten** und eine immer stärkere Hinwendung zum **Ausdrucks-Verhalten**. Appell: der will die Welt bewegen, sich zu verändern; er ist Aufschrei, Anrede, Diskussion. Wer sich ausdrückt, hat hingegen mit sich selbst zu tun, will sich darstellen, ein Stück Selbstverwirklichung am eigenen Leibe erproben.

Jugend ist also nicht nur eine gesellschaftlich arrangierte Übergangsphase zwischen Kind-Sein und Erwachsen-Sein, sondern ein Raum der Selbstgestaltung über wechselnde stilistische Attitüden, die ein jeweils verschiedenes Lebensgefühl ausdrücken.

(a) „Wir wollen diskutieren": Das ist das zentrale Motto der inzwischen klassisch gewordenen 68er-Schüler- und Studenten-Revolte. Die Vergangenheit gewordene linke, kritische, marxistisch-orientierte Jugendbewegung engagierte sich an gesellschaftlichen Mißständen und wollte „die Gesellschaft ändern", wie es immer wieder hieß. Die Struktur dieser Bewegung war vor allem die des Kampfes, der Herausforderung. Mittel waren damals vor allem

– Diskussion (der theoretischen Grundlagen)

– Streitgespräch (mit Andersdenkenden)

– Agon (Herausforderung des bourgeoisen Gegenübers)

– Demonstration (mit öffentlicher Rede und Anklage)

– Besetzung (von Arealen, Häusern, Fabriken, denken wir an den Springer-Konzern)

– Kampf (als verschärfte Form des Aufstandes in den Straßen, Vorbild waren die Stadt-Guerilleros aus Südamerika)

Diese kritische Bewegung orientierte sich am Modell des **soziologischen Diskurses**. Das „Establishment" wurde infragegestellt, man redete drein. Seminar-Veranstaltungen an Hochschulen wurden „umfunktioniert", Festredner gestört, ihre Argumente als gesellschaftsanalytisch blind entlarvt. Theorie war gefragt, denn nur so konnte der Verwendungszusammenhang des scheinbar plausibel Gegebenen aufgebrochen werden. Die allgemeine Verführung des Volkes sollte ein Ende haben, man wollte hinter die Kulissen des Kapitalismus schauen, um ihn abzuschaffen. Aktionsformen orientierten sich an dem Typus „Klassenkampf" und „Anklage". Die redemächtigen Jugendlichen waren der Anwalt einer (leider) schwer beweglichen Arbeiterklasse. Die große Hoffnung, eine ganz neue Welt könne erlebt werden, trog jedoch, spätestens in der Mitte der 70er Jahre war das allen Jugendlichen klar. Sie hatten zuviel appelliert und zuviel ausweichende Antworten erhalten. Das Lebensgefühl änderte sich, ich fasse es in den vielzitierten Slogan:

(b) „Keiner fragt – Politiker antworten". Die Faszination des soziologischen Diskurses verblaßt, die Hoffnung auf die weltverändernde Kraft der richtigen Theorie geht über Bord. Die neue Struktur ist die **Verunsicherung**. Niemand glaubt mehr an Diskussionen oder Streitgespräche. Der verbale Diskurs wird abgeschafft, nun arbeiten die Jugendlichen mit

– Regelverletzungen (bei der Eröffnung der Universität Bielefeld sang der Evangelische Studentenchor Weihnachtslieder, natürlich unangekündigt)

– spielerischen Improvisationen (das Straßentheater wurde entdeckt)

– Maskeraden (Demonstrationen waren manchmal von Karnevalsumzügen nicht zu unterscheiden)

– Coolneß und Eleganz (an die Stelle des Aufschreis trat der Gestus des Unbeteiligt-Seins)

Das jetzt geltende Modell ist der **ethnologische Diskurs**. Jugend entdeckt sich in ihrer Subjektivität und beansprucht ihre Freiräume. Der alte Gedanke der ‚Stämme' (Indianer) wird aktualisiert. Die Kinder und Jugendlichen zeigen sich als spezifische neue Ethnie mit eigenen Regeln, narzißtischen Selbstdarstellungs-Orgien auf der Straße oder in den Diskos, überall dort also, wo Auffallen möglich ist, für sich und für andere. Nicht mehr der engagierte Pop-Song eines Bob Dylan, sondern Glam-Rock, Punk und auch Heavy Metal sind für diese Phase typisch, in der sich viele genußvoll als Ted, Punk, Skinhead, individuelle

Mode-Manieristen kostümieren. Eine neue Typik kommt auf: die des enfant terrible, des Struwwelpeter, der nicht mehr erzogen werden will. Züge der Boheme werden wiederbelebt: „Wie sehen die denn aus", ist die Abwehrreaktion, etwas hilflos, der Alten, der Erwachsenen, die, zum Voyeur geworden und tatsächlich etwas neugierig gemacht, an diesen Szenen entlangstreifen. Der sprachliche Diskurs ist nicht mehr gefragt, weil der ‚alte' Glaube der Jugendkultur an die Überzeugungsfähigkeit von Sprache, von öffentlichen Diskussionen nicht mehr gilt. Die Punks sind das ästhetische Zentrum dieser neuen Kultur: In absichtlich provokanter Häßlichkeit und Outsiderhaftigkeit zerstören sie den guten Glauben an deutsche Gemütlichkeit, Sauberkeit in den Straßen und parodieren im Nebeneinander von Hakenkreuz und christlichem Kreuz die abgeschabten Symbole einer bürgerlichen Gesellschaft.

Auch die Punks sind Geschichte geworden, die Jugendkultur wird im Warenkatalog sich selbst zum Zitat. Warum Widerstand leisten, ins Abseits gehen, wenn dies kaum einer bemerkt oder die, die es tun, sich daran gewöhnen? Wie sollen sich Punks gegen eine Jugendforschung wehren, die sie als produktive Herausforderung noch feiert? Da kann man nur aufgeben... weder der soziologische Diskurs noch der ethnologische Diskurs, weder Sprache noch Antimode, können irgendetwas bewegen oder verändern. Warum auch:

(c) „Es ist alles supergut". Dieser Song bringt die jugendkulturell spätzeitliche Ästhetik der 80er und frühen 90er Jahre gut zur Geltung. An die Stelle des Arguments tritt immer mehr der Spruch oder das absichtlich triviale Zitat, die kategorial zusammenfassen, was der Diskussion und Auseinandersetzung nicht mehr lohnt, weil ohnehin ist, was ist. Die Machthaber tun nur so, als wollten sie zuhören – und sei es, um Stimmen zu gewinnen, Zuläufer zu haben. Nun sind endlich die Hippies, die Linken, die ‚Grünies' für viele lächerlich geworden: Da wird ja immer noch versucht, Überzeugungen zu vertreten, und dies mit antiquierten Stilmitteln. Wie kann man jedoch glauben, mit eigener Jugendkraft und viel Engagement die Welt zu verbessern, wenn nicht nur das Kunstwerk reproduzierbar ist, sondern jeder Mensch in seinem Outfit letztlich doch ein Dutzendabzug bleibt. Das Angebot ist groß, die Optionenvielfalt schier unerschöpflich. Nun mischt sich Resignation mit Originalitätssucht und **tatsächlicher** Originalität. Jugendfilmer inszenieren sich selbst, betonen Spaß und Spiel, Verkleidung und Doppelbödigkeit. Die Disco-Szene wird offen, variantenreich. Wer einen Parka trägt oder einen selbstgestrickten Wollpullover, demaskiert sich nun als hausbacken, altmodisch, als gläubiger Trottel der Weltverbesserung. Aus Teenagern sind selbstbewußte Hedonisten geworden, die selbständig über ihr Portefeuille verfügen. Jugendlichkeit wird ‚trendy', auch bei den Alten, die in Trainingsanzügen joggen, Turnschuhe tragen und nicht ‚streng' oder ‚lieb', Vati oder Mami sein, sondern sich mit Vornamen anreden lassen wollen und zum Gespräch zur Verfügung stehen. Tanz auf dem Vulkan; mitnehmen was Spaß macht; zugleich eine Form neuer Zärtlichkeit und ausgeglichener Freundlichkeit dominieren nun in vielen Szenen. Die Struktur ist: Geltenlassen anderer und Ich-Zentrierung. Dieses Modell möchte ich den **postmodernen Diskurs** nennen. Er ist gekennzeichnet dadurch, daß er keine Verbindlichkeiten eingeht. Alle Ausdrucksmittel sind erlaubt, der Kommerz darf seine Faszinationskraft entfalten, die Lärmigkeit der Privatprogramme der Medien werden an- oder abgestellt, zum Videoclip durch Zappen und Teleflanieren vermengt. Natürlich gibt es weiter Werte und Grundhaltungen, aber sie sind da zum Ausprobieren, und es gibt keinen Konsens mehr, auf den sich berufen kann, der da ausruft: „Es ist alles supergut".

Inzwischen hat diese Haltung noch eine neue Variante bekommen, Mitte der neunziger Jahre. Ich fasse sie zusammen unter dem Slogan, der aus der Jugendszene kommt:

(d) „Sie wollen nur unser Bestes. Aber das kriegen sie nicht!" Die Lockerheit der Formulierung ist gleichgeblieben, aber die Situation hat sich verschärft. Kinder und Jugendliche sind heute, nicht zuletzt mit der Hilfe der Medien und vor allem des Fernsehens, keine naiven Wunderkinder mehr, die wir erst in die Wirklichkeit einführen müßten. Sie wissen selbst hervorragend Bescheid, stellen hohe Ansprüche an Selbstverwirklichung und entziehen sich einer Pädagogik, die nur in Maßnahmen und Vorschriftenkatalogen sowie Regelungen sich ergeht. Die Beliebtheit des Pink Floyd-Songs ‚We don't need no education' unterstreicht diese neue Haltung der freundlichen Distanzierung ebenso wie dies Nina Hagen mit ihrem schrillen ‚Literatur – Da wird mir übel!' tut.

Fazit: Kinder und Jugendliche sind nicht ‚unpolitisch' oder ‚gleichgültig' geworden. Sie stellen einfach einen größeren Autonomie-Anspruch und muten sich mehr zu. Dann freilich haben sie wenig Sinn für eine Politik, die sie kaum beachtet und die verantwortliche Partizipation von Kindern und Jugendlichen bis heute nicht möglich macht. Die sogenannte ‚Politikabstinenz' heutiger Jugendlicher ist also einfach eine konsequente Reaktion auf Politiker und Pädagogen, die sich selbst in der Krise befinden.

Zwei Dinge können uns trösten: zum einen sind solche Feststellungen nicht neu. Paul de Lagarde etwa sagte schon vor 100 Jahren: „Ihr habt einen Kehricht von Idealen zusammengefegt, und ihr mutet der Jugend zu, wie ein Lumpensammler in diesem Kehricht nach dem zu suchen, was sie brauchen kann"[2]. Zum anderen ist tröstlich, daß es durchaus eine Möglichkeit gibt, aus dieser Situation der gegenseitigen Vergleichgültigung herauszukommen. Die heißt (ich wiederhole mit anderen Worten): Auch Kinder und Jugendliche sind politische Wesen, und sie brauchen Politik: **für** sich und **mit** anderen.

3. Pädagogische Haltungen

Da wir hier unter Pädagogen und mit Jugend und Kindern beschäftigten Menschen sind, möchte ich für die von mir entwickelte Programmatik, auch aus Zeitgründen, nur einen Faden herauslösen, mit der abschließenden Frage: Wie müssen die *grundsätzlichen pädagogischen Haltungen* aussehen, die Kindern und Jugendlichen heute angemessen sind?

Lassen Sie mich nur kurz Strategien streifen, die historisch im pädagogischen Raum, aber auch weit darüber hinaus, lange wirksam waren und auch heute immer wieder vertreten werden (obwohl sie überholt sind):

Strategie 1: Kontrolle

Kontrolle meint, daß die Erwachsenen sich gegenüber der neuen Generation vollständig verantwortlich fühlen, und zwar in der Rolle des „Führers". Es sind die Erwachsenen, die die Welt gemacht haben und die den Nachwuchs in diese ihre Welt einführen. Es gilt, ihre Ordnungen zu *tradieren*.

Praktisch kann sich diese Strategie ausdrücken in Haltungen wie: Wer abweicht muß eben ins Gefängnis und muß dort sühnen; Ursachenuntersuchungen sind einzuschränken, denn wer sich erzieherischen Bemühungen verweigert, versieht das Erziehungsverhältnis mit einem Makel, den er selbst beseitigen muß; zeigen mehr Jugendliche kriminelles Verhalten, brauchen wir eben mehr Polizei, mehr strenge Erzieher, mehr Regeln, mehr „Dinge, an die man sich halten kann".

---

[2] zit. n. Heydorn, H. H.: Über den Widerspruch von Bildung und Herrschaft. Frankfurt 1970, S. 223

Subtiler wurde diese Haltung im Januar des Jahres 1978 im vieldiskutierten Bonner Kongreß mit dem appellativen Thema „Mut zur Erziehung" vertreten, und zwar in neun Thesen. Ich zitiere zwei dieser Thesen als Beispiele:

1. These: Wir wenden uns gegen den Irrtum, die Mündigkeit, zu der die Schule erziehen soll, läge im Ideal einer Zukunftsgesellschaft vollkommener Befreiung aus allen herkunftsbedingten Lebensverhältnissen. – In Wahrheit ist die Mündigkeit, die die Schule unter jeweils gegebenen Herkunftsverhältnissen einzig fördern kann, die Mündigkeit derer, die der Autorität des Lehrers schließlich entwachsen sind. Denn wenn die Schule die Mündigkeit einer Zukunftsmenschheit zum pädagogischen Ideal erhöbe, erklärte sie uns über unsere ganze Lebenswelt bis in die Zukunft hinein zu Unmündigen.

4. These: Wir wenden uns gegen den Irrtum, die Schule könne Kinder „kritikfähig" machen, indem sie sie dazu erzieht, keine Vorgegebenheiten unbefragt gelten zu lassen. – In Wahrheit treibt die Schule damit die Kinder in die Arme derer, die als ideologische Besserwisser absolute Ansprüche erheben. Denn zum kritischen Widerstand und zur Skepsis gegenüber solchen Verführern ist nur fähig, wer sich durch seine Erziehung mit Vorgegebenheiten in Übereinstimmung befindet.

Es ist deutlich, wogegen diese Thesen damals zielten: gegen sogenannte Linke, sozialistische Indoktrination. Aber ist diese tatsächlich so wirkungsvoll in unseren Erziehungsinstitutionen?

Und ist die angemessene Antwort die Errichtung einer Gegen-Doktrin, die fast ebenso bedenklich ist – sieht man einmal davon ab, daß diese Thesen alle vernünftigen Reformen, alle pädagogischen Emanzipationsbestrebungen diskreditieren? Die „Vorgegebenheiten": Ist es wirklich möglich, heute auf irgendetwas als „fraglos gegeben" zu verweisen? Alle Analysen geben darauf die eindeutige Antwort: nein. Jugendliches Autonomiestreben kann nicht durch Strenge und Verweis auf „objektive Ordnungen" eingeholt werden. Natürlich gibt es Maßstäbe, gibt es vernünftige Überzeugungen, die Ältere und Jüngere vorleben und plausibel machen sollen. Dazu gehören: Humanität, Antifaschismus, Fairneß, Ehrlichkeit und andere „Grundtugenden", deren Wert eigentlich nie umstritten war. Natürlich gilt auch dies: Der Heranwachsende braucht zunächst eine *verläßliche Welt,* damit er sich überhaupt orientieren kann: Aber nichts Verläßliches läßt sich heute einzementieren als unveränderlich; der Jugendliche muß früh lernen, mit sich verändernden Situationen fertig zu werden und sie dennoch deuten zu können. Trainiert er dies nicht, wird er mit Flucht, Ablehnung und Gleichgültigkeit reagieren. „Kontrolle" scheint mir keine probate Erziehungsstrategie mehr zu sein.

Strategie 2: Hereinnahme

Mit diesem Ausdruck bezeichne ich eine pädagogische Strategie, die beispielsweise der amerikanische Soziologe *Coleman* (1961) vorgeschlagen hat. In seinem Buch „The Adolescent Society" stellte er fest, daß sehr viele Jugendliche ihre entscheidenden Erlebnisse in Altersgruppenbildungen suchen und die Einflüsse der Schule dagegen verblassen. So ist für Jungen *Popularität* ein hoher Wert, und sie wird erworben durch Erfolg im Fußball, durch die Zugehörigkeit zu einer höheren sozialen Schicht und durch Erfolg in der Schule, der erst an dritter Stelle rangiert. Statt daß die Söhne ihrem Vater zu Hause helfen, spielen sie in der Jugendmannschaft eines Baseball-Vereins, gehen zu den Pfadfindern oder anderswo hin – dort, wo jugendeigene Aktivitäten den Einfluß der Eltern verdrängen. Die Attraktivität der Schule hat nachgelassen. – *Coleman* meint nun, es sei nicht angemessen, diesen Dingen ihren Lauf zu lassen. Andererseits könne man den Jugendlichen nicht verbieten, ihre neuen Interessen auszuleben. Kontrollen und Verbote würden die Probleme nur vergrößern. Stattdessen schlägt Colemann vor, daß die Schule, will sie erfolgreich sein, das Interesse für Autos, für Sport und vor allem für gesellige Aktivitäten *innerhalb ihres eigenen Angebotes* befriedigen muß. Sie muß für den Jugendlichen so attraktiv sein, daß sie seine intellektuellen und vitalen Energien bindet und auf diese Weise kanalisiert.

Dies sind Überlegungen, die in viele Konzepte zur Schulreform eingegangen sind. Man will die Schule lebendiger, realitätsgerechter machen und nicht nur von den Forderungen des Gegenstands ausgehen, sondern auch von den artikulierten Bedürfnissen der Heranwachsenden. Freilich hat sich auch gezeigt, daß diese Strategie ihre Grenzen hat. Übernimmt man nämlich in pädagogisch regulierte Bezirke diejenigen Aktivitäten, die Jugendliche bisher „für sich" hatten, gewinnen diese dadurch eine *andere Qualität:* Sie werden zu Bestandteilen einer zwar offenen, aber doch vorhandenen „pädagogischen Provinz", in der Lehrer, Eltern und Erzieher letztlich eine wesentliche Rolle spielen. Auf diese Weise werden die Jugendlichen eingeschränkt in ihren Fluchtmöglichkeiten, denn wohin sollten sie fliehen, wenn alles immer schon da ist? Auch wissen wir, daß sie häufig *selbst* Wege suchen, wie sie Interessen artikulieren, ihre sozialen Aktivitäten ausleben können. Manch prächtiges Freizeitheim wird kaum aufgesucht, wenn Jugendliche mit Leidenschaft eine Pop-Diskothek ausbauen; wird Rock zum

Thema des Musikunterrichts, verliert er seine provozierende Kraft, usf. „Hereinnahme" in die Erziehungswelt ist eine vernünftige Strategie, wenn man darunter nicht die totale Institutionalisierung der Lebenswelt von Jugendlichen versteht und Fluchtwege, Abenteuerräume offenläßt.

Strategie 3: Akzeptanz der Distanzierung

Diese Verhaltensstrategie „akzeptiert" einfach, daß Jugendliche von einem gewissen Alter ab (etwa ab 14 Jahren) sich von Erwachsenen zurückziehen, Vertrauen nur noch in kleinen Dosen schenken (oder gar nicht). Es gibt ein Schamgefühl, das auch Pädagogen gegenüber Jugendlichen wieder erwerben müssen. Freilich, dieses Verhalten setzt voraus eine hohe Risikobereitschaft und das Vertrauen, daß die Mehrzahl der Jugendlichen nicht scheitert, wenn sie ohne pädagogischen Einfluß, ohne pädagogischen Rat bleibt. Wer die Heranwachsenden auf der Straße sieht: in ihrer lässigen Eleganz, ihrer zur Schau getragenen Selbstsicherheit, der wagt, sofern er einiges Taktgefühl besitzt und seine eigene Generationszugehörigkeit richtig einschätzt, keine pädagogische Einmischung.

Aber der Schein trügt oft. Jugendlicher Ethnozentrismus, zur Schau gestellte Originalität sind nicht notwendig ein Zeichen von Lebenssicherheit, sondern ein Versuch, Interventionen abzuwehren und wenigstens äußerlich als selbständig zu erscheinen. Ich selbst habe immer wieder erfahren, daß der Pädagoge dann doch häufig von sich aus die Distanzierungs-Barriere durchbrechen muß, will er nicht zu spät kommen und vermeiden, daß ein Jugendlicher Schaden leidet. Die hier gemeinte Strategie setzt also ein hohes Maß von pädagogischer Intuition und Sensibilität voraus: zu wissen, wann Rückzug angemessen ist, wann Hilfe angeboten werden muß, auch wenn sie nicht erbeten wurde.

Strategie 4: Austausch von Kompetenzen

Es bleibt ein vierter Weg zu skizzieren, für den bisher praktische Einlösungen noch ausstehen.

Das „pädagogische Verhältnis" zwischen Erwachsenen und Jugendlichen hat sich gewandelt. Die Kindheit endet eher, und das, was wir „Jugend" nennen, setzt früher ein. Die Ursachen dafür sind bekannt: Die Medien, die Verwissenschaftlichung des Alltags insgesamt führen zu einer hochgradigen Selbstreflektivität schon bei 13jährigen Mädchen und Jungen, die sie in die Lage versetzt, nicht nur die eigenen Motive, sondern beispielsweise die ihrer Eltern zu durchschauen, teilweise sogar zu verstehen. Das role-taking ist also keine Ausnahme-Fähigkeit für besonders gebildete Personen mehr, sondern wird in gewisser Weise alltäglich.

Aus diesen Entwicklungen sind Konsequenzen zu ziehen. Wenn „Erziehungsberechtigte" und Jugendliche partnerschaftlich miteinander umgehen, so muß dies keine liberale Ideologie sein, sondern ist Folge eines gewandelten Generationenverhältnisses. Jugendliche lernen nicht nur von Erwachsenen, sondern diese auch von jenen. Dies bedeutet: In einer sich schnell wandelnden Welt besitzen alle Menschen, welcher Alterskohorte sie sich auch zugehörig fühlen, bestimmte Kompetenzen, über die sie verfügen und die sie weitergeben können. Ganz deutlich wird dies beim Computer, der vor allem von geisteswissenschaftlich gebildeten Pädagogen noch heute mit Mißtrauen betrachtet wird, während Jugendliche (übrigens auch Mädchen!) sich grundsätzlich unbefangen mit den neuen elektronischen Möglichkeiten und ihren Leistungskapazitäten auseinandersetzen, so daß in Computercamps häufig Jüngere Ältere belehren, ohne daß dies zu Schwierigkeiten führt.

Dies meint „Austausch von Kompetenzen": Bildungswissen, moralische Integrität, selbst Lebenserfahrung sind nicht nur mehr auf der einen Seite, dagegen Neugier, Experimentieren und transistorisches Erprobungsverhalten nicht nur auf der anderen Seiten abzubuchen. Immer mehr Erwachsene suchen nach neuen Mustern in ihrem Lebenslauf; sie brechen aus - wie Jugendliche, versuchen sich in neuen Partner-Figurationen oder ändern ihre beruflichen Interessen oder Schwerpunkte. Dies ist ein Verhalten, das bisher nur Jugendlichen in ihrem sogenannten psycho-sozialen Moratorium zugestanden wurde. Offensichtlich gestehen es sich die Gesellschaftsmitglieder jetzt, unabhängig vom Alter, als generelle Möglichkeit zu. Ich sehe in dieser Entwicklung auch positive Zeichen. In einer ohnehin weitgehend systemrational verwalteten Welt werden auf diese Weise, durch Interaktion, Handeln und neue Entwürfe immer wieder Varianten denkbar, die die Vergesellschaftung des Lebenslaufs und seine Standardisierung in die Schranken weisen. Genau dies ist ja die Hoffnung von Jugendlichen: daß sie ganz anders leben werden als alle anderen vor ihnen und Zeichen setzen könnten, die bemerkenswert seien. Die cooling-out-Strategie des Lebens verdünnt solche Hoffnungen dann bald so stark, daß sie verschwinden. Der *Impetus der Veränderungen* geht heute vom subjektiven Erleben aus - entsprechend der Tatsache, daß die Ansprüche an *Selbstverwirklichung* entschieden gestiegen sind. Bei Bessergebildeten ist dies am deutlichsten. Diese Ansprüche auf Selbstverwirklichung bestehen, solange soziale Verpflichtungen nicht vernachlässigt werden, zu Recht in einer Gesellschaft, die zwar nicht im Überfluß lebt, aber es sich doch leisten kann, neue kulturelle Figurationen zu wagen. Sie *muß* dies tun, will sie nicht ausschließlich in Kapitalisierungsprozessen veröden.

Nach dem Konzept „Austausch von Kompetenzen" gibt es kein kategorisches Prius einer Altersgruppe mehr. Nur das erlaubt letztlich, heute noch von „Erziehung" zu sprechen: Wenn kein anmaßendes Besserwissen, kein kontrollorientiertes Bescheidwissen zugrunde liegen, sondern die Einsicht, daß sozialer Wandel eine Fülle von Kompetenzen braucht, die mehr oder weniger ungleich unter den Menschen verteilt sind. Dies auszutauschen bedeutet übrigens nicht, die Schule abzuschaffen, weil nun jeder auf einer freien Lernbörse Lehrer und Schüler sein könnte. Dies geht schon deshalb nicht, weil es Institutionen geben muß, die den Austausch von Kompetenzen *regeln*. Hinzu kommt, daß eine Fülle von gesellschaftlichem Wissen tatsächlich von den Älteren verwaltet wird; gibt es keinen Ort, wo es geordnet und ungestört weitergegeben werden kann, unterstützen wir noch die Ausrottung lebensweltlicher Bindungen und tradierter Orientierungen.

Auch, wenn diese sich stets befragen lassen müssen, welchen Geltungsanspruch sie aus welchen Gründen haben, bleibt auch ihr Platz im Bildungskanon. Denn „Austausch von Kompetenzen" meint nicht, diesen der Beliebigkeit anheim zu geben, wohl aber, die Debatte darüber, was gelernt werden muß und was nicht, nicht enden zu lassen.

Die von mir vorgeschlagene Strategie ist relativ nüchtern. Sie bezieht insofern das Erbe der Aufklärung ein, als sie davon ausgeht, daß einander *dikursfähige Subjekte* beggenen, die einander Mündigkeit zubilligen. Freilich bezieht die Strategie ein, daß die Reduktion auf kognitive Prozesse nicht ausreicht; Leidenschaften, Emotionen, Begeisterung sind die besten Medien auch für inspirierende Lernprozesse. Vorausgesetzt ist, daß *Partizipation* generalisiert wird, also allen Personen zugestanden wird, die an Bildungs- und Erziehungsprozessen teilhaben. Auch hier kann es keine einseitige Vorherrschaft einer Gruppe mehr geben. Erst auf dieser Basis kann dann auch *Solidarität* entstehen: Aufgrund gemeinsamer Interessen, Einsichten oder Leidenschaften treten Altersgruppen füreinander ein.

Wie dies im einzelnen aussehen wird, kann ich in diesem Überblicksvortrag nicht mehr behandeln, der vielmehr „Mut zur Pädagogik" machen möchte – aber zu einer richtigen Pädagogik! Auch Jugendschutz kann heute nicht mehr mit der Fürsorge- und Aufsichtsgeste betrieben werden, sondern er gelingt nur, wenn die, die geschützt werden sollen, selbst aufgefordert sind, mitzuformulieren, was sie für schützenswert erachten und wo sie bereit sind, Risiken einzugehen.

Lassen Sie mich mit einem kleinen Zauberer (‚the wizard') enden, der Montagearbeit eines Jugendlichen, der einen Preis beim Videowettbewerb des Kinder- und Jugendfilmzentrums der Bundesrepublik gewonnen hat. Phantasie, Verfremdung, Zauberei, Spiel und Heiterkeit - dies alles muß in einer Politik möglich sein, die Kindern und Jugendlichen Spaß machen und sie auffordert, ihre Kompetenzen spielen zu lassen!

Literatur

Baacke, Dieter: Jugend und Jugendkulturen. Darstellung und Deutung. Weinheim; Basel: Beltz 1993 (2., überarbeitete Auflage)

Baacke, Dieter: Die 13- bis 18jährigen. Weinheim; Basel: Beltz 1994 (7., überarbeitete und ergänzte Auflage)

Müller, Burkhard: Außerschulische Jugendbildung oder: Warum versteckt Jugendarbeit ihren Bildungsanspruch. In: Deutsche Jugend 7-8/93, S. 310-319

Richard Rathgeber

JUGEND - MACHT - GESELLSCHAFT

Als ich aufgefordert wurde, zu dem Thema „JUGEND MACHT GESELLSCHAFT" etwas zu sagen, überlegte ich mir: Wie ist das Thema gemeint? Da stehen 3 großgeschriebene Hauptwörter nebeneinander, die wohl etwas miteinander zu tun haben, aber was? Kein Tun-Wort verbindet sie in dieser Überschrift; also suchte ich nach den Tun-Wörtern, die hierher gehören.

Es gibt noch eine zweite Möglichkeit, das Thema zu interpretieren: vielleicht ist das mittlere Wort - kleingeschrieben - das verbindende Verb. Dann hieße es, daß die Jugend die Gesellschaft mache, bestimme. Aber das kann ja wohl nicht gemeint sein! Oder?

Es gibt noch eine dritte Möglichkeit, diese Überschrift zu lesen: Jugend – Doppelpunkt – macht Gesellschaft – Ausrufezeichen! Eine Aufforderung also an die Jugend? Aber was soll sie genau machen? Was *dagegen* machen, daß sie nichts zu sagen hat? Oder mehr *mitmachen*? Ausgerechnet in einer Gesellschaft, in der sie bisher wenig zu melden hat, soll sie sich besser anpassen? Ja, das ist oft gemeint, wenn Pädagogen oder Politiker an die Jugend appellieren. Ich möchte mich dem nicht anschließen. Ich werde keine Appelle loslassen, weder an Jugendliche noch an Politiker, und ich werde auch keine pädagogischen Ratschläge erteilen. Als Sozialwissenschaftler sehe ich meine Aufgabe darin, Forschungsergebnisse darzustellen. Ich verstehe das Thema also so:

JUGEND, MACHT, GESELLSCHAFT – das sind drei Begriffe, deren Zusammenhänge zu erklären sind. Das Motto ist die Aufforderung, über diese Zusammenhänge nachzudenken. Es provoziert sofort Fragen wie:

1. Wie verhalten sich Jugendliche zur Macht, also zu Politik und Staat?

2. Welche Stellung haben Jugendliche in dieser Gesellschaft?

3. Wie verhalten sich Politiker und staatliche Stellen gegenüber Jugendlichen?

Zu all diesen Fragen gibt es Daten, Ergebnisse und Jugendbefragungen. Ich werde einige referieren. Aber es wird darauf ankommen, wie diese Daten zu interpretieren sind. Nackte Prozentzahlen sagen nichts aus. Und sie sind je nach Interesse fast beliebig interpretierbar. Bei Daten muß man also aufpassen, man kann leicht davon „erschlagen" werden!

Man kann Daten für die eigene Argumentation benutzen, aber sie ersparen einem nicht das selbständige Denken!

Man muß die Daten in den richtigen Zusammenhang stellen; und was der richtige Zusammenhang zwischen Dingen ist, darüber muß gestritten werden. Wie Jugend, Macht und Gesellschaft zusammenhängen, dazu werde ich ein paar Antworten vorschlagen.

1. Jugend und Macht

Wenn z.B. Politiker wissen wollen, wie „die Jugend" über sie bzw. über die Parteien denkt, dann geht es diesen Politikern um möglichst genaue Mengenangaben. Jugendliche ab 18 Jahren zählen schließlich als Wählerstimmen für die jeweils aktuelle Wahl. Jugendliche unter 18 sind interessant als Stimm-Abgeber bei zukünftigen Wahlen. Also gibt es besonders vor Bundestagswahlen besonders viele Jugendbefragungen. Ich nehme als Beispiel die wohl neueste große Umfrage, die das EMNID-Institut diesen Sommer für das Nachrichtenmagazin DER SPIEGEL bei jungen Leuten zwischen 14 und 29 Jahren durchführte. Die Ergebnisse mußten – könnte man meinen – allen Politikern einen fürchterlichen Schrecken einjagen, z.B. halten nur 5% der befragten Jugendlichen die Parteien für „glaubwürdig" und die Minister nur 3%. Eine schallende Ohrfeige für die Regierung. Politiker generell genießen nur bei 2% der Befragten Vertrauen.

29% finden keine einzige politische Partei sympathisch. Gut jeder dritte Jugendliche geht deshalb nicht wählen, weil „alle Parteien" ihn „ankotzen" (35%).

Wenn jemand den Jugendlichen den Vorwurf machte, sie seien unpolitisch, dann würden nur 7% dies als Beleidigung empfinden![1] Wenn die Politiker über diese Aussagen von jungen Leuten wirklich erschrocken sein sollten, dann haben sie es sich zumindest nicht anmerken lassen. Selbstbewußt wie immer sind die Politiker aller Parteien in die Endrunde des Wahlkampfs gegangen. Natürlich hatte jede Partei auch noch andere, für sie günstigere Umfrageergebnisse zur Verfügung, sie hatten ja selbst Meinungsumfragen in Auftrag gegeben. Außerdem wissen Politiker, daß nichts so heiß gegessen wird, wie es

---

[1] Der Spiegel Nr. 38 vom 19.9.1994

gekocht wird. Was die Leute im Zorn *sagen,* ist noch lange nicht die Leitlinie ihres Handelns. Viele Leute schimpfen auf Politiker und Parteien und gehen dann doch wählen. Ich bin mir ziemlich sicher, daß der Anteil der jugendlichen Wahlverweigerer *nicht* bei 35% liegt, wie die SPIEGEL-Umfrage es nahelegen könnte. Die Wahlbeteiligung der Jugendlichen an diesen Bundestagswahlen wird erst in einigen Wochen bekannt sein. Aber schauen wir uns die Zahlen der Bundestagswahlen von 1990 an.

Zu der Zeit war auch schon von der Parteien- und Politikverdrossenheit die Rede. Die Differenz zwischen der Wahlbeteiligung der Erstwähler (67%) und der Gesamtwählerschaft (76,9%) betrug im alten Bundesgebiet keine 10%! Zwei Drittel der 18- bis 21jährigen gingen also 1990 zur Bundestagswahl, und diesmal werden es vermutlich nicht weniger sein. Die allgemeine Wahlbeteiligung lag meistens zwischen 80% und 90% und sie sinkt seit 15 Jahren. Unter 80% lag sie erstmals vor vier Jahren (78%), jetzt, im Oktober 1994, bei 79%. Die jungen Leute liegen mit ihrer etwas geringeren Wahlbeteiligung also im allgemeinen Trend.

Wir wollen wissen, wie Jugendliche und Erwachsene über Politik denken.

Das DJI befragte dazu rund 4500 16- bis 29jährige in den alten Bundesländern und ca. 2500 in den neuen. Die Ergebnisse sind repräsentativ für diese Altersgruppe in ganz Deutschland. Hier ein paar ausgewählte Ergebnisse, die die Frage beantworten, wie politisch die Jugend heute noch ist:

– Über 90% (in Ost und West) sind nicht prinzipiell gegen Wahlen, sondern bereit, sich daran zu beteiligen.

– Rund 30% jedoch ziehen ganz bewußt eine Wahlabstinenz in Betracht, um damit ihrem Protest Ausdruck zu geben.

– Etwa ein Fünftel ist bereit, auch einmal eine extreme Partei zu wählen, sind also potentielle Protestwähler.

Viele Jugendliche und junge Erwachsene halten sich alle diese Optionen offen und entscheiden sich auch erst kurzfristig vor der Wahl. Junge Leute sind meist keine „Stammwähler", sie bleiben nicht unbedingt einer Partei „treu", aus irgendeiner Tradition heraus. Damit liegen die jungen Bürger voll im allgemeinen Trend: Bei vielen Wahlen der letzten Jahre mußten die großen Parteien Verluste gerade in ihren „Hochburgen" hinnehmen. Auf die Wähler sei kein Verlaß mehr, jammern die

Politiker. Immer mehr Bürger pfeifen auf traditionelle Bindungen, seien es katholische oder gewerkschaftliche, und entscheiden nach individuellen Interessen. Das ist der Trend, und die jungen Wähler sind die *Trendsetter!* [2]

Bei der großen Jugendbefragung durch das DJI ging es aber nicht nur um das Wählerverhalten, sondern um politische Einstellungen überhaupt und um die *praktizierte* Beteiligung von Jugendlichen am politischen Leben. Wir fragten sie explizit danach, was sie wirklich tun oder schon getan haben.

- Am verbreitesten ist natürlich die Unterschriftensammlung: Etwa die Hälfte der 16- bis 29jährigen hat sich schon einmal an einer solchen beteiligt, in Ost und West, ob weiblich oder männlich.

- Ebenfalls die Hälfte – aber nur im Osten – ging schon bei genehmigten Demonstrationen mit; im Westen nur ca. 29%. Geschlechtsunterschiede gibt es auch hierbei nicht. Bei *nicht* genehmigten Demos war im Osten schon jeder fünfte dabei, im Westen ca. 8%.

- An dritter Stelle in der Rangfolge politischer Beteiligungsformen junger Leute stehen öffentliche Diskussionen. An ihnen beteiligten sich im Osten jeder vierte, im Westen jeder fünfte.

- An vierter Stelle steht in Ost und West die Mitwirkung in Mitbestimmungsgremien, insgesamt 16%.

- Fünfter Platz: gewerkschaftliche Streiks. Rund ein Zehntel der jungen Leute hat sich daran beteiligt, 1 bis 2% sogar an „wilden Streiks".

- Auch Geldspenden an Organisationen werden als politische Beteiligung angegeben: im Osten von 5,4%, im Westen von 7,5%. 6. Platz!

- Siebtens: Leserbriefe schreiben im Osten 4,4%, im Westen 7%, man kann es kaum glauben! Da müssen die Redaktionen ja viel wegschmeißen!

- Achtens: An Bürgerinitiativen beteiligen sich im Osten 4,3%, im Westen 7%.

- Neuntens: Briefe an Politiker schreiben im Osten 4,1%, im Westen 4,5%.

Wenn man einmal ausrechnet, wieviele Tausend das sein müssen, da kriegen die Politiker ja einiges in die Briefkästen. Ob sie es auch lesen oder gar beantworten?

---

[2] Hoffmann-Lange, Ursula: Zur Politikverdrossenheit Jugendlicher in Deutschland. In: Politische Studien, Heft 336, 45. Jg. 1994

- Zehntens: die Mitarbeit in einer Partei oder in einer sonstigen politischen Gruppierung. Hier gibt es leichte Unterschiede zwischen Ost und West. Im Osten arbeiten etwas mehr junge Leute in Parteien mit, nämlich 4,5%, im Westen nur 2,7%. Es geht hier um Mitarbeit, *nicht* um Mitgliedschaft. Bei einer sonstigen politischen Gruppierung aktiv dabei sind im Westen 3,2%, im Osten 3,5%.

Ein „politisches Amt" bekleiden immerhin 2,3% im Osten und 1,5% im Westen.

An letzter Stelle wurde von den jungen Leuten die politische Gewaltanwendung genannt, etwas häufiger im Osten als im Westen. Bei Gewalt gegen Sachen waren im Osten 3,7% schon dabei, im Westen 1,8%, bei Gewalt gegen Personen 2,9% im Osten und 1% im Westen. Bei diesen Angaben gibt es deutliche Unterschiede zwischen weiblichen und männlichen Jugendlichen: Gewalt gegen Sachen praktizierten nach eigenen Angaben 6,2% der jungen Männer im Osten, 2,5% im Westen. Gewalt gegen Personen gaben 4% der jungen Männer im Osten an, 1,4% im Westen. Gemeint sind mit Gewalthandlungen in vielen Fällen Hausbesetzungen, vor allem im Osten (2,8%), aber auch im Westen (2%). Dabei werden z.B. Türen aufgebrochen, Hauszugänge verbarrikadiert, Polizisten mit Gegenständen beworfen.

Ich möchte noch etwas zu den *nicht* gewalttätigen politischen Aktivitäten sagen. Bis jetzt wurden ja nur die Formen aufgezählt - Unterschriftensammlungen, Demos, öffentliche Diskussionen, Bürgerinitiativen, politische Gruppierungen – aber *welche* denn, für *welche Ziele?* Wir haben bei unserer Studie auch danach gefragt.

Gut finden die jungen Leute folgende politische Gruppierungen: (Sie konnten beliebig viele wählen. Viele Jugendliche verteilen ihre Sympathien auf mehrere dieser Gruppen).

	im Westen	im Osten
– Umweltschutzgruppen:	86,8%	80,5%
– Friedensinitiativen:	78,6%	79,0%
– Menschenrechtsgruppen:	73,3%	69,9%
– Selbsthilfegruppen:	67,8%	56,7%
– Dritte-Welt-Initiativen:	65,2%	59,3%
– Kernkraftgegner:	58,9%	47,1%
– Frauen- bzw. Männergruppen:	45,7%	35,5%
– Alternative Gruppen:	42,9%	31,2%

Wir fassen diese Gruppierungen zusammen unter dem Sammelbegriff „Neue Soziale Bewegungen". Das sind die Gruppierungen mit den meisten Sympathien der Jugend. Abgeschlagen dagegen sind (im Westen)

- linke Gruppen wie o.B. Autonome o.ä.   6,6%
- nationalistische Gruppen   2,8%
- Skinheads   2,5%
- Faschos/Neonazis   2,0%

Im Osten ist die Rangfolge genau die gleiche, nur sind die Zahlen für die Neuen Sozialen Bewegungen, die Sympathieverbreitung für sie, um ein paar Prozentpunkte kleiner, und bei den kleinen radikalen Gruppierungen deutlich größer als im Westen:

- Linke (Autonome etc.)   9,9%
- Nationalistische Gruppen   6,0%
- Skinheads   5,9%
- Faschos/Neonazis   4,7%

Das Erstaunliche an diesen Zahlen[3] ist aber nicht, daß die extremen Gruppen im Osten etwa doppelt so viele Sympathien haben wie in der westdeutschen Jugend. Viel erstaunlicher ist, daß das Muster der Einstellungen in Ost und West so stark übereinstimmt, daß schon nach so wenigen Jahren nach der deutschen Vereinigung die meisten ostdeutschen Jugendlichen die gleichen politischen Gruppierungen gut finden wie die im Westen. Es sind überwiegend die höher gebildeten Jugendlichen, die Sympathien für die Neuen Sozialen Bewegungen haben, die meisten haben das Abitur oder die mittlere Reife. Diese Sympathisantengruppen bestehen fast zur Hälfte aus weiblichen Jugendlichen (48,9%). Zum Vergleich dazu die Sympathisanten der Skinheads: im Westen haben die meisten nur einen Hauptschulabschluß, im Osten den dort obligatorischen mittleren Abschluß nach der 10. Klasse. Aber es gibt auch Abiturienten unter den Skinhead-Sympathisanten: 15% von ihnen im Westen, 11% im Osten haben das Abitur. Typisch für die Skinhead-Sympathisanten ist auch, daß drei Viertel von ihnen männlich sind. Ein ähnliches Bild bieten die Sympathisanten von rechten, gewaltbereiten Gruppierungen, auch sie sind fast nur Männer mit niedrigen Bildungsabschlüssen. Das soll als ganz kurze soziodemographische Skizze genügen. Zurück zur Frage: wie beteiligen sich junge Leute am politischen Leben? Mit welchen Gruppierungen sie sympa-

---

[3] Schneider, Helmut: Politische Partizipation zwischen Krise und Wandel. Unveröffentlichtes Manuskript. Deutsches Jugendinstitut München April 1994

thisieren, wurde gezeigt. Aber wie steht es mit organisatorischen Bindungen, wo machen die Jugendlichen verbindlich mit oder wo sind sie zumindest Mitglieder?

Etwas mehr als die Hälfte der jungen Leute (West 55%; Ost 57,5%) sind – sieht man von Sportverbänden o.ä. ab – *nirgendwo* organisiert. Jeder achte Jugendliche ist in informellen Gruppierungen organisiert wie wir sie gerade aufgezählt haben (West 12,7%; Ost 12,1%). Ein gutes Fünftel (West 21,7%; Ost 20,9%) ist Mitglied in traditionellen Organisationen.

Und ein gutes Zehntel (West 10,8%; Ost 9,4%) ist sowohl in traditionellen als auch in informellen Gruppen organisiert. Unter traditionellen Organisationen sind folgende zu verstehen:

– in erster Linie die *Gewerkschaften:* Im Osten sind 22,4% der jungen Leute Gewerkschaftsmitglieder, im Westen 15,3%, mehr als in jeder anderen Organisation, wenn man von den Sportvereinen absieht;

– zweitens die *Kirchen* bzw. kirchliche Verbände: 7,7% der Jugendlichen im Osten und 9,1% der im Westen sind dort Mitglieder;

– drittens die *Jugendverbände:* Ihnen gehören im Osten 2,8%, im Westen 5,5% der 16- bis 29jährigen an;

(Hier, glaube ich, würde sich ein größerer Anteil ergeben, wenn man auch Jugendliche unter 16 gefragt hätte!)

– viertens die politischen *Parteien:* 2,6% im Osten und 2,1% im Westen geben an, Mitglied einer Partei zu sein. Das sind weniger, als in Parteien *mitarbeiten* (Osten 4,5%, Westen 2,7%);

– in *Heimat- und Bürgervereinen* sind 1,4% im Osten und 2,1% im Westen, in *Wohlfahrtsverbänden* sind insgesamt etwa 1% Mitglied.[4]

Was soll uns das alles sagen? Das Resümee nach all diesem Datenwust lautet: Fast die Hälfte der 16- bis 29jährigen engagieren sich in Verbänden, Organisationen, Parteien und in informellen Gruppen, z.B. in den neuen sozialen Bewegungen. Die in letzter Zeit in der Öffentlichkeit verbreitete Behauptung, die jungen Leute wären alle so bindungslos und lethargisch, stimmt jedenfalls nicht so pauschal.

Die zur Gewalt bereiten Jugendlichen sind eine kleine, wenn auch gefährliche Minderheit, die sich deutlich unter der 5%-Grenze hält. *Aktiv* sind im Osten 1,8% der Jugendlichen bei linken, gewaltbereiten Gruppen, 2,8% bei rechten; im Westen 1,4% bei linken und 1% bei rechten gewaltbereiten Gruppen.[5]

---

[4] a.a.O.
[5] a.a.O.

2. Jugend in der Gesellschaft

Wie die Jugendlichen politisch denken und handeln, das interessiert die Öffentlichkeit immer sehr stark. Und am meisten Schlagzeilen gibt es, wenn Jugendliche gewaltsame Aktionen machen. Das war schon in den 50er und 60er Jahren so, das war so während der Schüler- und Studentenbewegung nach '68 und bei den Anti-Atomkraft-Bewegungen in den 70er Jahren. In den 80er Jahren waren es oft die Hausbesetzer und in den 90ern sind es nun überwiegend die ausländerfeindlichen „Faschos".

Wie es den Jugendlichen geht, wie sie leben, sozial und wirtschaftlich, das hat noch selten zu Schlagzeilen geführt. Das ist uninteressant. Eine solch einseitige Berichterstattung verzerrt natürlich das Bild von der Jugend.

Jugendliche sind aber meistens keine politischen Gewalttäter. Jugendliche leben meist bei ihren Eltern, haben Probleme mit den Eltern, mit den Lehrern, mit den Noten, mit der Lehrstellensuche, mit der Berufsausbildung. Sie haben Probleme, eine befriedigende Arbeit zu finden und viele finden überhaupt keine Arbeit. Jugendlicher sein heißt heutzutage für die große Mehrheit der 15-20jährigen: Schüler sein.[6] Erwerbstätig sind in dieser Altersgruppe nur 43% der männlichen und 37% der weiblichen Jugendlichen. Auch von ihnen gehen aber noch viele zur Schule, zur Berufsschule nämlich. Die Azubis werden zwar in der Statistik zu den „Erwerbstätigen" gezählt, sind aber im dualen Ausbildungssystem gleichzeitig noch Schüler.

Vergleicht man die Zahl der 15- bis 20jährigen Erwerbstätigen von heute mit der entsprechenden Zahl aus dem Jahr 1960, so hat sich diese Zahl in den vergangenen 30 Jahren halbiert![7]

Das bedeutet: Etwa Zweidrittel der Jugendlichen unter 20 Jahren sind Schüler und damit ökonomisch abhängig von den Eltern. Den jungen Erwachsenen ab 18 fehlt zum wirklichen Erwachsensein die ökonomische Selbständigkeit.

Die Jugendphase hat sich also – historisch gesehen – ausgedehnt dadurch, daß die schulische Ausbildungszeit verlängert wurde. Damit stieg auch der Bildungsgrad der Jugend. Die Zahl der Abiturienten stieg stetig an: Vor 30 Jahren waren es noch 8,8%, 1980 waren es fast

---

[6] Bundesministerium für Bildung und Wissenschaft: Grund- und Strukturdaten 1993/94. Bonn 1993
[7] a.a.O.

20% und heute hat jeder dritte Jugendliche das Abitur oder einen gleichwertigen Abschluß (33,8%). Die Zahl der Abiturienten hat sich also innerhalb der vergangenen 30 Jahre vervierfacht.

Auch die Realschule hat stark an Bedeutung gewonnen, ihre Absolventen haben sich in diesem Zeitraum verdoppelt – auf 35%.

Abiturienten und Realschulabgänger zusammengezählt: fast 70% also haben einen sogenannten höheren Bildungsabschluß.

Die Hauptschule ist zur Restschule geworden. 1960 war sie noch die dominierende Schulform, über 55% aller Schüler beendeten ihre Schulzeit mit dem Hauptschulabschluß. 1980 war es noch jeder dritte (34,2%), 1990 nur noch jeder vierte (24,6%).[8]

Das bedeutet: Das Bildungsverhalten der Bevölkerungsmehrheit hat sich geändert. Die Eltern wollen ihren Kindern mit mehr Bildung bessere Berufschancen ermöglichen.

Was früher nur einer kleinen Bürgerschicht möglich war, ist heute für die große Mehrheit Realität: Die Schulzeit ist verlängert, der Eintritt ins Arbeitsleben hinausgeschoben. Aber daß Jugendliche heute nichts mehr von Arbeit halten würden und nicht mehr leistungsbereit seien, ist ein soziologisches Märchen. Neuere Untersuchungen – auch des DJI – zeigen, daß in den Lebensperspektiven der meisten Jugendlichen die Arbeit einen hohen Rang einnimmt.[9]

Nur eine kleine Gruppe von ca. 20% mißt der Arbeit keinen großen Stellenwert für die eigene Lebensplanung zu.

Für viele Jugendliche ist allerdings das Wichtigste an der Arbeit, daß sie das nötige Geld einbringt für den Lebensunterhalt. Aber über ein Drittel der Jugendlichen äußert deutliche Ansprüche an die Qualität der Arbeit, sie wollen eine sinnvolle Arbeit leisten und sich darin selbst verwirklichen.

Es gibt auch viele Jugendliche, die beide Aspekte von der Arbeit gleichwertig sehen, also die Entlohnung und den Sinn der Arbeit. Daß Arbeit sinnvoll sein soll, sagen übrigens nicht nur Jugendliche aus der Mittel- und Oberschicht, sondern auch Jugendliche aus der sogenannten Unterschicht, z.B. aus Arbeiterfamilien.

---

[8] a.a.O.
[9] Tully/Wahler: Jugend, Ausbildung und Nebenjob. DJI-Arbeitspapier. München 1994

Eine „Null-Bock"-Generation ist sie also nicht, diese Jugend heute. Was viele Jugendliche an der Gesellschaft auszusetzen haben, kann man nachvollziehen.

Daß z.B. vielen Jugendlichen, die eine Berufsausbildung machen, die Ausbildungsvergütung zu gering ist, kann man verstehen. Der Durchschnittsverdienst der Azubis liegt bei etwa 920,– DM im Monat. Aber wie das so ist mit Durchschnitten: es liegen manche darüber und andere darunter. Die Unterschiede zwischen den Ausbildungsbereichen sind erheblich. In Industrie und Handel werden überdurchschnittliche Ausbildungsvergütungen bezahlt, im Handwerk z.T. weit unterdurchschnittliche. Ein Schneider-Lehrling verdient z.B. im Westen 265,– DM, im Osten 210,– DM.[10]

Viele Jugendliche, nicht nur Schüler, sondern auch Azubis, verdienen sich deshalb etwas dazu – bei Gelegenheitsjobs (40%), bei Zeitarbeitsstellen (21%) und in Teilzeitarbeit (10%). Schüler zwischen 13 und 17 Jahren kommen damit durchschnittlich auf 250,– DM pro Monat; zwischen 18 und 24 Jahren verfügen die jungen Männer durchschnittlich über 1200,– DM, die weiblichen Jugendlichen über rund 1000,– DM durchschnittlich.

Dazu kommt die Unterstützung durch die Eltern. Die 13- bis 17jährigen bekommen im Durchschnitt etwa 70,– DM monatlich, die 18- bis 24jährigen 250,– bis 270,– DM. In den neuen Bundesländern sind diese Zahlen erheblich niedriger!

Wofür geben die jungen Leute nun ihr Geld aus? Hier muß man zwischen Frauen und Männern unterscheiden, da gibt es ganz typische geschlechtsspezifische Rangfolgen:

Die Männer geben ihr Geld aus für zu

1. Auto/Motorrad/Fahrrad (74%)
2. Getränke (65%)
3. Gaststättenbesuche (57%)
4. Schallplatten/Hifi (52%)
5. Bekleidung (36%)
6. Körperpflege (16%)

---

[10] Bundesinstitut für Berufsbildung 1992; zit. n. a.a.O., Anm. 5

Die jungen Frauen (genau spiegelbildlich verkehrt)
zu
1. Körperpflege + Kosmetik (84%)
2. Bekleidung (64%)
3. Schallplatten/Hifi (48%)
4. Gaststättenbesuche (43%)
5. Getränke (35%)
6. Auto/Motorrad/Fahrrad (26%)

Aus dieser Aufstellung[11] geht hervor, daß die Medien zwar wichtig sind für die Jugendlichen, aber durchaus nicht das Wichtigste. Natürlich haben fast alle Jugendlichen ein Radio (90%), einen Kassettenrecorder (80%), einen Walkman (63%), ein eigenes Fernsehgerät (60%), einen Plattenspieler (58%), eine Hifi-Anlage (53%); einen Videorecorder hat aber erst jeder zehnte.

Die Jugendlichen, jedenfalls die meisten, haben also so ziemlich alles, was man im modernen Leben so braucht. Auch in den neuen Bundesländern haben sich die Jugendlichen inzwischen fast an den West-Standard angeglichen, zumindest was den Medienbesitz betrifft.[12]

Viele Jugendliche können sich das alles zwar nur leisten, weil sie zum elterlichen Taschengeld oder zum Lehrlingslohn durch Nebenjobs dazuverdienen, aber das ist es ihnen offenbar wert.

Wer heute bestimmte Dinge nicht besitzt, kann nicht mitreden, gehört nicht dazu, findet keinen Kontakt in einer Clique. Die Jugendlichen sind sehr kritische Konsumenten, sie kennen sich gut aus mit den verschiedenen Markenartikeln, können gute von schlechter Qualität unterscheiden. In den Cliquen herrschen gewisse Standards. Die meisten Jugendlichen gehören zu einer Clique und müssen diesen Standard halten, wenn sie weiter dazugehören wollen. Natürlich gibt es viele Wechsel von einer Clique zur anderen. Die Schülerinnen und Schüler wollen sich nicht sofort festlegen, wollen sich umsehen, verschiedene Kulturen kennenlernen, etwas ausprobieren.

Die Jugendlichen leben also viele Jahre in einer Art von Schonraum, sie haben Zeit für Selbsterfahrung, zum Erproben verschiedener Verhaltensweisen und sie können lange Distanz zur Erwachsenenwelt hal-

---

[11] IBM-Jugendstudie '92: Die selbstbewußte Jugend. Hrsg. v. Institut für Empirische Psychologie. Köln 1993
[12] Stiehler/Karig (Hrsg.): Angekommen?! Freizeit und Medienwelt von Jugendlichen in den neuen Bundesländern. Berlin 1993

ten. Wichtiger als alles andere sind für die Jugendlichen in der Schülerphase die Gleichaltrigengruppen. Dies hat Auswirkungen auf die Einstellungen und Verhaltensweisen von Jugendlichen gegenüber den Erwachsenen, den Institutionen und gegenüber allen gesellschaftlichen Lebensbereichen. Die Jugendlichen sind kritischer geworden. Sie bilden eine Gleichaltrigenkultur als Gegengewicht zur übrigen Gesellschaft. Die Jugendkultur von heute ist viel mehr als eine Subkultur, wie sie in den 50er und 60er Jahren von „Rockern", „Poppern", „Mods", „Hippies", „Beatniks" gebildet wurde. Die Jugendkultur heute ist ein sehr komplexes, hochdifferenziertes Wertesystem, das Stile, Moden, Verhaltensmuster und Konsumstandards prägt. Die „Gegenmodelle" zur herrschenden Kultur der Erwachsenenwelt werden zwar von den Medien immer wieder aufgegriffen, integriert und entschärft, konsumierbar gemacht. Dennoch dient die Jugendkultur den Jugendlichen zur Abgrenzung von der Erwachsenenwelt.

Die Jugendlichen wollen nicht so werden wie ihre Eltern. Keine Generation vor ihr hat je so gut Bescheid gewußt über die Kaputtheit dieser Welt, über Umweltzerstörung, Krieg, Hunger, Elend, Suchtkrankheiten, Seuchen, Aids, Gewalt usw.

Diese Jugendgeneration sieht mit wachen Augen, welchen „Müll" sie von den vorherigen Generationen „geerbt" hat, deshalb mangelt es dieser Jugend an Respekt vor den Alten. Zum Teil geht die Jugend so weit, nichts mit alldem zu tun haben zu wollen, sich nicht dafür verantwortlich zu fühlen. Sie sind es ja schließlich nicht, die die Umwelt zerstört haben und für den Reichtum der westlichen Industrieländer den Rest der Menschheit draufgehen zu lassen bereit sind.

Zum Teil zieht die Jugend die Schlußfolgerung, daß sowieso nichts mehr zu retten ist, und daß es deshalb nur eins gäbe: nämlich noch ein bißchen Spaß zu haben im Leben, ehe alles den Bach runter geht. Es sind nicht die ungebildetsten Jugendlichen, die alle Hoffnungen aufgegeben haben.

Die Politiker und die Öffentlichkeit registrieren dies sehr besorgt und fragen sich – und uns Jugendforscher – was denn mit der Jugend bloß los sei. Denn die Lebensbedingungen sind ja kaum bekannt. Daß es vielleicht auch daran liegen könnte, wie die Politik mit den Jugendlichen umgeht – dieser selbstkritische Gedanke ist selten.

3. Politiker und die Jugend

Wenn Parteien und Politiker gerade nicht ans Gewähltwerden denken, beraten und beschließen sie bekanntlich Gesetze. Und sie streiten und bestimmen mehrheitlich darüber, wieviele öffentliche Gelder für welche staatlichen Zwecke ausgegeben werden, z.B. für Kinder, Jugendliche und Familien; unter anderem; unter *vielen* anderen!

Oft haben diese Gesetze und die staatlichen Ausgaben nicht direkt mit Kindern und Jugendlichen und Familien zu tun, zumindest nicht auf den ersten Blick. Sieht man näher hin, wird deutlich, daß viele politischen Entscheidungen sehr wohl etwas mit Jugend zu tun haben: Ob in der Verkehrspolitik z.b. auf das Auto gesetzt wird oder auf die Bahn, hat schwerwiegende Folgen für die Umwelt und damit für die künftigen Generationen. Aber nicht nur auf lange Sicht, auch kurzfristig sind Kinder und Jugendliche betroffen, z.b. als Opfer des Straßenverkehrs. Jährlich verunglücken in Deutschland etwa 50 000 Kinder unter 15 Jahren im Straßenverkehr, fast 500 davon tödlich! Jedes Jahr! Die meisten Kinder sind als Fußgänger oder als Fahrradfahrer Verkehrsopfer geworden!

Im Jugendalter zwischen 15 und 18 Jahren verunglücken jährlich mehr als 30 000, davon etwa 400 tödlich. Die meisten verunglücken als Fahrradfahrer, an zweiter Stelle sind die Fußgänger.[13]

Zwei Drittel all dieser Unfälle passieren innerhalb geschlossener Ortschaften. Natürlich sind die unmittelbar Schuldigen an diesen Unfällen meistens rücksichtslose Autofahrer. Aber für das Fehlen von Fahrradwegen, für das Tempolimit, z.B. für Tempo 30 in Wohngebieten, sind Politiker verantwortlich, in Bund, Länder und Gemeinden! Das nächste Beispiel: Wohnungspolitik. Viele Kinder und Jugendliche wachsen in beengten Wohnverhältnissen auf. Dies hat Folgen: Sie haben zu wenig Platz zum Spielen oder keinen ungestörten Platz, an dem sie die schulischen Hausaufgaben erledigen können. Kinder aus schlechten Wohnverhältnissen haben schlechtere Entwicklungschancen. Dies sind vor allem Kinder in einkommensschwachen Familien. Sie können sich die hohen Mieten besserer Wohnungen nicht leisten.

Gerade junge Leute tun sich schwer auf dem Wohnungsmarkt. Ob es sich nun um Jugendliche handelt, die einfach aus dem Elternhaus ausziehen wollen, um selbständig leben zu können, oder ob es junge Paare sind, die eine Familie gründen wollen – ihre Lebenschancen werden eingeschränkt durch den Mangel an bezahlbaren Wohnungen. Festgestellt wird dies alles vom Fünften Familienbericht, der kürzlich veröffentlicht wurde. Die Sachverständigen, die diesen Bericht im Auftrag

---

[13] Schwarzer, H.: Kinderunfälle im Straßenverkehr. In: Was für Kinder. Aufwachsen in Deutschland. Handbuch des Deutschen Jugendinstituts. München 1993

der Bundesregierung erstellt haben, kritisieren darin sehr deutlich sowohl die Wohnungspolitik der Bundesregierung als auch die der Gemeinden. Diese müßten neue Baurechte schaffen, um das Wohnbauland zu vergrößern. Dies würde die Preise auf dem Bodenmarkt und damit auch die Mietpreise senken. Von der Bundesregierung fordern die Sachverständigen, die sozial schwächeren Familien steuerlich zu entlasten. Bisher würden z.b. durch die steuerliche Förderung des Wohneigentums (nach § 10e EStG) nur die Besserverdienenden entlastet. Auch aus der Förderung durch das Wohngeld würden viele Familien mit Kindern herausfallen, da die Aufwendungen für den Unterhalt von Kindern nicht ausreichend berücksichtigt würden.

Der Fünfte Familienbericht enthält auch Zahlen zur Wohnsituation von Familien. Zum Beispiel zur Mietbelastung: 42% aller Hauptmieterhaushalte verfügt (1988) über weniger als 1800 DM monatlich netto. Sie müssen aber zwischen 23% und 40% dieses geringen Einkommens allein für die Kaltmiete aufwenden.

Etwa 200 000 Familien in Deutschland sind in öffentlichen Unterkünften untergebracht. In jeder dritten dieser Familien leben Kinder und Jugendliche unter 18 Jahren. Überdurchschnittlich viele von ihnen besuchen die Sonderschule oder verlassen die Hauptschule ohne Abschluß.

Wieviele Familien obdachlos sind, kann nur geschätzt werden, bezeichnenderweise gibt es darüber keine amtliche Statistik, kein öffentliches Interesse. In den alten Bundesländern sind es (1990) etwa 800 000 Obdachlose.[14]

Aber man muß sich gar nicht diese extremen Verhältnisse ansehen. Daß Wohnungspolitik Folgen für viele Kinder und Jugendliche hat, liegt auf der Hand.

Im Westen sagen 29% der 13- bis 17jährigen, daß sie in beengten oder sogar sehr beengten Wohnverhältnissen leben; im Osten sagen dies sogar 62%!

„Gute" oder „sehr gute" Wohnverhältnisse haben nur 19% der Jugendlichen im Westen und nur 10% im Osten.

Die übrigen sagen, die Wohnverhältnisse seien „ausreichend" (42% im Westen, 28% im Osten).[15]

---

[14] Bundesministerium für Familie und Senioren: Fünfter Familienbericht. Familien und Familienpolitik im geeinten Deutschland – Zukunft des Humanvermögens. Bonn 1994
[15] Jugendwerk der Deutschen Shell (Hrsg.): Jugend '92. Opladen 1992

Diese Beispiele sollen zunächst reichen. Was ich anhand der Verkehrs- und Wohnungspolitik klarmachen wollte: Politiker und staatliche Stellen treffen permanent Entscheidungen, die Kinder und Jugendliche betreffen. Deren Bedürfnisse, Probleme und Interessen kommen aber in den politischen Entscheidungsprozessen kaum vor! Man könnte das ebenso zeigen an der Sozialpolitik, der Gesundheitspolitik und der Bildungspolitik.

Der Fünfte Familienbericht ist dafür eine Fundgrube. Die Sachverständigen zeigen für all diese Politikbereiche, welche Auswirkungen sie auf Kinder, Jugendliche und Familien haben. Die Regierungspolitik ist aufgeteilt in verschiedene Bereiche und diese werden getrennt voneinander regiert und verwaltet, für jeden Bereich gibt es einen Minister, je ein bis zwei Staatssekretäre und einen riesigen Beamtenapparat. Im Bundestag gibt es für jeden dieser Bereiche einen Ausschuß.

Um nun all diese Politikbereiche in einem Punkt zu verbinden, nämlich in puncto Kinder und Jugendliche, wurde vor sechs Jahren extra eine neue Einrichtung geschaffen. Diese Einrichtung ist nun nicht – wie man denken könnte – eine Art „Kinderbeauftragter" nach dem Vorbild des Wehrbeauftragten, mit politischer Macht und mit einem effektiven Beamtenapparat. Das war damals in der Öffentlichkeit gefordert worden, aber gekommen ist etwas anderes: Die Kinderkommission des Deutschen Bundestages: ein parlamentarisches Gremium aus fünf Abgeordneten, einem Büroleiter und zwei Schreibkräften. Wenn man sich anhört, was dieses Häuflein alles leisten soll, packt einen entweder das Mitleid oder ein Schreikrampf. Das hört sich nicht nur unmöglich an, sondern das *ist* auch unmöglich zu bewältigen! Die Kinderkommission – in die jede Bundestagsfraktion einen Abgeordneten entsendet – soll nämlich *alle* parlamentarischen Vorlagen daraufhin prüfen, ob die Interessen von Kindern darin berücksichtigt sind. Da wären jährlich etwa 8000 Vorlagen zu überprüfen! Und das von fünf Abgeordneten, die den Job in der Kommission auch nur nebenbei machen, nicht etwa fulltime oder wenigstens halbtags! Die Kinderkommission behauptet übrigens auch in keinem ihrer Berichte, daß sie diese ihr auferlegte Aufgabe schaffen würde. Sie berichtet von Schwerpunktthemen, die sie in die öffentliche Debatte gebracht hat. Dazu gehörte in der letzten Legislaturperiode der Familienlastenausgleich, Tempo 30 in Wohngebieten, die medizinische Betreuung von Kindern in den neuen Bundesländern, die UNO-Kinderkonvention (die ist verabschiedet aber in der Praxis unbedeutend); Gewalt gegen Kinder und Kinderpornographie (beides wird höher bestraft als bisher, aber dies führt nicht zu einem Rückgang dieser Schweinereien); die Abschaffung des gesetzlichen Rechtes der Eltern zur Züchtigung ihrer Kinder (Das Recht haben die Eltern bisher immer noch. Auch die Kinderkommission konnte sich intern nicht über die Formulierung des neuen Gesetzes einigen, blockiert sich mit Parteigeplänkel selbst.); das Recht aller Kinder auf einen Kindergartenplatz; das gemeinsame Sorgerecht geschiedener Eltern für ihre Kinder (das gibt es bisher nur auf Antrag beider Eltern, also selten!) und der jährliche Weltkindertag (den gibt's jährlich als Gelegenheit für schöne Sonntagsreden).

Die Kinderkommission des Deutschen Bundestages wird überschwemmt von Anfragen. Eltern und Kinder rufen an oder schreiben Briefe. „Jede einzelne Anfrage wird beantwortet", versprach die Kommission 1989 noch. Natürlich konnte sie dies nicht einhalten. Viele Anfragen werden an zuständige Stellen weitergeleitet, z.b. an kommunale Behörden oder an den Petitionsausschuß des Bundestages.

Die Kinderkommission ist schon froh, mit den wichtigsten der etwa 170 Verbände Kontakt zu halten, die mit Kinder- und Jugendfragen zu tun haben.[16]

Überflüssig ist sie sicher nicht, zu tun hat sie immer genug. Und dennoch ist ihre Wirkung in Zweifel zu ziehen. Gemessen an ihrem Anspruch, gegenüber den Parlamentariern die „aktive Lobby für Kinder" zu sein und gleichzeitig „Ansprechpartner für Kinder, Eltern und Organisationen", ist dieses Gremium hoffnungslos überfordert. Das Parlament wollte mit der Einsetzung dieser Kommission ein „Signal" setzen, um „noch mehr als bisher an der Gestaltung einer kinderfreundlichen Gesellschaft" mitzuwirken.[17]

Ein Signal mag es ja gewesen sein, aber mehr auch nicht. Ob es wirklich ein Signal für mehr Kinderfreundlichkeit war, ist zu bezweifeln. Signalisiert wurde doch eher folgendes: Wir haben einen Bundestag mit über 540 Abgeordneten, die beraten und beschließen laufend Gesetze und können dabei unmöglich ständig an Kinder und Jugendliche denken. Deshalb beauftragen wir 5 Abgeordnete damit, die übrigen immer wieder daran zu erinnern, daß in Deutschland auch Kinder und Jugendliche leben und berücksichtigt werden sollen. Ich stelle mir das so vor: Die Abgeordneten in den Ausschüssen für Wohnungs-, Verkehrs-, Sozial- und Gesundheitspolitik usw. legen eine Schweigeminute ein,

---

[16] Rathgeber, Richard: Kinderbeauftragte – Anwälte für Kinder oder Alibifiguren? In: Was für Kinder. Aufwachsen in Deutschland. Ein Handbuch des Deutschen Jugendinstituts. München 1993
[17] Tätigkeitsbericht vom 31.10.1990, S. 5. In: a.a.O.

wenn ein Mitglied der Kinderkommission etwas einwendet, und dann wird zur Tagesordnung übergegangen. Beschlossen wird von der jeweiligen Mehrheit, und Geld haben wir sowieso zu wenig, schon gleich gar nicht für humanistische Spinnereien!

Vielen Dank, Herr Kollege oder Frau Kollegin von der Kinderkommission, daß Sie uns mal wieder zu emotionaler Rührung verholfen haben! Aber Sie wissen ja selbst – die Sachzwänge...

Die Funktion des Feigenblatts wird die Kinderkommission nicht los. Da kann sie leisten, soviel sie will und kann. Sie kann nur das Deckmäntelchen sein für all die „Sachentscheidungen", die – leider, leider – keine Rücksicht auf die Bedürfnisse und Probleme von Kindern und Jugendlichen nehmen können, so gerne sie es eigentlich wollten! Dieses Gremium ist objektiv das Alibi der Sachpolitik, mit ihm entschuldigt sie ihre oft gar nicht kinderfreundlichen Entscheidungen. Spätestens an dieser Stelle, wo klargestellt ist, wie die große Politik mit Kindern und Jugendlichen umgeht, spätestens jetzt werden Sie mich fragen: Ja, was ist denn mit dem Bundesjugendministerium? Das wurde ja noch gar nicht erwähnt!

Ich wollte erst das Negative bringen und dann doch auch noch etwas Positives sagen. Nach all der Kritik muß natürlich gesagt werden, daß das Jugend- und das Familienministerium, jedes auf seine Weise und mit seinen begrenzten Mitteln, sehr viel tun für Kinder, Jugendliche und Familien. Dafür sind sie ja da. Sie sind im Konzert der anderen Ministerien die einzigen, die explizit und geplant Politik für Kinder, Jugendliche und Familien machen. Aber ich verrate kein Geheimnis, daß sie in diesem Konzert nicht die erste Geige spielen, nicht einmal die zweite oder dritte. Sie kommen mir – um im Bild vom Orchester zu bleiben – eher so vor wie der Triangelspieler, den der Kabarettist Georg Kreißler so treffend besungen hat: „Da sitz ich mitten im Orchester drin, im Schatten der großen Trommel... Ich komm erst auf Seite neunundachtzig dran..." läßt Kreißler den Triangelspieler klagen, und weiter: „... Cellos und Bässe ergrimmen, das Glockenspiel lacht, eine Triangel kann man nicht einmal stimmen!"

Ich will damit deutlich machen, daß das Jugend- und das Familienministerium im Verhältnis zu den anderen Ministerien eine Nebenrolle spielen. Das heißt nicht, daß sie unwichtig wären. Seit einiger Zeit ist es ja so im Bonner Schauspielhaus, daß die meisten Ministerien zu Nebenrollen degradiert sind und nur noch ein Ministerium eine wirkliche Hauptrolle spielt, nämlich das Finanzministerium. Und das besteht offenbar nur aus Streichern. Sicher, alle mußten Einsparungen vornehmen, aber am härtesten trifft das natürlich die Kleinen, die sowieso nicht viel haben. Wenn die von ihrem bißchen Etat auch noch etwas weggeben müssen, bleibt halt kaum mehr etwas übrig. Im Bundeshaushalt 1994 wurden z.b. im Jugendministerium 265 Millionen Mark gekürzt, das sind fast 10% des Gesamtetats. Die Finanzleute meinen natürlich, das sei relativ wenig an Kürzung. Aber für die Betroffenen ist es viel zu viel. Schrecklich trafen die Kürzungen insbesondere die Wohlfahrtsverbände und andere freie Träger der Jugendhilfe, die Zivildienstleistende beschäftigen: Ihnen wurden 190 Millionen DM gestrichen, mit denen sie die kargen Löhne der Zivildienstleistenden bezahlten; das sind zwar nur 16 Mark und 22 Pfennige pro Tag und Zivildienstleistendem, aber es werden eben viele Zivildienstleistende gebraucht, im Gesundheitswesen vor allem, wo es an allen Ecken und Enden an ausgebildetem Pflegepersonal fehlt, weil es so miserabel bezahlt wird.

Der Bundesjugendplan wurde glücklicherweise nur wenig gekürzt. Aber schwer traf es ausgerechnet die Aus- und Fortbildungsarbeit im AFT-Programm, also im Programm „Aufbau freier Träger" in den neuen Bundesländern.[18]

Gerade am AFT-Programm kann man beispielhaft zeigen, wie wichtig das Engagement des Bundesjugendministeriums ist. Damit wird in Ostdeutschland, wo sich die früheren Angebote für Jugendliche aufgelöst haben, eine ortsnahe Jugendarbeit unterstützt, die von den Bedürfnissen der Jugendlichen ausgeht und an der sie sich selbst aktiv beteiligen können. Die Geldmittel bekamen Jugendorganisationen, Jugendgruppen und Initiativen, die Grundlagen für eine langfristig ausgerichtete Jugendarbeit und Jugendsozialarbeit schafften. Nicht blinder Aktionismus wurde also gefördert, sondern strukturbildende Maßnahmen. Mit 20 Millionen DM konnten rund 5000 Projekte gefördert werden (1993). Trotz der Kürzungen konnte in den neuen Ländern eine große Zahl von neuen Angeboten für Jugendliche gefördert werden. Wo der Bund mit seinem Sonderprogramm etwas „angeschubst" hat, müssen nun die Länder und Kommunen in die Förderung einsteigen. Bloß die müssen natürlich auch „sparen". Die Länder und Kommunen beklagen sich, daß der Bund so viel auf sie abwälzt. Insofern stimmt das, was ich vorher über die Nebenrolle des Bundesjugendministeriums sagte, auch für die Länder. Auch dort dirigiert der jeweilige Finanzminister das Streichkonzert. Und in den Ländern ha-

---

[18] Informationsdienst „Jugendhilfe aktuell", hrsg. v. d. Bundesarbeitsgemeinschaft der Landesjugendämter, Nr. 9/1993

ben Jugend- und Familienpolitik einen noch härteren Stand. Verfolgt man die politischen Zuständigkeiten weiter bis auf die kommunale Ebene, wird es endgültig trostlos. In den meisten Kommunen gibt es z.b. keine Stadträte oder städtische Referenten für Jugend. Da gibt es nur Jugendämter. Die sind ein kleiner Teil des Sozialreferats. Von dessen Etat wird alles finanziert, was für Alte, Arbeitslose, Behinderte und eben auch Kinder und Jugendliche und obdachlose Familien unbedingt notwendig ist – aber eben auch nicht mehr als das! Die Kommunen beklagen sich beim jeweiligen Land, daß sie zu wenig Landesmittel bekommen und ausbluten. Wenn man sich die Verschuldung der Kommunen anschaut, glaubt man ihnen sogar das Wehgeschrei. Das gesamte System der Jugendhilfe leidet an finanziellen Nöten. Die freien Jugendhilfe-Träger beklagen sich – zurecht – über schrumpfende Zuschüsse der öffentlichen Träger, also der Kommunen, der Länder und des Bundes. Ohne die Leistung der riesigen Zahl von ehrenamtlichen Mitarbeitern und Mitarbeiterinnen wären Teile der Jugendhilfe, z.b. die Jugendarbeit, schon längst zusammengebrochen. Ohne den Idealismus der aktiven Mitglieder von Jugend- und Wohlfahrtsverbänden ginge gar nichts mehr. Das wissen die verantwortlichen Politiker in Kommunen, Ländern und im Bund, sie verlassen sich auf diesen Idealismus. Mit den für die Jugend zur Verfügung stehenden Geldmitteln kann man diese Leistung der Verbände nur immer locken, niemals löhnen!

Die Leistung der freien Jugendhilfe ist unbezahlbar – und darum glauben manche Politiker, immer möglichst wenig dafür zahlen zu müssen. Ich bin also schon dabei, die Frage zu beantworten, die im Titel dieses Jugendschutztags steht: Was ist der Gesellschaft die Jugend wert? Die Jugend ist der Gesellschaft sehr viel wert – aber sie soll möglichst wenig Geld kosten!

4. Resümee

Die Jugend ist so unermeßlich wertvoll für Gesellschaft und Staat, daß es auch kein Maß gibt für das, was sie kosten darf! Das Maß dessen, was die Jugend Gesellschaft und Staat kosten darf, läßt sich nicht der Bedeutung der Jugend selbst entnehmen, sondern wird von außen an sie angelegt, nämlich so: Was bleibt übrig, wenn wir die äußere und innere Sicherheit des Staates optimal gesichert haben; wenn wir alle nötigen strukturellen Voraussetzungen geschaffen haben, damit unsere Wirtschaft floriert? Dafür zuständig sind das Außen- und das Innenministerium, das Wirtschafts- und Verkehrsministerium und noch ein paar Ministerien, die bei aller Knappheit der Mittel immer alles das bekommen, was sie brauchen. Denn da geht's ums Eingemachte! Zu einem gewissen Teil gehört allerdings auch die Jugend zum „Eingemachten": Der Staat braucht sie als „Nachwuchs". Wer die Zeitung liest oder Nachrichten hört, kennt die politischen Formulierungen:

– Nachwuchs muß sein, weil Deutschland sonst ausstirbt;

– Nachwuchs braucht die Wirtschaft auf allen Ebenen – vom einfachen Arbeiter über Fachkräfte und Angestellte bis zur akademischen Elite;

– Nachwuchs braucht selbstverständlich auch die Bundeswehr;

– Nachwuchs brauchen aber insbesondere die Parteien.

Daß dieser Nachwuchs auch wirklich garantiert ist, das ist die einzig reelle Sorge der Politik, die sie sich um die Jugend macht! Die Jugendlichen merken das natürlich. Sie kriegen ja ständig mit, daß sie als „Nachwuchs" behandelt werden. Daß es nicht um sie persönlich geht, nicht um ihr individuelles Wohlergehen, sondern um ihre Funktion für etwas anderes.

Sie merken, daß sie Schulen besuchen und Abschlüsse schaffen sollen, damit sie als qualifizierte Nachwuchskräfte dem Arbeitsmarkt zur Verfügung stehen, zur Auswahl. Sie wissen, daß es ziemlich unsicher ist, ob sie dann mit ihrer jeweiligen Qualifikation auch wirklich gebraucht werden, ob sie zu den Auserwählten der Wirtschaft gehören oder eben Pech haben und arbeitslos bleiben.

Sie merken auch, daß sie von den Parteien und Politikern umworben werden – als Wähler und als Nachwuchs.

Weil Jugendliche dies merken, äußern sie zum Beispiel bei Befragungen die Meinung: „In der Politik geschieht selten etwas, was dem kleinen Mann nützt" (über 70%).[19]

Das Interesse an den Problemen der Menschen wird den Politikern von einem Drittel aller Jugendlichen abgesprochen. Weil sie aber genau das, das Interesse an ihren persönlichen Problemen erwarten, fühlen sich über 80% der Jugendlichen von den Politikern „betrogen".[20]

---

[19] Neunter Jugendbericht. Unveröffentlichtes Manuskript der Expertenkommission. 1994, S. 102
[20] a.a.O.

Die Jugendhilfe – also die Mitarbeiter und Mitarbeiterinnen in der Jugendarbeit und in allen anderen Arbeitsbezügen mit Jugendlichen, auch im Jugendschutz – sollten diese Haltung der Jugendlichen richtig interpretieren und Schlüsse für die eigene Arbeit daraus ziehen. Die Jugendhilfe ist nämlich ständig in Gefahr, mit der Politik in einen Topf geschmissen zu werden.

Manche Jugendhilfe-Leute wollen Partei ergreifen für Kinder und Jugendliche gegenüber der Politik; sie argumentieren stellvertretend für die Jugend und wollen die Politiker immer überzeugen, daß sie mehr für die Jugend tun müssen, indem sie mit den negativen Seiten der Jugendlichen drohen. Dieser Schuß kann nach hinten losgehen! So nach dem Muster: ihr Politiker müßt aufpassen, wenn ihr die Jugend weiterhin so mies behandelt, dann geht sie immer mehr nach rechts, dann werden noch mehr Jugendliche gewalttätig! Jugendhilfe-Leute, die mit dieser Argumentation etwas für ihre Klientel herausholen wollen, provozieren geradezu Gewalthandlungen von Jugendlichen; oder, im günstigsten Fall, wenn die Jugendlichen sich nicht zu mehr Gewalt hinreißen lassen, machen sich diejenigen Fürsprecher der Jugend lächerlich, die quasi wie „Feldherren" mit dem gefährlichen Potential ihrer „Truppen", den Jugendlichen, gedroht haben, über die sie gar nicht verfügen. Diese Methode, den Politikern zu drohen, ist sowieso von vorneherein zum Scheitern verurteilt. Von der Notwendigkeit präventiver Jugendhilfe kann man den einen oder anderen Politiker vielleicht mit inhaltlichen Argumenten überzeugen, aber nicht mit der Angst vor gewalttätigen Jugendlichen. Für diese sind immer noch Polizei und Justiz zuständig, das ist es, worauf sich manche Politiker weiterhin verlassen! Die ganze Diskussion um neue schärfere Strafgesetze zeigt das! Jetzt, wenn es um rechte Gewalttäter geht, rufen plötzlich sogar Linke nach der Härte der Staatsgewalt, gegen die sie früher immer waren!

Die Jugendhilfe ist aber nicht der verlängerte Arm der Staatsgewalt! Die Jugendhilfe ist oder sollte sein ein modernes Dienstleistungssystem als Partner von Kindern, Jugendlichen und Familien. Die Jugendhilfe hat eine andere Sichtweise: Für sie sind die Jugendlichen nicht eine Funktion für etwas anderes, nicht abstrakt „der Nachwuchs". Sie stellt das gegenwärtige Dasein der Jugendlichen in den Mittelpunkt, die Probleme der einzelnen Individuen. Die Jugendhilfe ist nicht die Hilfe für den Staat, mit problematischen Jugendlichen fertig zu werden, sondern sie soll den Jugendlichen helfen, mit den Problemen der Gesellschaft fertig zu werden, in die sie hineinwachsen. In diesem Sinne muß die Jugendhilfe geradezu ein Gegengewicht zur Politik bilden! Die Jugendhilfe ist aber auch nicht die Stellvertretung der

Jugendlichen gegenüber dem Staat! Sie soll die Jugendlichen vielmehr befähigen, selbst für ihre Interessen einzutreten. Für die ganze Gesellschaft ist die Jugend zu einer wichtigen „Zielgruppe" geworden – für Politiker, Journalisten, Marktforscher und Warenverkäufer – sie sollte nicht auch noch für die Jugendhilfe zur Zielgruppe werden!

Jugendhilfe und Jugendschutz sollten die Kinder und Jugendlichen auch nicht als ihre „Klientel" behandeln. Die Mitarbeiter der Jugendhilfe sind nicht die Anwälte der Jugendlichen. Da die Jugendlichen im allgemeinen weder Angeklagte noch Kläger sind, brauchen sie auch keine Anwälte. Sie sind auch nicht wehrlose Opfer, die „Beschützer" bräuchten. Die meisten Jugendlichen lehnen es ab, bevormundet oder auch nur bemuttert, behütet, beschützt zu werden – auch nicht vom Jugendschutz! Egal wer es ist, wenn jemand zu Jugendlichen sagt: „ich will doch nur euer Bestes", dann sollten sie antworten: „aber das kriegst du nicht!"

II. Zur Diskussion gestellt

Wolfgang Berger

Jugendgemeinderäte: ein Modell zur politischen Partizipation junger Menschen

1. Warum politische Beteiligung?

Demokratie lebt von politischer Beteiligung, vom Engagement und Einsatz einzelner und Gruppen in unserer Gesellschaft. Natürlich setzt dies voraus, daß Einflußnahme von Bürgerinnen und Bürgern gewünscht wird, aber auch entsprechende Strukturen vorhanden sind, die Partizipation ermöglichen. Die Diskussion um die „neuen sozialen Bewegungen" ließen in der Vergangenheit erkennen, daß vor allem jüngere Menschen zusätzliche und anders gewichtete Politikinhalte fordern. Häufig wird der regelmäßige Gang zur Wahlurne von vielen Menschen als „Ritual" einer repräsentativen Wahl empfunden, die als Beteiligungsform nicht ausreiche. Sinkende Wahlbeteiligungen und steigender Zuspruch rechtsorientierter Parteien sind die Kehrseite dieser Medaille, die in dem Begriff Politikverdrossenheit – dem Wort des Jahres 1994 – gipfeln.

Auswege aus der Politik(er)verdrossenheit liegen auf dem Feld der politischen Beteiligung – darin besteht unter Fachleuten weitreichende Übereinstimmung. Strittig sind allerdings die Wege dorthin. So gibt es eine Reihe von Vorschlägen, die von mehr Bürgerbeteiligung an politischen Prozessen bis zu einer Parlamentsreform, von der „Urwahl" verschiedener Mandatsträger bis hin zu Wahlrechtsreformen reichen. Bei fast allen Vorschlägen stehen die Partizipationsmöglichkeiten der Erwachsenen im Vordergrund. Jugendliche finden bei dieser Diskussion kaum Gehör. Und obwohl 78% der Vier- bis 14jährigen im politischen Prozeß mitbestimmen wollen, steht ihr Engagement nicht zur Diskussion, kommen ihre Interessen – wenn überhaupt – nur indirekt in die Parlamente.

2. Was sind Jugendgemeinderäte?

Begonnen hat es 1985 in Weingarten. Mit dem „internationalen Jahr der Jugend" wurde dort der erste Jugendgemeinderat in Deutschland ins Leben gerufen. Heute haben wir in Baden-Württemberg 24 dieser

Gremien, in ganz Deutschland sind es kaum mehr als 30. Eine vergleichsweise geringe Zahl, wenn wir die 11100 Gemeinden in Baden-Württemberg zugrunde legen. Und allein in Frankreich zählen wir über 400 Jugendgemeinderäte.

Dennoch, ginge es allein nach Gemeindeordnungen oder Landesverfassungen, dann gäbe es in Deutschland keine Jugendgemeinderäte. Sie sind gesetzlich schlichtweg nicht vorgesehen. Doch immer mehr Jugendliche wollen sich einmischen, ihnen reicht die Stellvertreterpolitik der Erwachsenen nicht aus.

3. Die Wahl

Die Zahl der jungen Räte und die Wahlperioden sind sehr unterschiedlich. Häufig gibt es genausoviele Jugendgemeinderäte wie erwachsene Räte in einer Stadt. Sie werden entweder von allen Jugendlichen einer Gemeinde zwischen 14 und 18 Jahren gewählt (Urwahl) oder von und in den jeweiligen Schulen gewählt und/oder von dort delegiert (Schülerparlament). Es lassen sich natürlich zahlreiche Kombinationen denken und die verschiedenen Beispiele der Jugendgemeinderäte in Baden-Württemberg zeigen die große Vielfalt (vgl. Übersicht: Jugendgemeinderäte in Baden-Württemberg S. 53).

In zwei Dingen sind die Jugendgemeinderäte ihren etablierten Kolleginnen und Kollegen allerdings voraus: Soweit mir bekannt, gibt es keine Jugendgemeinderatswahl, in der Nichtdeutsche von dem aktiven oder passiven Wahlrecht ausgeschlossen sind. Junge Frauen und Nichtdeutsche sind demnach zwar passiv und aktiv beteiligt und vertreten, den Bevölkerungsdurchschnitt spiegeln sie aber auch in diesen Gremien nicht wider.

4. Die Themen

Grundsätzliche Aufgabe eines Jugendgemeinderates ist die Vertretung der Jugendlichen und ihrer Anliegen. Mit Verbesserungsvorschlägen bei der Gestaltung von Spiel- und Sportplatzanlagen, der Rad- und Verkehrswege und der Umgestaltung von Schulhöfen haben sie in ihren Gemeinden auf sich aufmerksam gemacht. Ihre Forderung nach einer „half-pipe" vertreten sie so vehement wie ihr Rederecht im Stadt- oder Gemeinderat – schließlich sind sie die gewählte Vertretung der örtlichen Jugend. Bei den vier bis sechs Sitzungen pro Jahr stehen umwelt- und verkehrspolitische Themen im Vordergrund. Ihre Beiträge und Interessen beschränken sich aber nicht auf kommunalpolitische Themen.

5. Die Ziele des Dachverbandes der Jugendgemeinderäte

Jugendgemeinderäte sind von den etablierten Räten und vor allem den Bürgermeistern bzw. Oberbürgermeistern abhängig. Vor diesem Hintergrund waren sich die Jugendräte in Baden-Württemberg schnell einig, daß ein Dachverband gegründet werden sollte. Mit Hilfe der Landeszentrale für politische Bildung fanden mehrere Treffen statt, auf denen neben dem Erfahrungsaustausch auch eine Satzung des Dachverbandes und dessen Aufgaben beschlossen wurden.

● **Vertretung nach außen:**
- Gemeindeübergreifende Öffentlichkeitsarbeit
- Koordination von landesweiten Forderungen und Anträgen
- Entwicklung von Perspektiven und Mitbestimmung Jugendlicher in den Kommunen
- Multiplikatorenfunktion: Beratung von interessierten Kommunen und Jugendlichen

● **Vertretung nach innen:**
- Erfahrungsaustausch und Hilfestellung bei Konflikten mit Gemeinderäten oder Verwaltungen
- Koordination von Aktivitäten und Forderungen. Transfer von Anträgen (Miß-)Erfolgen, PR-Material und Ideen
- Diskussion der verschiedenen JGR-Modelle hinsichtlich ihrer Effizienz und Kompatibilität

(Auszug aus dem „Bad Uracher Abkommen" vom Mai 1993)

Schließlich wurde eine Empfehlung zur Änderung der Gemeindeordnung in Baden-Württemberg dem Innenminister überreicht. Die wichtigsten Punkte daraus:

1. Alle Jugendlichen einer Gemeinde, die das aktive und passive Wahlrecht noch nicht besitzen, können sich zum Jugendgemeinderat aufstellen lassen und wählen.

2. Der Jugendgemeinderat hat bei jugendpolitischen Themen ein Antrags- und Rederecht, der etablierte Gemeinderat eine Beschlußfassungspflicht der Anträge des Jugendgemeinderates.

3. Für geringfügige Ausgaben steht dem Jugendgemeinderat ein Etat zur Verfügung.

6. Das Fazit: „Jugendgemeinderäte sind mehr als die dekorative Petersilie auf der kommunalpolitischen Aufschnittplatte"

Kritiker werfen diesem Partizipationsmodell vor, Jugendgemeinderäte seien vom Oberbürgermeister abhängig und würden ein Gremium der Erwachsenen nachspielen also weniger kreativ sein. Bei den 24 Jugendgemeinderäten Baden-Württembergs greift diese Kritik nur in ganz geringen Ausnahmen. In der Regel bedeutet ein Jugendgemeinderat für einen Oberbürgermeister mehr Arbeit und ein zusätzliches Gremium, mit dem es sich abzustimmen gilt. Und warum leistet sich ein Oberbürgermeister ein Gremium, das mehr Zeit kostet und unbequem ist? In der Regel herrscht das Interesse vor, Jugendliche für die Kommunalpolitik zu interessieren, deren Sachverstand zu nutzen und so die Politik(er)verdrossenheit zu reduzieren. Aus den vielfältigen Kontakten der Landeszentrale für politische Bildung, zu Jugendgemeinderäten und den Ansprechpartnern in den jeweiligen Verwaltungen kann das Fazit gezogen werden, daß die „Beteiligungsform Jugendgemeinderäte" zwar nicht der Königsweg zur Aktivierung Jugendlicher sein kann, gleichwohl als eine der herausragenden Möglichkeiten bezeichnet werden muß, wenn es darum geht, die Interessen vieler Jugendlicher in die Kommunalpolitik einfließen zu lassen. Von der überwiegenden Zahl der Gemeinderäte und den Verwaltungen wird diese Form als belebende Einrichtung bezeichnet, die auch geeignet sei, junge Menschen auf ihre politische Mitgestaltungsmöglichkeiten hinzuweisen und vorzubereiten, entnehmen wir einer Umfrage des Städtetages 1994.

Projektanschrift: Landeszentrale für politische Bildung
Stafflenbergstr. 38
70184 Stuttgart

Jugendgemeinderäte (JGR) in Baden Württemberg

Gemeinde/Stadt	seit	Anzahl	Amtszeit	Wahlalter
Weingarten	1985	30	3	8. Klasse
Filderstadt	1987	20	2	14–17
Tuttlingen	1987	36	1	7.–9. Klasse
Bisingen	1989	22	2	Schulklassen
Friedrichshafen	1990	30	2	14–20
Gengenbach	1990	18	3	Schulklassen
Offenburg	1990	24	3	7. Kl. bis Schulabschluß
Donaueschingen	1991	16	2	14–18
Gernsbach	1991	24	1	5.–13. Klasse
Künzelsau	1992	12	2	16–18
Leimen	1992	20	2	14–21
Waldenburg	1992	8	2	16–19
Bad Wimpfen	1993	9	2	14–18
Hardheim	1993	18	3	14–18
Kirchheim/Teck	1993	12	2	14–17
Maulbronn	1993	13	1	7.–13. Klasse
Radolfzell	1993	26	2	14–17
Ulm	1993	40	2	9 bis 17
Weil am Rhein	1993	21	2	14–17
Eppingen	1994	20	2	14–17
Geislingen/Steige	1994	16	2	5.–10. Klasse
Schwäbisch Gmünd	1994	28	1	7.–11. Klasse
Waiblingen	1994	17	2	14–17
Winnenden	1994	16	2	14–18

LpB, II/5, Stand Dez. 1994

Baldo Blinkert

Aktionsräume von Kindern in der Stadt

1. Veränderungen der Raumerfahrungen von Kindern

Wenn wir fragen, was sich für Kinder in den letzten zwei Jahrzehnten besonders nachhaltig verändert hat – mit fast dramatischen Auswirkungen für die Lebensqualität und die Entwicklungschancen von Kindern – müssen wir uns mit zwei Bereichen befassen:

Zum einen mit dem Bereich der **Sozialerfahrungen** und zum anderen mit dem Bereich der **Raumerfahrungen.** Über die veränderten Sozialerfahrungen wurde viel geforscht und wir wissen einiges darüber. Über die veränderten Raumerfahrungen wissen wir nur sehr wenig. Psychologen, Soziologen und Erziehungswissenschaftler haben sich in der Vergangenheit vorwiegend mit den Sozialerfahrungen von Kindern beschäftigt. Sie haben untersucht, was die Veränderungen im Bereich von Ehe und Familie bedeuten und wie sich Wertorientierungen und Erziehungsstile gewandelt haben. Das war natürlich wichtig und die Ergebnisse fanden auch Eingang in die soziale Praxis. Es entstanden immer mehr Einrichtungen zur Beratung, Betreuung und Behandlung. Alle diese Angebote setzen an den Sozialerfahrungen von Kindern an. Vieles davon ist sinnvoll und nützlich, aber diese Perspektive ist auch etwas einseitig. Kinder brauchen für ihre Entwicklung nicht nur ein intaktes soziales Umfeld, stabile Beziehungen und verständnisvolle Eltern. Natürlich ist das überaus wichtig. Ebenso wichtig aber sind Freiräume, die sich zum spontanen und unbeaufsichtigten Spielen mit Gleichaltrigen eignen. Damit kommen wir zu dem Thema **Raumerfahrung.** Und hier hat es in der Tat dramatische Veränderungen gegeben, die uns im Prinzip zwar allen bekannt sind, deren Auswirkungen auf die Situation von Kindern aber erst allmählich gesehen werden. Ich will die wichtigsten Veränderungen mit ein paar Stichworten beschreiben:

Erstens, wir können beobachten, daß Außenräume für viele Kinder an Bedeutung verlieren und Binnenräume an Bedeutung gewinnen. Man könnte hier von einer zunehmenden „Verhäuslichung von Kindheit" sprechen.

Eine weitere Veränderung betrifft die Offenheit, die Gestaltbarkeit von Räumen. Wir können beobachten, daß offene und gestaltbare Räume immer weniger zur Verfügung stehen und daß organisierte und kontrollierte Räume zunehmend an Bedeutung gewinnen. Hier könnte man von einer Zunahme der „organisierten Kindheit" sprechen.

Ein dritter Trend besteht darin, daß reale Räume für den Kinderalltag immer mehr an Bedeutung verlieren und fiktive oder simulierte Räume an Bedeutung gewinnen: Fiktionen und Simulationen in den Printmedien, im Fernsehen und in Computerspielen. Hier kann man von einer Zunahme der „Medienkindheit" sprechen.

Zugenommen hat auch die Bedeutung des Typs der „verinselten Raumerfahrung": Kinder erfahren ihre Umwelt immer mehr als weit verstreute und durch große Entfernungen voneinander getrennte und unverbundene Teilräume.

Die Gründe für diese Veränderungen sind so bekannt, daß ich nur kurz darauf eingehen muß: Sie sind in der in den 60er und 70er Jahren betriebenen Politik der Stadt- und Verkehrsentwicklung zu sehen, in der Funktionsentmischung und Spezialisierung von städtischen Räumen und in der dramatischen Motorisierungswelle. Der Nahraum von Wohnungen wurde in dieser Zeit als ein Mobilitätshindernis verstanden und in einer autogerechten Weise umgestaltet. Die Aufenthaltsfunktion des öffentlichen Raumes mußte immer mehr der Verkehrsfunktion weichen. Im Zuge dieser Entwicklung blieben auch die Aktionsräume von Kindern auf der Strecke. Kinder in Großstädten haben immer weniger die Möglichkeit, sich draußen spontan und unbeaufsichtigt aufzuhalten. Der Alltag von Kindern wird damit immer erlebnisärmer. Auf eigene Faust können sie nichts unternehmen, es gibt nichts zu entdecken, man kann nichts mehr herstellen.

Um das zu kompensieren, entstand ein ungeheurer Inszenierungsaufwand: Mit aufwendigen Geräten möblierte Spielplätze, ein riesiger Markt für Kinder, auf dem auch schon ein „Abenteuerspielplatz für zu Hause" angeboten wird, Superspielparties, Spieltherapien, Erlebnispädagogik und betreute Spielgruppen. Nicht das von Postman beschworene „Ende der Kindheit" ist in Sicht, sondern ein neuer Typ von Kindheit, der sich als „inszenierte Kindheit" beschreiben läßt. Kindheit wird immer mehr zu einer Lebensphase, in der eintönige und erlebnisarme Tagesabläufe von Veranstaltungen unterbrochen werden, die den Charakter von Kindergeburtstagen haben.

In Freiburg wurde im Auftrag der Stadtverwaltung eine umfangreiche Studie über die Situation von Kindern durchgeführt. In dieser Studie ging es um die Frage, welche Bedeutung Aktionsräume im Umfeld der

Wohnung für die Lebensqualität und für die Entwicklungschancen von Kindern besitzen.

Aktionsräume sind Territorien,
- die für Kinder zugänglich sind, die sich leicht erreichen lassen;
- die – gemessen an der Risikokompetenz von Kindern – gefahrlos sind;
- die für Kinder im Sinne ihrer Interessen und Möglichkeiten gestaltbar sind
- und wo es Interaktionschancen mit anderen Kindern gibt.

Diese vier Merkmale – Zugänglichkeit, Gefahrlosigkeit, Gestaltbarkeit und Interaktionschance – konstituieren einen Aktionsraum.

Die Untersuchung sollte Antwort auf die folgenden Fragen geben:
- Was für Aktionsräume haben Kinder im Vor- und Grundschulalter im Umfeld ihrer Wohnung?

- Was bedeutet es für die Lebensqualität von Kindern und für ihre Entwicklungschancen, wenn sich das Wohnumfeld nicht zum Spielen eignet?

- Was kann eine Stadt wie Freiburg mit kommunalpolitischen Mitteln tun, um die Situation von Kindern nachhaltig zu verbessern.

In der Untersuchung wurden Informationen über die Spielmöglichkeiten von rund 4000 Kindern im Alter von 5 bis 10 Jahren erhoben. Für eine Auswahl von 430 Kindern wurde eine aufwendige Zusatzuntersuchung durchgeführt: Tagebuchprotokolle für drei Tage, ein Wohnumfeldinventar und ein Interview mit den Eltern. In 12 Wohngebieten wurden zusammen mit den dort wohnenden Kindern Begehungen durchgeführt. Zusätzlich wurden 50% der öffentlichen Spielplätze ausführlich kartiert, photographiert und beobachtet.

Die Untersuchung wurde in einem Zeitraum von ungefähr zwei Jahren durchgeführt und fertiggestellt. Ein Bericht über die Freiburger Kinderstudie und ein Videofilm ist allgemein zugänglich.[1]

---

[1] Blinkert, Baldo: Aktionsräume von Kindern in der Stadt. Eine Untersuchung im Auftrag der Stadt Freiburg. Schriftenreihe des Freiburger Instituts für angewandte Sozialwissenschaft (FIFAS), Bd. 2. Pfaffenweiler 1993 (Centaurus-Verlagsgesellschaft). Der Videofilm kann über das Kinderbüro der Stadt Freiburg, 79098 Freiburg ausgeliehen oder bei Frau Erika Janczyk, Brombergstr. 26, 79102 Freiburg für DM 50,- gekauft werden.

2. Aktionsraumqualität bedingt die Lebensqualität von Kindern

In Freiburg ist für rund 25% der Kinder im Vor- und Grundschulalter die Aktionsraumqualität im Wohnumfeld schlecht oder sehr schlecht. Diese Kinder haben kaum eine Möglichkeit, ohne Aufsicht draußen zu spielen. Sie können Spielkameraden nicht aus eigener Kraft erreichen. Das Umfeld der Wohnung ist für diese Kinder gefährlich oder langweilig und oft beides. Die Freiburger Ergebnisse sind sicher nicht generalisierbar, denn im Vergleich zu anderen Großstädten dürften die Verhältnisse in Freiburg noch ausgesprochen günstig sein.

In der Freiburger Studie wurde untersucht, welche Bedeutung die Aktionsraumqualität im Umfeld der Wohnung für den Kinderalltag hat. Es zeigte sich, daß der Einfluß des Wohnumfeldes erheblich größer ist als der Einfluß anderer Faktoren wie z.B. Alter und Geschlecht des Kindes, die Erwerbsfähigkeit der Eltern, der Familienstatus oder das Bildungsmilieu der Eltern. Einige Einzelergebnisse können das verdeutlichen:

- Wenn die Spielmöglichkeiten im Wohnumfeld gut sind, spielen Kinder mehr als viermal so lange draußen ohne Aufsicht als unter schlechten Bedingungen.

- Bei schlechter Aktionsraumqualität ist der Bedarf nach einer organisierten Nachmittagsbetreuung rund zehnmal so hoch wie unter guten Bedingungen (50% vs 5%). Dieses Ergebnis gilt nicht nur für Alleinerziehende. Auch für Kinder aus Zweielternfamilien steigt der Betreuungsbedarf unter ungünstigen Bedingungen enorm an.

- Auch die Fernsehzeit von Kindern hängt ganz entscheidend von der Aktionsraumqualität ab. Das gilt besonders für Kinder aus Familien mit einfachem Bildungsmilieu. Wir konnten feststellen, daß die Einschaltquoten dieser Kinder unter ungünstigen Bedingungen während der besten Außenspielzeit bis zu sechsmal so hoch sind wie die Quoten der Kinder mit einem günstigen Wohnumfeld.

Diese Ergebnisse zeigen, daß pauschalisierende Aussagen über die Verhäuslichung von Kindheit, über die zunehmende Organisation von Kindheit oder über den Trend zur Medienkindheit ein völlig unzutreffendes Bild von der Situation unserer Kinder erzeugen. Wir kommen erst zu einer realistischen Einschätzung, wenn wir die Lebensbedingungen von Kindern mit diesen Trends in Beziehung setzen. Und die Freiburger Studie zeigt, daß die Aktionsraumqualität im Umfeld der Wohnung besonders wichtig ist. Unter schlechten Bedingungen neigen Kinder zur Verhäuslichung, die Nachfrage nach organisierten Angeboten steigt und ebenso das Interesse an den Medien. Unter günstigen Bedingungen haben Kinder aber nach wie vor ein großes Interesse, draußen mit Gleichaltrigen zu spielen, ihr Fernsehkonsum hält sich in vernünftigen Grenzen und der Bedarf nach einer organisierten Betreuung ist nicht übermäßig groß.

Diese Ergebnisse zeigen auch, wie sich die Situation von Kindern verändern ließe – nicht durch verschwommene Appelle an das Verantwortungsbewußtsein der Eltern, auch nicht durch Spieltherapie oder Erlebnispädagogik, sondern durch eine vernünftige und an den Interessen der Kinder ansetzende Stadtplanung und Verkehrspolitik.

In der Freiburger Untersuchung wird durch ein Wohnumfeldinventar sehr genau dokumentiert, was ein schlechtes Wohnumfeld von einem guten unterscheidet. Zwei Merkmalsgruppen sind so bedeutsam, daß Defizite auch durch noch so schöne Spielplätze nicht kompensiert werden können:

– Zum einen ist es sehr wichtig, wie der unmittelbare Bereich um den Hauseingang – ein Radius von ca. 50 m – gestaltet ist. Hier sind die Spielmöglichkeiten von Kindern vor allem davon abhängig, ob es eine Pufferzone, einen verzögerten Übergang zwischen Haustür und Straße gibt.

– Die andere Merkmalsgruppe betrifft die Art und Weise der Verkehrsregelung. Bereits die Einführung von Tempo 30 ist mit beachtlichen Verbesserungen verbunden. Es zeigte sich aber auch, daß diese Regelung wenig bringt, wenn nicht auch das Verkehrsaufkommen drastisch reduziert wird, z.b. dadurch, daß die Straße für den Durchgangsverkehr unzugänglich oder uninteressant wird. Eine entscheidende Verbesserung für Kinder ergibt sich jedoch erst dann, wenn eine Straße in eine Spielstraße umgewandelt wird.

3. Aktionsraumqualität und die Entwicklungschancen für Kinder

Diese Ergebnisse zeigen, daß die Aktionsraumqualität von außerordentlich großer Bedeutung für die Lebensqualität von Kindern ist. Das ist gewiß Grund genug, um durch eine entsprechende Politik der Stadt- und Verkehrsplanung für eine Verbesserung der Verhältnisse zu sorgen. Der Hinweis auf die schlechte Lebensqualität ist sicher ein zutreffendes, aber vielleicht nicht sehr überzeugendes Argument. Denn erstens gibt es noch immer sehr viele Erwachsene, die sich nicht besonders für die Lebensqualität von Kindern interessieren. Und zweitens könnte man einwenden, daß ein gut und aufwendig eingerichtetes Kinderzimmer, anregende Kurse und Therapien, spannende Fernsehfilme und Computerspiele ja durchaus auch eine gewisse Lebensqualität besitzen. Der Hinweis auf die Lebensqualität wird also vielleicht nicht sehr viel bewirken.

Das ist aber anders, wenn gefragt wird, welche Auswirkungen eine schlechte Aktionsraumqualität auf die **Entwicklungschancen** von Kindern hat. Können negative Bedingungen im Wohnumfeld vielleicht zu Entwicklungsverzögerungen oder gar zu besorgniserregenden Entwicklungsstörungen führen? Ernsthafte Handlungsbereitschaften entstehen vielleicht erst dann, wenn Erwachsene sich Sorgen um die Entwicklung von Kindern machen müssen.

Leider wissen wir darüber nicht sehr viel. In der Psychologie und Soziologie verbreitet sich erst allmählich die Einsicht, daß eine gelungene Sozialisation nicht nur von Sozialerfahrungen, sondern auch von Raumerfahrungen abhängt. Es gibt bis jetzt jedenfalls keine Forschungen, in denen in einer systematischen Weise der Effekt der Aktionsraumqualität auf das Sozialisationsgeschehen untersucht wird. Es gibt also keine sicheren Erkenntnisse aber immerhin einige ganz plausible Vermutungen:

a) Wenn Kinder im Alter von 4 bis 10 Jahren keine Möglichkeit zum Erkunden ihrer näheren Umgebung haben, ist zu befürchten, daß die für diese Altersphase typische Verlagerung von Sicherheits- und Autonomiebedürfnissen zumindest behindert und verzögert wird. Es kommt vermutlich zu einer Art Bedürfnisfixierung: eine unzureichende Lösung von Sicherheitsbedürfnissen und ein geringes Interesse am Ausprobieren, Entdecken und Problemlösen. Wenn wir kreative und autonome Kinder wünschen, dann müssen wir ihnen eine offene und gestaltbare Umwelt anbieten, eine Umwelt in der sie etwas ausprobieren und verändern können.

b) Von allen Fachleuten wird betont, wie wichtig für Kinder im Vor- und Grundschulalter die Möglichkeit zum Herstellen ist – Herstellen von Dingen, aber auch soziales Herstellen, also Herstellen von Regeln und Beziehungen. Kinder, die diese Möglichkeit besitzen, können Selbstbewußtsein, Stolz auf die eigenen Fähigkeiten, aber auch Einsicht in die Grenzen ihres Handelns gewinnen. Dazu sind anregende und offene Aktionsräume erforderlich. Das Fehlen von Aktionsräumen regt eher zum Konsumieren fertiger Dinge und Dienstleistungen an. Nun ist Konsumieren als solches sicher nicht etwas Schlechtes. Aber Herstellen und Konsumieren regen zu einem ganz unterschiedlichen Neugier- und Erkenntnisverhalten an. Konsumenten trainieren und erwerben vor allem ein funktionales Wissen: Sie müssen wissen, was man mit Dingen und Beziehungen anfangen kann, welchen Gebrauchswert sie haben. Hersteller müssen das natürlich auch, aber sie entwickeln auch eine zusätzliche Neugier. Sie sind typischerweise an kausalem Wissen interessiert. Sie müssen wissen, wie Dinge oder Beziehungen entstehen, wie sie sich machen und verändern lassen. Was passiert nun mit Kindern, die nichts oder nur noch wenig herstellen, die nur noch fertige Dinge oder Beziehungen nachfragen und konsumieren? Vielleicht ist die Vermutung nicht ganz abwegig, daß diese Kinder den für einen Hersteller typischen Erkenntnisstil – die Frage nach Ursachen und Veränderungsmöglichkeiten – gar nicht mehr erwerben.

c) Auch eine dritte Vermutung bezieht sich auf die Kompetenz von Kindern, bzw. auf ein ganz bestimmtes Kompetenzdefizit. Es könnte sein, daß Kinder unter dauerhaft ungünstigen Aktionsraumbedingungen ein Defizit entwickeln, das dem Defizit der „Künstlichen Intelligenz" sehr ähnlich ist. Sie erwerben hochentwickelte formale Fähigkeiten, aber nur eine unterentwickelte Semantik. Sie können immer besser und differenzierter kommunizieren, aber sie wissen nicht, worüber – ihnen fehlen die Bedeutungen und Inhalte. Ein Symptom für dieses Defizit ist die Unfähigkeit zum Erzählen. Inhalte und Bedeutungen, also etwas Erzählenswertes, kann man nur erwerben, wenn man etwas erlebt. Viele Kinder leiden heute unter einem extremen Erlebnismangel. Welche Erlebnisse haben Kinder, worüber sollen sie etwas erzählen, welche Bedeutungen sollen sie erwerben, wenn sie sich den halben Nachmittag auf einem Spielplatz mit Rutschen, Wippen, Kriech- und Wackeltieren beschäftigt haben?

Wie sind nun solche Entwicklungschancen zu bewerten? Ist es nicht so, daß Kinder mit diesen „Defiziten" modernen Bedingungen besonders gut angepaßt sind? Ihre „Defizite" unterscheiden sich vielleicht auch gar nicht so sehr von den „Defiziten" vieler Erwachsener. Sie wachsen in eine Gesellschaft hinein, in der weite Bereiche des Lebens reglementiert und standardisiert sind und ausgeprägte Autonomiebedürfnisse vielleicht gar nicht mehr so sehr gefragt sind. Sie werden in ihrem späteren Berufsleben auch kaum noch etwas herstellen müssen. Viel wichtiger scheint es doch zu sein, daß sie gute und aktive Konsumenten werden. Und wenn unsere Arbeit immer mehr abstrakte symbolverarbeitende Tätigkeit ist und immer weniger der Umgang mit Materie und konkreten Beziehungen gefordert wird, dann sind formale Kompetenzen sicher sehr gefragt, auch dann, wenn sie mit einem Defizit auf dem Gebiet der Bedeutungen einhergehen.

Was also könnte uns an dieser Entwicklung stören? Es ist sicher die Erfahrung einer eigenen Kindheit, die so ganz anders verlaufen ist, die von ganz anderen Erfahrungen geprägt war. Es ist aber nicht nur diese nostalgische Verklärung der eigenen Kindheit, sondern auch die Vermutung, daß diese Entwicklungen mit einer ungeheuren Einengung menschlicher Möglichkeiten verbunden sind.

Es ist natürlich auch denkbar, daß durch eine Verschlechterung der Aktionsräume für Kinder nicht nur die Entwicklungsmöglichkeiten von Individuen bedroht sind. Wenn immer mehr Kinder keine Autonomiebedürfnisse entwickeln, wenn sie nicht mehr das für einen Hersteller typische Neugierverhalten lernen und praktizieren und wenn hochentwickelte formale Kompetenzen mit zunehmender Bedeutungslosigkeit verbunden sind, dann könnte das auch Auswirkungen auf das Innovationspotential unserer Gesellschaft haben.

4. Empfehlungen der Freiburger Kinderstudie

Die Freiburger Studie beschränkt sich nicht auf eine Bestandsaufnahme. Sie enthält auch eine Fülle von Empfehlungen und Vorschlägen zur Verbesserung der Situation von Kindern. Wir haben der Stadt auf der Grundlage der Kinderstudie ein ganzes Bündel von Vorschlägen gemacht. Sie beziehen sich im wesentlichen auf drei Bereiche:

– auf den Bereich Gefährdung durch den Straßenverkehr,

– auf die Frage, wie sich soziale Risiken für Kinder verringern lassen und

– auf die Frage, wie sich gestaltbare Spielorte in erreichbarer Nähe einrichten lassen.

Ich kann hier nicht alle Empfehlungen der Freiburger Kinderstudie ausführlich kommentieren. Alles, was vorgeschlagen wurde, ist ja auch im Prinzip seit langem bekannt. Es kommt jetzt darauf an, das alles umzusetzen, und es ist zu hoffen, daß eine solche Untersuchung wie die Freiburger Kinderstudie einen Druck in diese Richtung ausübt.

Ein paar Stichworte zur Kommentierung der Vorschläge müssen ausreichen:

Besonders wichtig für Kinder im Vor- und Grundschulalter ist die Schaffung von bespielbaren und sicheren **Übergangszonen** zwischen Haustür und Straße.

Wichtig ist natürlich auch eine konsequente Fortsetzung der schon begonnenen Politik einer umfassenden **Verkehrsberuhigung.** Dabei sollten die Kommunen sich nicht mit der Einführung von Tempo-30-Zonen begnügen. In Großstädten wie Freiburg gibt es noch sehr viele Möglichkeiten, autofreie Straßenplätze und Spielstraßen zu schaffen. In den verdichteten Wohnquartieren wird das im übrigen die einzige Möglichkeit sein, wie man für Kinder mehr Freiräume schaffen kann. Baulücken für mehr Spielplätze sind in diesen Gebieten ja nicht mehr vorhanden.

Ein paar Anmerkungen auch zu den Vorschlägen, die sich auf soziale Risiken beziehen: Die Befürchtung, daß Kinder draußen in irgendeiner Weise durch andere Menschen gefährdet sein könnten, spielt insgesamt eine sehr viel geringere Rolle als die Furcht vor dem Straßenverkehr. Nur 10% der Eltern erwähnen soziale Risiken als Gründe für schlechte Spielmöglichkeiten. In einigen Stadtgebieten besitzen aber gerade diese Risiken eine ganz erhebliche Bedeutung und es wäre sehr wichtig, dafür eine Lösung zu finden. Da es zweifelhaft ist, ob sich informelle Kontrollen wieder beleben lassen, schlagen wir andere Lösungen vor:

Es könnte z.b. sinnvoll sein, die Einrichtung des **Quartierspolizisten** wieder zu beleben. Interessant erscheint uns auch eine Einrichtung, die es in Australien gibt. Dort gibt es die sogenannten **„safety houses".** Das sind Häuser bzw. Wohnungen von Privatleuten, die Kinder anlaufen können, wenn sie sich in irgendeiner Weise bedroht fühlen.

Erwähnt werden muß auch das Problem der **„zwielichtigen Gestalten",** die als Nutzungskonkurrenten auf Spielplätzen in Erscheinung treten – in erster Linie Stadtstreicher, Alkoholiker und Drogenabhängige. Dieses Problem läßt sich kaum durch noch mehr Kontrolle lösen. Wir haben deshalb empfohlen, für diese Gruppen Aufenthalts- und Aktionsräume einzurichten, damit sie nicht die Spielplätze von Kindern nutzen müssen.

Der dritte Problembereich ist die Frage, wie sich gestaltbare Spielorte in erreichbarer Nähe einrichten lassen. Das ist in den verdichteten Wohnquartieren sicher nicht einfach. Ich habe auch große Zweifel, ob sich dieses Ziel durch eine noch aufwendigere Möblierung von Spielplätzen erreichen läßt. Wenn man Kinder fragt, was sich an einem Spielort ändern sollte, so nennen sie zwar sehr oft irgendwelche Geräte: eine weitere Rutsche, eine Schaukel, noch ein Wackeltier... Aber unsere Beobachtungen auf Spielplätzen haben doch gezeigt, daß diese Geräte für die meisten Kinder nicht wirklich attraktiv sind. Genaueres

Nachfragen enthüllt auch, daß auf der Wunschliste von Kindern Abenteuer-, Aktiv- und Naturspielplätze ganz oben stehen - Orte also, die nicht durch TÜV-geprüfte kindgerechte Geräte möbliert sind, sondern Orte, die eher Freiheit und Abenteuer bedeuten. Wie aber soll man so etwas in den verdichteten Wohngebieten einrichten?

Dazu empfehlen wir drei Prinzipien:

a) **Vernetzung von Spielorten** – alle Spielorte für Kinder sollten durch begeh- und bespielbare Wege miteinander verbunden sein.

b) **Vielfalt** – es ist nicht ausreichend, wenn Kinder nur einen bestimmten Typ von Spielort regelmäßig nutzen können, z.B. den Garten, einen Spielplatz oder den Hof. Diese Vielfalt kann durch eine größere Vernetzung geschaffen werden. In den verdichteten Wohngebieten ist Vielfalt aber nur möglich, wenn es zu einer weiteren konsequenten Verkehrsberuhigung kommt. Große Bedeutung hat auch die Möglichkeit, die Schulhöfe für Kinder am Nachmittag zu öffnen.

c) Das dritte Prinzip haben wir „**funktionale Unbestimmtheit**" genannt: Spielorte sollten Kindern die Möglichkeit zur Gestaltung bieten. Die herkömmlichen Spielplätze können das nicht. Wir haben der Stadt deshalb ein Experiment vorgeschlagen. Dieser Versuch ist nicht sehr teuer. Er besteht darin, daß in einigen ausgewählten Wohngebieten die Spielplätze „zurückgebaut" werden – in eine Art „Baulücke im fortgeschrittenen Stadium":

– mit verformbarer Erde, mit ein paar Hügeln aus Bauaushub,

– mit Vertiefungen, in denen sich Regenwasser sammeln und Matsch bilden kann,

– mit einer sich selbst überlassenen Vegetation: also keine Zierpflanzen und wertvollen Biotope,

– mit beweglichen Gegenständen: Bretter, Balken, Steine,

– nach Möglichkeit mit fließendem Wasser

– und als Zugabe eventuell ein Autowrack.

Ein solcher Spielort sollte unbetreut sein. Wenn man Kindern nur die Möglichkeit dazu gibt, so können sie auch ganz gut ohne Animateure in einer kreativen Weise spielen.

Ein Spielort dieses Typs wird vielleicht am Anfang großen Protest hervorrufen – bei Eltern, aber auch bei Kindern, von denen einige den vertrauten Kriech- und Wackeltieren nachtrauern werden. Dennoch sollte ein solcher Versuch gewagt werden. Verwilderte und veränderbare Räume haben Kinder immer fasziniert. Unsere heutigen Kinder müssen sich z.T. erst wieder daran gewöhnen – aber die Beobachtungen in Freiburg geben auch Anlaß zur Hoffnung. Sie zeigen, wie intensiv und phantasievoll Kinder spielen können, wenn nicht alles durch eine TÜV-geprüfte Gerätewelt festgelegt ist.

Ganz allgemein sollten die Kommunen in Erwägung ziehen, auf dem Gebiet der Kinderpolitik ganz ähnliche Bestimmungen zu übernehmen wie auf dem Gebiet der Umweltpolitik. So könnte z.b. analog zur Umweltverträglichkeitsprüfung eine „Kinderverträglichkeitsprüfung" eingeführt werden. Das ist keineswegs ein utopischer Gedanke, denn einige Städte haben das schon realisiert.

Weiter wäre zu überlegen, ob nicht analog zum Biotop-Schutz auch so etwas wie ein „Soziotopen-Schutz" eingeführt wird. Als Soziotop könnte man ein Gebiet klassifizieren, wenn es für das Aufwachsen von Kindern besonders wertvoll und wichtig ist. Da solche Gebiete immer seltener werden, sollte man sie unter Schutz stellen.

Projektanschrift: Freiburger Institut für angewandte
                     Sozialforschung (FIFAS)
                     Wannerstr. 39
                     79106 Freiburg

Jutta Breitenstein

Redezeit in „logo"

Die Kindernachrichtensendung „logo" gibt es seit 1989 im ZDF. Neues von A bis Zebra gibt es täglich von montags bis freitags jeweils um 15.20 Uhr.

Die „Redezeit"-Idee stammt aus dem Sommer 1991. Seither gibt es sie etwa einmal wöchentlich in „logo". Hier können Kinder ihre Meinung sagen und Luft ablassen. Die Themen der „Redezeit" stammen aus dem direkten Erfahrungsbereich der Kinder. Dinge, die sie ärgern und die sie verändern wollen werden vorgestellt: Kinderfreizeiteinrichtungen sollen aus Kostengründen geschlossen werden; Skateboardfahren wird verboten, weil es so viel Lärm macht; Hühner werden in Legebatterien gehalten, das ist gemein; neue Spaßbäder sind toll, nur muß ein Familien- und Schüler-Spartarif her, sonst kann sich das ein Kind nicht leisten.

Die „Redezeit" ist aber auch offen für Themen, die Kinder schon immer mal loswerden wollten: Ein Mädchen stellt ihre Situation als Kleinwüchsige vor, die von den Erwachsenen nicht ernstgenommen wird, weil sie aussieht wie 7 und nicht wie 12 Jahre alt oder im Wald liegt Müll herum, weil die aufgestellten Mülleimer viel zu selten geleert werden.

Voraussetzung für die Auswahl eines Themas ist in jedem Fall, daß die Redaktion sich ein genaues Bild von den angesprochenen Verhältnissen gemacht hat. Bevor eine „Redezeit" gedreht wird, gibt es einen Vorbereitungstag mit den Kindern. Dabei wird gemeinsam besprochen, wie das Problem von und mit den Kindern dargestellt und erzählt werden kann. Es entsteht ein kleines Drehbuch mit einem Text, der von den Kindern dann auch selbst gesprochen wird.

Die „Redezeit" macht es den Kindern auch möglich, verantwortliche Personen über einen Mißstand zu befragen. Oft versprechen dann die Verantwortlichen, die angesprochenen Probleme zu beseitigen. Solche Aussagen werden später von der Redaktion überprüft. „Redezeit – nachgefragt" heißt es dann.

„logo" hofft hier, eine Ombudsfunktion für die Kinder einnehmen zu können.

Manchmal gelingt das auch, die „Redezeit" hat etwas positiv verändern können: Eine Skateboardgruppe bekam einen Teil eines Parkplatzes, der holprige Boden dort wurde für die Kinder mit einem neuen Belag versehen.

Der Geschäftsführer des Spaßbades hat noch einmal gerechnet und dann tatsächlich einen Familientarif eingeführt.

An Themen für die „Redezeit" mangelt es nicht. Verbindungsstelle zur Redaktion ist das „logo"-Telefon. Unter der Nummer 06131-706123 können die Kinder montags bis freitags jeweils zwei Stunden nach jeder Sendung mit „logo" telefonieren. Immer wenn eine „Redezeit" ausgestrahlt wird, gibt es in der Sendung auch eine Aufforderung an die Zuschauer, bei „logo" anzurufen, wenn sie ein Thema für die „Redezeit" haben. Dabei wird natürlich auch die Telefonnummer genannt. Viele Kinder kennen sie auswendig und rufen an, wenn bei ihnen etwas Besonderes los ist, über das „logo" berichten könnte. So ist das Telefon auch zu einer Art Kindernachrichtenagentur für die Redaktion geworden.

Das Markenzeichen der „Redezeit" ist das „logomobil". Ein bunter Ford Transit, der schon viele tausend Kilometer kreuz und quer durch die Bundesrepublik zurückgelegt hat. Wo immer das „logomobil" auftaucht, heißt es „Redezeit" und es gibt für die Kinder oft nichts Schöneres als ein paar Kilometer mitzufahren.

Projektanschrift: ZDF
                      Redaktion „logo"
                      Postfach 4040
                      55100 Mainz

Christine Dörner

Lobby für Kinder in Karlsruhe

1. Warum Kinder-Politik?

1988 setzte der Deutsche Bundestag die „Kommission zur Wahrnehmung der Belange der Kinder" ein, kurz „Kinderkommission" genannt, um die Belange der Kinder bei parlamentarischen Entscheidungen stärker ins Bewußtsein zu bringen. Nach diesem bundespolitischen Signal verstärkten sich die Forderungen, auch kommunale Interessenvertretungen für Kinder einzurichten, um den Bedürfnissen der Kinder in ihrer Lebenswelt vor Ort mehr Geltung zu verschaffen. Das neue Kinder- und Jugendhilfegesetz (KJHG) von 1990 griff diese Forderungen auf und gab den öffentlichen Jugendhilfeträgern auf kommunaler Ebene einen gesetzlichen programmatischen Auftrag zur Schaffung positiver Lebensbedingungen für junge Menschen und ihre Familien sowie einer kinder- und familienfreundlichen Umwelt (§ 1 Abs. 4). Damit wird Planung und Politik für Kinder eindeutig als Querschnittsaufgabe begriffen. Karlsruhe eröffnete im März 1992 das zweite kommunale Kinderbüro in Baden-Württemberg. Angesiedelt ist es bei der Sozial- und Jugendbehörde der Stadt.

Warum ist heute eine Politik für und mit Kindern so bedeutsam? Kindern wird zwar in unserer Gesellschaft hohe staatliche und gesellschaftliche Aufmerksamkeit zuteil, weil ihre Zahl verhältnismäßig gering ist: Kinder sind ein kostbares Gut geworden, deshalb besteht wie vielleicht nie zuvor eine hohe Bereitschaft bei Staat und Eltern, sich für das Wohl von Kindern zu engagieren – wenngleich Kinder eine gesellschaftliche Gruppe bilden, die vielfach benachteiligt und gefährdet ist. Andererseits haben Kinder aufgrund ihrer geringen Zahl in der heutigen alltäglichen Lebenswelt weniger Gewicht als je zuvor. Arbeitswelt, Alltag, Freizeit sind so organisiert, daß sie weitgehend kinderfrei sind, ja, daß Kinder stören. Es wird bereits von der „Ghettoisierung der Kindheit" gesprochen: Von der Verdrängung der Kinder aus dem gesellschaftlichen Leben in Privatheit und eine spezialisierte Kinderöffentlichkeit. Kindheit heute wird als verinselte, verhäuslichte und durch Medien bestimmte beschrieben und beklagt.

Festgestellt wird ein Trend zunehmender Pädagogisierung. Bei vielen Kindern ist der Anteil an Zeit, der für freies Spielen bleibt, sehr gering. Eine maßgebliche Ursache dafür ist die Entwicklung unserer Städte:

In den letzten zwanzig Jahren sind viele Freiräume im wahrsten Sinne des Wortes eingeschränkt worden. Kinder haben eingeschränkte Außen-Bewegungsmöglichkeiten durch den zunehmenden Verkehr und sind absolut unterlegen im Kampf um den knapper werdenden öffentlichen Raum. Bekanntlich gibt es mehr Platz für Straßen, Autos, Parkplätze, Einkaufszentren als für Kinder. Die Kinderzimmer sind die kleinsten Räume in den Wohnungen.

Kinder-Politik hat zum Ziel, Kindern bewußt mehr Raum und Aufmerksamkeit zu verschaffen. Sie ist eine Querschnittsaufgabe, denn Kinderinteressen sind von allen Politikbereichen berührt. Sie erfordert ämter- und ressortübergreifendes Denken und Handeln. Die Interessenvertretung für Kinder muß von Erwachsenen geleistet werden. Kinder alleine können das nicht. Kinder-Politik darf sich aber nicht auf Handeln von Erwachsenen für Kinder beschränken, sondern muß Kinder ernst nehmen und einbeziehen. Bisher wurde im kommunalen Bereich vor allem für Kinder gehandelt und nicht mit ihnen geplant, gearbeitet, gestaltet.

Hier gilt es, das große Potential an Phantasie, Kreativität und ganzheitlichem Denken der eigentlichen „Kinderexpertinnen und -experten" zu nutzen, ihre Begeisterungsfähigkeit und ihre andere Sichtweise in die Kommunalpolitik einfließen zu lassen. Die Entwicklung neuer Politikformen und Mitbestimmungsmöglichkeiten für Kinder ist eine zentrale Aufgabe der Kinder-Politik.

2. Konzept eines Netzwerks Kinderinteressenvertretung

Kommunale Kinderpolitik ist eine Querschnittsaufgabe. Deshalb sind partei-, ämter- und dezernatsübergreifende Kooperationsstrukturen zu schaffen sowie die Interessenvertretung von Kindern selbst zu fördern.

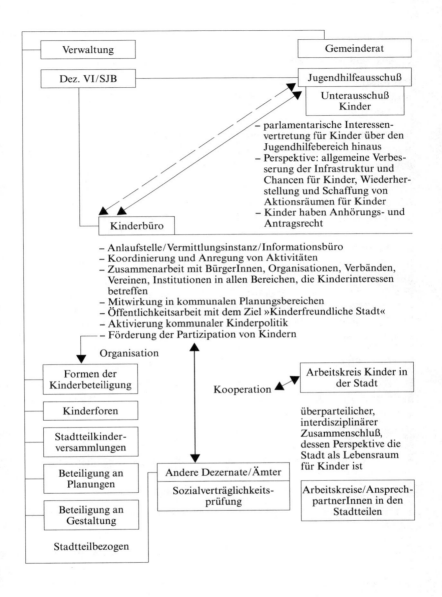

3. Aufgaben des Kinderbüros

a) Ansprechpartner für Kinder

Im Kinderbüro mit festen Öffnungszeiten werden Kinder ermutigt und unterstützt, ihre Anliegen, Wünsche, Beschwerden und Probleme vorzubringen.

b) Anlaufstelle, Vermittlungsinstanz und Informationsbörse für Eltern, Bürgerinnen und Bürger, Organisationen, Verbände, Vereine, Institutionen für alle Bereiche, die Kinderinteressen betreffen

Das Kinderbüro unterstützt, berät und arbeitet zusammen mit Eltern, Bürgerinnen und Bürgern, Organisationen und Einrichtungen in allen Bereichen, die Kinderbelange betreffen. Es stellt Informationsmaterial über die Arbeit von Institutionen, Beratungsstellen etc. zur Verfügung und berät, wie und von wem Probleme geklärt werden können. Es nimmt Anliegen von Kindern und anderen Bürgerinnen und Bürgern auf und vertritt diese bei den zuständigen Stellen. Das Spektrum reicht von Fragen nach Kinderbetreuung und Freizeitangeboten für Kinder über Hilfen bei Beschwerden gegen Kinderlärm bis zu mehr Sicherheit für Kinder im Straßenverkehr. Hauptthema ist: mehr Spielraum und mehr Freiräume für Kinder.

c) Mitwirkung in kommunalen Planungsbereichen

Politik mit und für Kinder(n) ist eine Querschnittsaufgabe. Sie umfaßt nicht nur den Bereich Jugendhilfe, sondern auch Stadt- und Verkehrsplanung und -politik, Gesundheit, Umwelt etc. Zur Gewährleistung einer umfassenden, frühzeitigen Berücksichtigung von Kinderinteressen ist die Überprüfung aller städtischen Planungen auf ihre Kinderfreundlichkeit bereits in der Vorbereitungsphase erforderlich. Dies soll in Karlsruhe im Rahmen einer Sozialverträglichkeitsprüfung geschehen, an der das Kinderbüro mitarbeitet.

d) Öffentlichkeitsarbeit mit dem Ziel „kinderfreundliche Stadt Karlsruhe"

Das Engagement für Kinder und die Sensibilisierung für Kinderbelange werden durch gezielte Öffentlichkeitsarbeit gefördert. Dazu gehören die Anregung, Koordination und Mitwirkung bei Veranstaltungen und Aktivitäten und die Anregung und Unterstützung von Kinder-Öffentlichkeitsarbeit. Beispielsweise organisierte das Kinderbüro zum Weltkindertag 1994 die Karlsruher Kinder-Aktions-Tage „Auf uns kommt's an!": In Zusammenarbeit mit vielen Vereinen, Einrichtungen, Organisationen und der Presse entstand ein Programm mit Vorträgen und Veranstaltungen für Erwachsene, Spiel- und Mitmachaktionen im öffentlichen Raum für Kinder, einem Rahmenprogramm, das über Kinder-Rechte informierte und einem weiteren Rahmenprogramm „Kinder brauchen Spielraum – Straßen für Kinder."

Ziel war, darauf hinzuweisen, daß Kinder nicht nur Spielplätze, sondern Spiel- und Bewegungsräume brauchen: eine Umwelt, die sie spielerisch erobern können, in der sie sich austoben können, in der sie erwünscht sind und nicht ständig durch Verbote eingeschränkt werden.

e) Berichtspflicht über die Situation der Kinder in Karlsruhe

Die Leiterin des Kinderbüros berichtet im Jugendhilfeausschuß und in der Kinderkommission über die Arbeit des Kinderbüros und über Problembereiche, mit denen das Kinderbüro befaßt war und ist.

4. Partizipation von Kindern

Eine zentrale Aufgabe ist die Förderung der Partizipation von Kindern. Wir entwickeln Formen und Aktivitäten, um Kinder bei der Artikulation und Umsetzung ihrer Wünsche zu unterstützen, ihnen mehr Gehör zu verschaffen und sie in Stadtplanung und -gestaltung mehr zu berücksichtigen.

Eine Beteiligungsverpflichtung enthält § 8 KJHG. Dieser bezieht sich zwar auf Maßnahmen der Jugendhilfe. Da laut KJHG Jugendhilfe den Auftrag hat, zu einer kinder- und familienfreundlichen Umwelt beizutragen, wird § 8 auch in diesem erweiterten Sinn verstanden.

Werden Kinder als Bürgerinnen und Bürger ernst genommen, steht ihnen außerdem das Beteiligungsrecht in Zusammenhang mit der Bauleitungs- und Sanierungsplanung zu (§ 2 Bundesbaugesetz).

Darüber hinaus verpflichtet die 1991 von der Bundesregierung ratifizierte UN-Kinderkonvention in Art. 12 die Vertragsstaaten, die Meinung von Kindern „in allen das Kind berührenden Angelegenheiten" zu berücksichtigen.

Um Mitspracherechte von Kindern zu fördern, veranstaltet das Kinderbüro öffentliche Stadtteil-Kinderversammlungen in Zusammenarbeit mit Schulen, Kinder- und Jugendhäusern, Kirchengemeinden, Vereinen, Schülerhorten, Kinder- und Jugendgruppen im Stadtteil. Die Kinderversammlung ist ein öffentliches Gespräch zwischen Kindern und Verantwortlichen aus Politik und Verwaltung. Die Erwachsenenwelt soll vor Ort die Bedürfnisse der Kinder kennenlernen. Kinder haben in der Öffentlichkeit das Wort und formulieren ihre Wünsche, Anregungen und Kritik ihren Stadtteil betreffend. Die anwesenden Verantwortlichen verpflichten sich, sich um die Anliegen der Kinder zu kümmern und ihnen eine (schriftliche) Antwort zu geben. Vorbereitet wird die Versammlung in Schulklassen und Kindergruppen.

Eine weitere Form der Beteiligung sind Stadtteilerkundungen, bei denen Mädchen und Jungen selbst die Spielmöglichkeiten und Verkehrssituation ihres Stadtteils beurteilen. Die Ergebnisse verdeutlichen den Verantwortlichen Perspektiven von Kindern und werden in Stadtplanung und Stadtgestaltung berücksichtigt.

In Zusammenarbeit mit Stadtteileinrichtungen führten wir ein solches Projekt „Kinder erforschen die Oststadt" 1993 in einem dichtbebauten Stadtteil mit hohem Verkehrsaufkommen und wenig Freiflächen durch: 300 8-15jährige wurden mit Fragebögen befragt, welche Spielflächen sie nutzen, wo sie sich gut und sicher aufhalten, wie sie ihre Spielorte beurteilen, ob diese gern und sicher erreichbar sind, welche Nutzungskonflikte es gibt und welche Wünsche und Anregungen sie haben. Gleichzeitig erkundeten 13 Kindergruppen Wege und Spielplätze des Stadtteils. Sie zogen mit StadtforscherInnenausweisen und Fotoapparaten los.

Anschließend vermerkten sie ihre Ergebnisse in Fragebögen, auf großen Stadtteilplänen und auf Fotoplakaten. Das Projekt wurde von uns ausgewertet und liegt als Dokumentation vor.

5. Materialien

– Bericht des Kinderbüros für den Jugendhilfeausschuß 1992

– Kinder erforschen die Oststadt. Dokumentation 1994

– Pressespiegel des Kinderbüros.

Projektanschrift: Stadt Karlsruhe
                     Sozial- & Jugendbehörde
                     Kinderbüro
                     Stephanienstr. 16
                     76133 Karlsruhe

Andreas Feldtkeller

Jugendgerechte Stadtplanung

1. Einführung

Wir wollen in dieser Diskussion erörtern, ob im Interesse von Kindern und Jugendlichen Stadtplanung anders betrieben werden muß, als dies bisher üblich ist - und welche Änderungen angezeigt sind.

Tübingen hat in den letzten Jahren auf ehemaligen Militärarealen eine Planung entwickelt, bei der wir uns mit solchen Fragen intensiv befaßt haben. Man kann diese Planung als eine Initiative verstehen, über Stadt neu nachzudenken und das Städtchen wieder in der Planung zu verankern. Die einzelnen Elemente dieser Planung werde ich später erläutern.

Zunächst muß ich aber erklären, warum es überhaupt notwendig geworden ist, über die Bedürfnisse von Kindern und Jugendlichen in unserer verstädterten Welt neu nachzudenken.

Wir wissen alle, daß irgend etwas mit dem Zustand unserer Städte nicht stimmt. Wir wissen auch, daß unsere Gesellschaft mit Solidarität, mit Zivilcourage, mit den Grenzen des Egoismus große Probleme hat. Und wir beobachten, wie schwer es die Jugend in den Städten hat, Anerkennung zu finden und die Lebensinhalte der Erwachsenen anzuerkennen.

Daß diese drei Dinge etwas miteinander zu tun haben könnten - dieser Gedanke spielt in der Diskussion kaum eine Rolle. Hier ist – meine ich – dringend etwas nachzuholen.

Jugendgerechte Stadtplanung – diese Themenbezeichnung stammt nicht von mir. Auf die autogerechte Stadt der 60er und 70er Jahre folgt jetzt offensichtlich die behindertengerechte, die frauengerechte und schließlich die kindgerechte Stadt. Gemeint sind jeweils technische Verbesserungen im Hinblick auf Bedürfnisse, die irgendeiner Gruppe jeweils besonders wichtig geworden sind.

Um das geht es mir nicht. Ich finde, daß wir überlegen sollten, wie Städte aussehen und organisiert werden müssen, die

1. allen Gruppen gleichmäßig gerecht werden und
2. das Zusammenleben der verschiedenen Gruppen erleichtern, fördern, besser machen.

Über den Wortbestandteil „gerecht" sollten wir noch etwas nachdenken. Er beinhaltet ja nicht nur den Aspekt der technischen Richtigkeit, sondern auch denjenigen der gesellschaftlichen Gerechtigkeit. Es geht, so würde ich das umdeuten, vor allem um eine gerechte Behandlung aller Gruppen bei der Planung einer Stadt. Es geht nicht um richtige Lösungen, sondern um gerechte Lösungen.

„Jeder hat das Recht auf die freie Entfaltung seiner Persönlichkeit". Und: „Männer und Frauen sind gleichberechtigt. Niemand darf wegen seines Geschlechts, seiner Abstammung, seiner Rasse, seiner Sprache, seiner Heimat und Herkunft, seines Glaubens, seiner religiösen und politischen Anschauungen benachteiligt werden."

Interessant - die Gleichberechtigung fängt offenbar erst beim Erwachsenen an.

Meine erste These:

Kinder und Jugendliche sind bei der Stadtplanung fair zu berücksichtigen. Ihre freien Entfaltungsmöglichkeiten müssen ein wichtiger Maßstab für die Beurteilung einer Planung sein. Heute werden Kinder in der Stadt aber eher an den Rand gestellt, in pädagogische Inseln abgeschoben.

2. Stadtplanung als gesellschaftliche Aufgabe

Es ist eine merkwürdige Sache, daß viele Menschen sich heute mit Umweltfragen, mit der Ökologie und mit der Bedeutung von Biotopen für das Überleben der Tier- und Pflanzengesellschaft beschäftigen und für diese Dinge sogar vehement engagieren, daß aber andererseits „die Stadt" nicht als Umwelt der verstädterten Gesellschaft studiert wird.

Wir beklagen uns zwar, wenn es Staus gibt, wenn wir lästigen und gesundheitsschädlichen Immissionen ausgesetzt sind, wenn in unseren Häusern Energie verschleudert und Müllvermeidung vernachlässigt wird.

Die gebaute und räumlich geordnete Stadt ist eben nicht nur ein Biotop für den Einzelmenschen, sondern eine Organisation der Umwelt, die – lassen Sie mich das einmal so nennen – dazu da ist, gesellschaftliches Wohlergehen möglich zu machen und zu fördern. Nicht nur der einzelne muß überleben, auch die Gesellschaft muß in Fairneß und Frieden überleben.

Und heute gibt es ja genug bedenkliche Anzeichen, aus denen man erkennen kann, daß dieses gesellschaftliche Überleben zunehmend fraglich wird.

Wenn Jugendliche in der Stadt Häuser anzünden und Menschen in öffentlichen Verkehrsmitteln drangsalieren, wenn Hausbesitzer und ganze Villengebiete Wachdienste damit beauftragen, die ansonsten tote Straße sicher zu machen, dann ist offensichtlich etwas faul.

Ich behaupte, daß diese Erscheinungen ganz gewiß auch – und nicht zuwenig – aus den Formen resultieren, in denen wir in den vergangenen 100 Jahren unsere Städte räumlich organisiert haben.

Meine zweite These:

Stadtplanung ist als eine Kraft, die die unmittelbare Umwelt der (multikulturellen) Stadtgesellschaft gestaltet, viel zu wichtig, als daß man sie den Politikern und den Stadtplanern allein überlassen kann. Alle, die sich mit dem Alltag der Gesellschaft beschäftigen, müssen sich viel mehr als bisher mit dem Phänomen „Stadt" auseinandersetzen und sich in Planungsfragen einmischen.

3. Von der Stadt zur Anti-Stadt

Spätestens seit dem Beginn der Industrialisierung und dem Ende des Ancien régime spielt die Herstellung von geschützten Bereichen für privates Wohlergehen eine dominierende Rolle bei der laufenden Umgestaltung und Erweiterung von Städten. Wer es sich irgendwie finanziell leisten kann, sucht sich einen Platz zum Wohnen, der von den Belästigungen des umtriebigen Gewerbes frei ist und der möglichst wenig von möglicherweise unangenehmen Fremden aufgesucht wird. Das Gewerbe sucht sich Plätze, wo es vor Klagen aus der Wohnnachbarschaft möglichst geschützt ist.

Die Straße wird seit etwa 100 Jahren als unsicherer und bedrohlicher Ort betrachtet, der auf Kinder und Jugendliche nur gesundheitlich und sittlich schädigenden Einfluß haben kann. Man muß Kinder und Jugendliche von der Straße holen, wird eine gängige Meinung der fürsorglich Denkenden. Ebenso wie man Reservate für die Wohnhäuser der Wohlhabenden und die Produktionsstätten schafft, so entstehen auch immer mehr Reservate für Kinder und Jugendliche: Kindergärten, Spielplätze, Horte, Freizeitheime, Betreuungseinrichtungen.

Dieser Prozeß vollzieht sich zunächst – etwa bis zur Nachkriegszeit – in einer immer noch weitgehend gemischten Stadtwelt, weil sich die spezialisierten Inseln zunächst in der räumlichen Ausdehnung auf untergeordnete Teile der Stadt beschränken. Die Straße bleibt trotz allem noch ein spannender Ort, der sich gerade bei Kindern und Jugendlichen wegen seiner faszinierenden Vielfalt großer Beliebtheit erfreut.

Erst in den letzten 50 Jahren wird die Spezialisierung von Gebieten, die Absicherung gegenüber anderen Nutzungen, das Bedürfnis nach Schutz vor dem Anderen und Fremden zu einer dominierenden Maxime des Lebens und der Planung. Der Schutz der privaten Sphäre, der Versuch der totalen Absicherung gegen gesundheitliche Gefahren und Übergriffe, gegen Belästigungen und auch gegen den Anblick unerwünschter Erscheinungen des gesellschaftlichen Alltags rückt in der Werteskala auf einen der vordersten Plätze.

Das Ergebnis ist, daß die Straße als Aufenthaltsort und als Treffpunkt aus dem Alltag verschwindet. Wo sich auf der Straße niemand mehr aufhält, wird die Straße nun wirklich unsicher. Nicht nur Kinder werden jetzt von der Straße ferngehalten – auch der verunsicherte Bewohner hat Bedenken, die Straße noch zu Fuß zu benutzen. (Ich werde auf diesen Sicherheitsaspekt später noch einmal zurückkommen).

In einem Aufsatz mit dem Titel „Das Kind und die Straße – von der Stadt zur Anti-Stadt"[1] hat der bekannte Historiker Philippe Ariès den von mir eben geschilderten Prozeß plastisch geschildert: „Wir haben es... mit einem zweifachen Vorgang zu tun: Zum einen wird die Straße vom eigensinnigen Volk gesäubert, das man lange Zeit akzeptiert hatte – mehr oder minder widerwillig, aber ohne den Wunsch, es zu beseitigen –, das später jedoch als verdächtiger Unruheherd denunziert wurde. Gleichzeitig wird das Kind von diesen gefährlichen Erwachsenen getrennt, indem man es von der Straße wegholt. Die Straße ist als Aufenthaltsort unmoralisch. Der Unmoral kann sie nur entgehen, indem sie zum Durchgangsort wird..." „Welche ungeheure Veränderung für die an die Freiheit bzw. Freizügigkeit gewohnten Kinder und Jugendlichen, die bei ihrer Arbeit und ihren Spielen fortan von produktiven Tätigkeiten ferngehalten, der eigenen Verantwortung beraubt und der erzieherischen Zucht unterworfen wurden! Ein ganzer, junger, aber vordem aktiver Teil der Bevölkerung wurde auf diese Weise von außen nach innen, von einem ganzheitlichen, zugleich privaten, beruflichen und öffentlichen Leben in die abgeschlossene Welt der privacy verpflanzt."... „Das Kind wurde von der Straße weggeholt und in einen enturbanisierten Raum, das Haus oder die Schule, eingesperrt, das eine wie das andere abgeschottet gegen die Geräusche von außen".

Zunächst gibt es aber immer noch das Viertel, das sich zumindest teilweise dieser Akkulturation entzieht. Hier gibt es die Jugendlichen, die

---

[1] Ariès, Philippe: Das Kind und die Straße - von der Stadt zur Anti-Stadt. In: Freibeuter Heft 60. Berlin 1994

„oft auf erstaunliche Weise immer noch Einwohner, die an einem Ort und in einem Milieu verwurzelt sind und sich hauptsächlich durch die Bindung an ihr Territorium charakterisieren lassen".[2] Charakteristisch ist dabei die Vermischung der Altersgruppen, wie sie für die alte Stadt typisch war. „Der zentrale Platz ist ein Ort der Begegnung und des Austauschs, ein Zentrum, wo alle möglichen Informationen kursieren, ein Beobachtungsposten, von dem aus man jede Einzelheit des Lebens im Block verfolgen kann. Daraus ergibt sich eine Zusammenarbeit zwischen den verschiedenen Altersgruppen unter Wahrung der gebührenden Distanz. So gibt es Beziehungen zwischen den Kinder- und Jugendbanden. Die Jugendlichen weihen die Kinder ein, organisieren ihre Spiele und ihre Ausflüge, halten sie aber von ihren eigenen gefährlichen und verdächtigen Unternehmungen, von ihren Expeditionen fern."[3]

Ariès vergleicht Photos städtischer Plätze von 1900 und 1970. Er schreibt: „Der Vergleich ist niederschmetternd. In der Zeit, die dazwischen liegt, ist alles Leben verschwunden... Auf der einen Seite eine Stadt mit Menschen, auf der anderen Seite eine Stadt ohne Menschen, wüst, steinern. Bei der Betrachtung der Dokumente wird einem klar, daß das, was das Leben einer Stadt ausmacht, die Bewegung, der Austausch, die Begegnung, die Belebtheit der Straße ist."[4]

Zum Schluß seiner Ausführungen weist Ariès darauf hin, daß die zwei Etappen, „das Einschließen des Kindes ins Haus und in die Schule" und die „Abwanderung der Menschen aus der traditionellen Stadt" zum „Tod der Straße" und damit zum Tod des Milieus geführt haben.[5] Die Folgen sind heute augenfällig und veranlassen uns, die Frage nach dem Zweck der Straße neu zu stellen. „Setzt sich womöglich der Gedanke durch, daß man das Kind wieder in die Stadt integrieren muß, anstatt die Stadt zu zerstören, unter dem Vorwand, Familie und Kind zu schützen?"[6]

Meine dritte These:

Kindern und Jugendlichen wird man kaum gerecht, indem man Inseln, in denen sie geschützt leben sollen, weiter ausbaut. Wir müssen uns stattdessen ernsthaft mit der Frage beschäftigen, was Kinder und Jugendliche „auf der Straße verloren haben", was Kinder von der Stadt

---

[2] a.a.O.
[3] a.a.O.
[4] a.a.O.
[5] a.a.O.
[6] a.a.O.

haben und was die Stadt von Kindern hat und wie wir beide wieder zusammenbringen können.

4. Experten und ihre Beurteilung der Gewalt bei Jugendlichen

Man kann natürlich nicht das Rad der Geschichte zurückdrehen. Wir leben in einer Welt mit einem völlig veränderten Wirtschaftsleben (einem Wirtschaftsleben, das sich aber wiederum radikal verändern wird). Und wir leben in einer Welt, in der sich an die Stelle der Kommunikation auf und in der Straße die Kommunikation durch die Medien gesetzt hat. Und wir leben in einer Welt, in der wirtschaftlicher Erfolg, das Erreichen eines privaten Wohlstands, zu den offenbar wichtigsten Gütern gehört.

Ist es da sinnvoll, der Idee vom Stadtquartier als einem Instrument des Zusammenlebens noch nachzuträumen? Kann man mit solchen Träumen dem Ziel einer gerechten, einer fairen Behandlung von Kindern und Jugendlichen ernsthaft nachkommen?

Da ich Stadtplaner bin und kein Sozialwissenschaftler, kann ich diese Fragen nur sehr schlecht selbst beantworten. Ich muß quasi eine Expertenbefragung vornehmen. Das wird jetzt ein etwas ausführlicher Ausflug in die Gedankenwelt der Pädagogen und Soziologen - aber dieser Ausflug ist nötig, wenn wir zu den gestellten Fragen vernünftige Antworten geben wollen.

Die Frage, die ich an die Experten stelle, heißt:

Kann der Freiraum, den Kinder und Jugendliche heute zu ihrer Entfaltung benötigen, überhaupt anders „gesichert" werden, als durch die Wiederherstellung eines öffentlichen Milieus?

Der Versuch, für Kinder und Jugendliche eine pädagogische Sphäre zu schaffen, die ihrem Entfaltungsdrang genügt, ist gescheitert. Die Gewaltausbrüche und der Rückzug in virtuelle Welten, die wir beobachten, sind Proteste gegen die Pädagogisierung und daraus folgende Ausweichmanöver.

Heitmeyer geht davon aus, daß die Ungleichzeitigkeit zwischen der Modernisierung und dem Beharrungsvermögen der Lebensrhythmen zu einer Situation führt, in der Individualisierung und die Ausübung von Gewalt ganz nahe beieinanderliegen. Bei der Individualisierung finden ganz bestimmte Formen von „Freisetzungen" statt. „Eine dieser Formen ist die Herauslösung aus sozialen Milieus und ihre Folgen für gewaltförmiges Verhalten. Dazu ist zunächst darauf hinzuweisen, daß

Gewalt zwischen sozialen Gruppen in traditional integrierten Gesellschaften bekannt ist. Körperlichkeit, Kraft, Stärke gehören zum Alltag aufgrund der Bedeutung der Körperkraft für die Identität im Produktionsprozeß; sie hatten durchaus auch einen positiven Klang, weil die Neigung zu Raufereien bei persönlichen, nachbarschaftlichen oder politischen Konflikten immer wieder durch das soziale Kontrollpotential relativ überschaubarer Lebenszusammenhänge und Milieus rückgebunden wurde. Eine Eigendynamik allein destruktiven Ausagierens konnte so zumindest abgemildert werden."[7]

Dies gilt heute weitgehend nicht mehr. „Soweit Jugendliche auf sich selbst zurückgeworfen" sind und andere Identitätsabstützungen ausfallen, erhält die Präsentation über Körperstärke eine Wendung, die auf eine Ausweitung allein destruktiven Ausagierens hinauslaufen kann. Dieses Ausagieren über individuelle Gewalt kann sich um so extremer ausbreiten, je mehr sich soziale Milieus, Utopien und traditionale Sicherheit auflösen. Gewalt wird dann zunehmend zu einem „normalen" Muster der Selbsterprobung und Positionsfindung."[8]

Heitmeyer weist darauf hin, daß sich in den vergangenen zwei Jahrzehnten die Dominanz in den gesellschaftlichen Werten verschoben hat von der Selbstverwirklichung über die Selbstbehauptung zur Selbstdurchsetzung. Gewinner-Sein ist das Ziel. Diese Werteverschiebung gibt den Möglichkeiten von Gewalt neuen Zündstoff, gerade bei Jugendlichen, die „im Konzert der gängigen Attraktivitätsklischees Pech gehabt haben".[9]

Die Frage ist also, so Heitmeyer, „ob es neue bzw. andere Formen und Angebote zur Reintegration (gibt), die Freiheitszuwachs ermöglichen und gleichzeitig dafür sorgen, daß die Gesellschaft"[10] zusammengehalten wird. Heitmeyer sieht drei Deutungsmuster von gesellschaftlicher Reintegration an Wirkungskraft gewinnen, die allesamt „kaum Anlaß zu größerem Optimismus"[11] geben:

– Integration durch Universalisierung des Marktes (mit der Aufforderung zur Radikalisierung des Kapitalismus, damit jeder sich seinen sozialen Platz erkämpft),

---

[7] Heitmeyer, Wilhelm: Entsicherungen. Desintegrationsprozesse und Gewalt. In: Beck, Ulrich (Hrsg.): Riskante Freiheiten. Frankfurt a.M. 1994
[8] a.a.O.
[9] a.a.O.
[10] a.a.O.
[11] a.a.O.

– Integration durch „moralische Erneuerung" (die einen sozialen und politischen Selbstbetrug beinhaltet) und

– Integration durch Ausschluß: Ethnisierung (die wegen der Problematik der beiden anderen Wege eine besondere Bedeutung gewinnen könnte).

„Es wäre eine schlimme Pointe, wenn keine weiteren Alternativen entwickelt würden, so daß die gewalthaltigen Desintegrationsprozesse immer stärker mit Gewalt bekämpft würden"[12], so der Schluß von Heitmeyers Aufsatz.

Der größte Teil dessen, was Kinder, Jugendliche und junge Erwachsene kulturalisiert, „erwächst nicht aus pädagogisch-programmatischen Arbeiten und Zielen, ist also nicht Erziehung, sondern Sozialisation. Und diese Sozialisation hat sich im Kontext modernisierter Alltagskultur und Lebensformen einschneidend verändert."

„Jugendphänomene sind längst Teil der Normalkultur geworden, und die neue Normalkultur durchdringt längst die Jugendphase." „Sich selbst in diesem Kontext als originär, neu, zukunftsoffen zu erleben, ist gar nicht so einfach. Ein Hase- und -Igel-Effekt setzt ein. Alles, was eine Jugendliche im Inneren und Äußeren hervorbringt, ist „im Großen" immer schon da. Davon kann manch eine nachhaltig eingeschüchtert, hochgereizt oder depressionsanfällig werden."[13]

In dieser Situation plädiert Ziehe für „ein Recht und eine Produktivität der Fremdheiten im Umgang mit Gegenständen und Situationen, mit anderen und mit sich selbst."[14]

Ziehe: „Der alltagskulturell abgestützte Egozentrismus bedarf eines Gegengewichts von Dezentrierungen",[15] etwa in folgender Richtung: „Ich denke an Regeln des (partiellen) Zusammenlebens, die normativ nicht immer auf vermehrte Nähe, auf Quasi-Familiarität, auf dichte Gemeinschaft zielen, sondern die gerade den geselligen Umgang unter Fremden kultivieren (R. Sennett). Es geht dann um horizontale Anerkennung der Beteiligten in ihrer akzeptierten und beibehaltenen Andersartigkeit. Statt für die allseits beliebte Ganzheitlichkeit plädiere ich also für Differenz-, Distanz- und Enthaltungsrechte. Nicht ganze

---

[12] a.a.O.
[13] Ziehe, Thomas: Jugend. Alltagskultur und Fremdheiten. Zur Reform der Lernkultur. In: Negt, Oskar: Die zweite Gesellschaftsreform. Göttingen 1994
[14] a.a.O.
[15] a.a.O.

Menschen sind möglichst ganz füreinander da, sondern differente Individuen gehen partielle Arbeitsbedürfnisse miteinander ein und finden hierfür akzeptable Regeln. Statt für mehr Personalisierung plädiere ich für mehr Zivilität: d.h. für die „entpersonalisierende" Dimension gemeinsam anerkannter Regeln, Prozeduren, Atmosphären und Stile."[16]

Dorothea Dieckmann fragt nach der Beschaffenheit einer Welt, in der Kinder andere Kinder zu Tode quälen. Sie stellt fest, daß es sich um eine Welt handeln muß, die keine Widerstände mehr bietet, die nur noch aus Oberfläche (unter anderem der Oberfläche der Mattscheibe) besteht, die sich als Echo-Welt darstellt. „Diejenigen, die zur Tat schreiten, müssen Kinder ohne Phantasie sein; ihr Weltbild je nach Angebot schwankend, ohne Kohärenz, ohne Hierarchie, Tiefe und Plastizität. Es müssen Kinder sein, die die Realität nie erfinden, sich nie in Planspielen zu eigen machen konnten, deren Ergebnisse ihre Autorschaft tragen. Sie werden zuwenig Gelegenheit gehabt haben, ihre Ideen und Bilder an einer Außenwelt zu erproben, die den eigenen Bedeutungen einen Horizont entgegensetzte, der ihnen als Grenze Widerstand und Halt, als Hintergrund Tiefe gibt. Ihre Zerstörungslust wird ins Leere gegangen sein. Die Welt, in der sie sich vorfinden, mag die Gestalt einer unendlichen Oberfläche haben, die nichts Neues verspricht, sondern in ihrer gesamten Ausbreitung bekannt erscheint, weil sie sich nicht vom Ich unterscheidet... Das Bedürfnis des Ich nach Differenz, nach fremder und damit eigener Realität ist auf die Angebote der Oberflächenwelt verwiesen und dort systematisch enttäuscht worden... Das mediale Angebot an Gewaltbildern ist dabei nur ein Zusatzimpuls, ein weiterer Wegweiser zurück zum Existenzkampf Davids gegen Goliath, zur alten, unbefriedigten Zerstörungslust.". . . „Die Zivilisation setzt den Heranwachsenden ihre Grenzen. Nur, indem sie sie verletzen, lernen Kinder diese Grenzen kennen und respektieren. Wer daran gehindert wird, muß die Grenzen selbst suchen. Er wird, wenn er ständig ins Leere tastet, mit wachsender Angst immer weiter vordringen, bis er schließlich die äußersten Grenzen der Zivilisation erreicht. Diese Grenzen sind die Körpergrenzen des anderen. Mit der ungeheuren Frustration, nicht gehalten und zurückgehalten zu werden, wird er auch diese Grenze verletzen und überschreiten. Alle anderen Grenzen haben sich als imaginär erwiesen. Was sich als Außenwelt präsentiert, ist trügerisch und – wie die Medienwelt – niemals endgültig: Was sich

---

[16] a.a.O.

als verboten darstellt, ist im nächsten Augenblick erlaubt: Ja, selbst die physische Anwesenheit der nächsten Bezugspersonen ist nicht verläßlich. Ein Übergriff auf die körperliche Integrität bedeutet vom Standpunkt der menschlichen Entwicklung aus gesehen immer eine Regression, eine grundlegende Infragestellung der Zivilisation insgesamt".[17]

Aus den von mir ausgewählten Expertisen ergibt sich, daß die Probleme bei Kindern und Jugendlichen ganz wesentlich aus dem Fehlen einer realen, sinnlich wahrnehmbaren, auch Fremdheit vermittelnden und Widerstand leistenden Welt resultiert; und es läßt sich ja wohl nicht verheimlichen, daß dies gerade das ist, was für die Stadt, für städtische Strukturen charakteristisch ist. Auch wenn die Experten nie von der Stadt sprechen – mein Eindruck ist, daß bei der kritischen Begutachtung der Umwelt von Kindern und Jugendlichen nichts anderes vermißt wird, als eben die milieubildende Stadt.

Daher meine vierte These:

Aus der Ursachenforschung über Gewalt bei Jugendlichen kann man ableiten, daß es gerade der Verlust des Städtischen ist – die damit verbundene Aussonderung von Funktionen und sozialen Gruppen, die Suche nach Schutz und Absicherung in spezialisierten Reservaten, die Abwehr allem Fremden gegenüber, die Reduzierung der Welt auf eine sinnlich nicht erfahrbare Oberfläche -, die Kindern und Jugendlichen so große Probleme macht und sie teilweise bis hin zur Gewalt treibt.

5. Alternativen: Aufrüstung der Stadt oder Rehabilitierung der Straße

Wir Erwachsene nehmen Jugendliche in unseren modernen Städten in zweierlei Weise wahr: einerseits als „Klienten" der verschiedensten Betreuungs-, Erziehungs- und Sicherungseinrichtungen und andererseits als Störenfriede im rationalisierten Ablauf des Tagesgeschehens: als unsichere und verunsichernde Verkehrsteilnehmer, als Ursache von Gewalttätigkeit und Fremdenhaß und – im schlimmsten Falle – als Brandstifter, die „Schande" über unsere Gesellschaft bringen.

Zwei Ansprüche stoßen sich hier hart im Raum: die Stadt sicher zu machen gegenüber allen Arten von unliebsamen Störungen – und Kindern und Jugendlichen beste Entfaltungsmöglichkeiten zu bieten.

---

[17] Dieckmann, Dorothea: Kinder greifen zur Gewalt. Reinbek 1994

Unter diesen Ansprüchen gibt es für die Weiterentwicklung der nachindustriellen Stadt in meinen Augen nur zwei grundsätzlich verschiedene Wege:

Die Aufrüstung der Städte – oder die Wiederherstellung attraktiver städtischer Milieus.

Zunächst einige kurze Bemerkungen zur „Aufrüstung der Städte". Diese Alternative entsteht in den Köpfen all derjenigen, die sich grundlegende Änderungen im Zustand unserer Städte nicht vorstellen können. Die gesellschaftlichen Defizite, die aus vordergründigem Erfolgs- und Wohlstandsdenken, aus dem Ausufern der – eben nicht mehr sozialen – Marktwirtschaft entstanden sind und weiter entstehen, und die immer offenkundiger die Sicherheit bedrohen, müssen durch den Ausbau der Schutz- und Sicherheitsinstrumente ausgeglichen werden.

Die Wohnsiedlungen und Einkaufsmeilen müssen durch privates Bewachungspersonal geschützt werden. Häuser wenden sich grundsätzlich von der Straße ab, auf der nichts Erfreuliches mehr zu beobachten ist. Zum Einkaufen fahren auch die älteren Menschen nur noch mit dem Auto. Kinder leben mit Terminkalendern. In den beschützten Inseln brauchen wir immer mehr Betreuungsdienste und Beratungsinstitute.

Die Sicherheit im Stadtteil, die früher einmal durch die Öffentlichkeit in den Straßen gewährleistet wurde, soll jetzt durch mehr Polizei garantiert werden. Prominente Politiker fordern die Bevölkerung zu mehr Zivilcourage auf, die doch zu Städten gar nicht paßt, die nach den Grundprinzipien des passiven Zusehens und des Wegschauens konstruiert sind.

Praktisch sieht dann die Ausübung von Zivilcourage so aus, daß der Geschäftsbesitzer behauptet, sich nun „selbst" um die Straße zu kümmern: Er stellt professionelles Wachpersonal an, das den Auftrag hat, „Verdächtige" zum Weitergehen aufzufordern.

Die Alternative zur „Aufrüstung der Städte" sehe ich in einer Stadt, in der die Straße rehabilitiert wird. Das ist keine Vorstellung, die aus Nostalgie resultiert. Für mich ist klar, daß auch der Mensch im Technologie- und Medienzeitalter unverändert Lust darauf hat, an den Abenteuern der Straße, an dem täglich neu sich selbst inszenierenden städtischen Theater teilzunehmen. Für Kinder und Jugendliche gilt das ohnehin: Bei den Älteren kann man es an der Beliebtheit ablesen, die Straßencafés in den letzten 20 Jahren in unserem Land gewonnen haben.

Rehabilitierung der Straße gelingt aber nun nicht einfach durch die Einrichtung von Fußgängerzonen und verkehrsberuhigten Bereichen. Die Straße wird erst wieder zur Straße, wenn anderes, wenn Vielfalt, wenn Nähe und Nachbarschaft, aber auch das Fremde, das Unerwartete dazukommen.

Und übersehen wir nicht: die Stadtplanung wird in den kommenden 10 bis 20 Jahren nur einen ganz kleinen Teil der bestehenden Stadtstruktur umbauen können. Große Teile der Stadt – alles was in den vergangenen 50 Jahren entstanden ist – werden sich kaum ändern lassen. Sie sind feststehende Bausubstanz, die nicht auf Flexibilität, auf Veränderbarkeit hin konstruiert ist.

Das bedeutet: wenn wir Verbesserungen in der Richtung auf eine Rehabilitierung der Straße erreichen wollen, dann müssen wir dafür sorgen, daß überall, wo gebaut, wo die Stadt umgebaut und verändert wird, neue Standards äußerst konsequent angewandt werden. Andernfalls wird sich der Trend zur weiteren Aufrüstung der Siedlungsstruktur verfestigen.

Deshalb lautet meine fünfte These:

Nicht durch die Aufrüstung, Überwachung und weitere Pädagogisierung ist die Stadt zu einem akzeptablen Lebensraum für alle Gruppen – auch für Kinder und Jugendliche – zu machen, sondern allein durch eine offensive Rehabilitierung der Straße und des städtischen Milieus.

6. Was brauchen Kinder und Jugendliche in der Stadt?

Wozu brauchen Kinder die Stadt und wie werden Kinder zum Gradmesser städtebaulicher Qualitäten?

Wir als Erwachsene können uns nur mit großen Schwierigkeiten in die Wünsche und Bedürfnisse der nachwachsenden Generation hineinversetzen. Mit unseren Planungsentscheidungen verändern wir permanent – willentlich oder ungewollt – die städtische Umwelt. Welche Probleme schaffen diese Veränderungen unseren Kindern – und den Kindern kommender Generationen?

Zur Beantwortung dieser Frage bleibt zunächst nichts anderes übrig, als thesenartig aufzulisten, wozu Kinder und Jugendliche die Stadt brauchen (könnten):

– Kinder brauchen das Abenteuer der Straße, das gilt aber nicht nur für Jugendliche, sondern auch für die ganz Kleinen.

– Kinder und Jugendliche müssen sich in der Stadt austoben können. Der dabei entstehende Kinderlärm ist Teil des städtischen Alltags.

– Kinder müssen die Möglichkeit haben, außerhalb von Haus und Familie den Umgang, die gegenseitige Achtung von Menschen (Fremden und Bekannten, Einheimischen und Migranten, Gewöhnlichen und Außenseitern) untereinander zu beobachten und dann auch am eigenen Leibe zu erfahren.

– Kinder müssen die Gelegenheit haben, Anerkennung und Mitgefühl unter Fremden zu erfahren, selbst Anerkennung und Mitgefühl zu erleben und schließlich selbst Anerkennung und Mitgefühl gegenüber anderen zu praktizieren.

– Kinder und Jugendliche brauchen neben Haus und Schule einen Zugang zur Welt des Wirtschaftens, der Arbeit, der Berufe, des produktiven Tätigseins.

– Kinder brauchen eigene Freizügigkeit. Sie müssen die Möglichkeit haben, sich selbständig innerhalb der komplexen Stadt zu bewegen und außerhalb von Stundenplänen und fremdbestimmten Beförderungsangeboten über den Gebrauch ihrer freien Zeit zu entscheiden.

– Kinder und Jugendliche brauchen in der Stadt ihre eigenen Nischen und Ecken, ihre Treffpunkte und Verstecke. Diese Rückzugsorte müssen aber auch mit der Straße im Kontakt stehen.

– Kinder und Jugendliche müssen die Möglichkeit haben, das Verhältnis des Privaten zum Öffentlichen (das Haus mit dem Fenster zur Straße) auszuprobieren. Jugendliche müssen eigene Kolonien am Rand der Straße selbständig bewirtschaften können.

– Der Stadtteil muß den Jugendlichen Möglichkeiten bieten, Erlebnisse zu suchen und zu finden, die nicht kommerziell vorbestimmt sind.

– Jungen und Mädchen müssen sich in der Stadt auch alleine sicher bewegen können. Die Sicherheit wird gewährleistet durch Erwachsene mit Umsicht und Zivilcourage in der Straße und am Rand der Straße. Voraussetzung dafür ist, daß die Straße als Aufenthaltsort überhaupt geeignet ist – dies ist der Maßstab, nach dem der motorisierte Verkehr begrenzt werden muß.

Diese Kriterien sind der Maßstab für eine Stadt, in der räumliche Umgebung wieder Bedeutung erlangt, in der Nähe und Nachbarschaft, Fremdheit und Fremdsein, in der auch die Bedeutung von Stadtgeschichte und Stadtkultur sinnlich und leibhaftig erfahren werden können. Die Liste dieser Kriterien ist ergänzungs- und auch korrekturfähig.

Aus ihr ergibt sich meine sechste These:

Die moderne Stadt ist für leistungsfähige Erwachsene und ihre Bedürfnisse gemacht. Es hat keinen Sinn, sie einfach den Bedürfnissen von Kindern und Jugendlichen anpassen zu wollen.

Wir müssen uns vielmehr sehr intensiv und mit viel Lernbereitschaft mit den Bedürfnissen der Kinder und Jugendlichen in der Gesellschaft auseinandersetzen und ausprobieren, mit welcher Form von Stadt eine gerechte Berücksichtigung aller Generationen zu erreichen ist.

Wahrscheinlich werden wir dabei auch sehr viel über die Bedürfnisse von Erwachsenen lernen.

7. Das Tübinger Projekt

Damit komme ich zu unserem Tübinger Projekt und seinen wichtigsten Bestandteilen.

Der Witz dieser Planung liegt in dem Versuch, so etwas wie städtisches Milieu, Stadtteilleben, städtisches Zusammenleben – wie immer man es nennen will – (nicht zu produzieren, aber) durch städtebauliche Mittel und räumliche Organisation wenigstens möglich zu machen; wir übersehen ja meistens, daß die üblichen Strukturen des zeitgenössischen Städtebaus dies ganz einfach verhindern.

Die für unsere Planung zur Verfügung stehende Fläche – größtenteils ehemalige Kasernenareale – liegt wie ein Rückgrat innerhalb der Südstadt. Deshalb versprechen wir uns einen Einfluß der Planung auch auf die Nachbargebiete. Wenn hier ein kulturell attraktives Gefüge entsteht, wird es auch neue Möglichkeiten für die benachbarten Quartiere bieten – gerade auch für die Jugendlichen.

Die Stadt hat das Planareal als städtebaulichen Entwicklungsbereich ausgewiesen. Das bedeutet, daß grundsätzlich die Stadt zunächst alle Flächen erwirbt, das Planungskonzept erarbeitet und danach nach ihren eigenen Prioritäten die neugebildeten Grundstücke veräußert.

Stadtteilleben kann nicht am Reißbrett geplant werden. Die Planung ist deshalb als Prozeß angelegt, der mit vielen Betroffenen und Engagierten in zahllosen Einzelschritten in die Wirklichkeit umgesetzt wird. Nur so ist es möglich, Chancen zu nutzen, Widerstände zu überwinden, Mitstreiter für das Konzept zu finden und am Ende Mischung, Vielfalt und städtische Dichte in der Realität zu erreichen.

a) Dichte und Mischung

Alle Teilgebiete des Projekts werden als Mischgebiete ausgewiesen. Wir versuchen ganz intensiv, Gewerbebetriebe der verschiedensten Art in den einzelnen Quartieren anzusiedeln.

In Betracht kommen kleine und mittlere Betriebe der unterschiedlichsten Branchen, vom Handwerksbetrieb und der innovativen Werkstatt bis zu Dienstleistern, zu Läden und Kneipen.

Die Straßen und Plätze der Quartiere werden durch eine relativ dichte Bebauung aus Häusern mit drei bis fünf Geschossen (Blockrandbebauung) eingefaßt und damit räumlich definiert. Bei den Häusern handelt es sich nicht um große, amorphe Baublöcke von Bauträgern, sondern wirklich um aneinandergebaute Einzelhäuser, die der Straßenfront städtische Vielfalt verleihen.

Arbeit und Wohnen, Kultur und Versorgung sind in den Straßen und Quartieren wieder zusammengefügt. Es ist eine Stadt der kurzen Wege. Das heißt nicht, daß nun auch jeder Bewohner im eigenen Quartier arbeitet. Aber es heißt, daß eine Vielfalt von städtischen Tätigkeiten auf kurzem Weg erreichbar ist und daß Kinder und Jugendliche diese Vielfalt auf kurzem Wege sinnlich, leibhaftig erfahren können.

b) Straßen und Plätze

Die Häuser in den Quartieren stehen nicht in Gärten oder hinter Vorgärten, sondern direkt an der Straße. Sie bilden einen klar ablesbaren Straßenraum. Der motorisierte Verkehr bewegt sich auf einem Netz aus übergeordneten Straßen, an denen alle Parkplätze in Kompaktparkhäusern angeordnet sind. Die Autos fahren also nicht zu den einzelnen Grundstücken, sondern werden am Rand der Bebauung festgehalten. Autofahrer legen auf dem Weg nach Hause oder zum Arbeitsplatz dieselben Fußwegentfernungen zurück wie Benützer des öffentlichen Nahverkehrs. Zu den Baugrundstücken und Häusern soll also nur zugefahren werden, wenn größere Ladevorgänge zu erledigen sind, insbesondere mit Betriebsfahrzeugen.

Dies sind die Voraussetzungen dafür, daß Straßen und Plätze wieder dem Aufenthalt dienen. Und es sind die Voraussetzungen dafür, daß sich Wohnungen, Gewerbebetriebe, kulturelle und soziale Einrichtungen wieder der Straße zuwenden können, daß der Blick auf die Straße wieder ein interessanter, wichtiger Blick im Alltag wird.

Worauf es nun ankommt: die Straßenräume müssen so gestaltet werden, daß die unterschiedlichsten Bevölkerungsgruppen wirklich etwas damit anfangen können. Das ist weniger eine Frage der Möblierung als der Gestalt der Räume. Es müssen Straßenausweitungen, kleine Plätze, Nischen, auch größere Plätze mit unterschiedlichem Charakter geschaffen werden, die ganz verschiedenen Bedürfnissen Raum geben und Platz bieten. Hinter Zäunen und hohen Hecken abgesonderte Spielplätze, wie wir sie alle kennen, müssen durch Spielmöglichkeiten im Straßenraum ersetzt werden.

Zur Ergänzung möchte ich hier auf den Aufsatz „Leben in der Stadt – Die letzten Flächen für die Kinder" von Bernhard Meyer in der Veröffentlichung des Deutschen Kinderschutzbundes „Kinder haben Vorfahrt! Für eine neue Verkehrspolitik" hinweisen. Meyer konstatiert: „Für Kinder, für Behinderte und alte Menschen findet hier eine Freiheitsberaubung ohne Urteil statt."[18]

c) Schule als Stadtteilschule

Nach einem Zeitungsartikel der letzten Woche plädieren Die Grünen im Landtag für einen „Lebensraum Schule"[19]. Ich halte diese Reaktion auf unsere verinselten Städte zwar für verständlich, in der Stoßrichtung aber für falsch. Weil die Stadt kein Lebensraum für Kinder und Jugendliche mehr ist, soll es nun die Schule werden. Ich denke, genau umgekehrt wird ein Schuh daraus: Die Stadt und der Stadtteil müssen wieder ein interessanter Lebensraum für die Heranwachsenden werden, der zur Eroberung reizt, damit die Schule ein Teil der Stadt werden kann.

Im Rahmen der Tübinger Südstadtplanung haben Arbeitskreise aus Lehrern, Schulleitern, interessierten Eltern und unter Mitwirkung von Erziehungswissenschaftlern Konzepte für Stadtteilschulen im Grundschulbereich (in dem eine früher zur Garnison gehörende Schule als 3zügige Schule weiterbenutzt wird) und im Sekundarschulbereich erarbeitet. Lernen soll nicht nur im Schulgebäude stattfinden, sondern „im ganzen Stadtteil – draußen und in unterschiedlichen Einrichtungen". Das Sekundarschulprojekt versteht sich als ein Konzept, das die „eher schulfernen Schichten unserer Bevölkerung" besser berücksichtigt, als es das eingeführte Schulwesen tut:

---

[18] Kinder haben Vorfahrt! Für eine neue Verkehrspolitik. Materialien zum Kinderschutz. Bd. 2. Hrsg. Deutscher Kinderschutzbund, Bundesverband e.V. 1992
[19] Schwäbisches Tagblatt 14. Oktober 1994

„Ein attraktiver Stadtteil braucht attraktive Schulen. Die Schulen sollten Stadtteilschulen sein, das Quartier mit einem vielfältigen sozialen, kulturellen und wirtschaftlichen Leben als Lernort verstehen und zugleich den Aktivitäten des Stadtteils Raum geben."... „die Jugendtauglichkeit von Schulkonzepten, so die These, die dem Tübinger Schulversuch zugrundeliegt, muß sich in der Schulwirklichkeit für Jugendliche in deren biographischem Kontext aufweisen. Die Entwicklung jugendtauglicher Schulkonzepte darf sich nicht nur, so die Behauptung, auf die Wirksamkeit leistungsfördernder, guter Einzelschulen konzentrieren, sondern es ist konzeptionell zu klären, wie sich die Rhythmen der biographischen Entwicklung der Jugendlichen mit den systemisch vorgegebenen Lernrhythmen so aufeinander abstimmen lassen, daß sie die Chancen der Jugendlichen auf die Anschlußmöglichkeit an Teilsysteme des gesellschaftlichen Lebens wirksam verbessern helfen, wo sich erwiesenermaßen bei diesen Übergängen immer größere Schwierigkeiten für die Jugendlichen einstellen."[20]

Angesagt ist also eine neue Zusammenarbeit zwischen Förderschule, Haupt- und Realschulbildungsgängen, Berufsschule, Wirtschaftsbetrieben und kulturellen Einrichtungen im Quartier.

Tübingens Erste Bürgermeisterin Gabriele Steffen schreibt zu diesem Projekt: Hier „liegt ein Schulkonzept vor, das den ehrgeizigen Anspruch hat, durch innere Schulreform, durch eine konsequente Verzahnung von schulischer und beruflicher Bildung gerade den Schülerinnen und Schülern eine lohnende Berufs- und Lebensperspektive zu bieten, die kaum je im Mittelpunkt des Interesses gestanden haben. Das sind keine pädagogischen Blütenträume; es geht nicht um einen weiteren Ausbau (der dann doch an finanziellen Zwängen scheitern müßte), sondern um eine kreative und intelligente Nutzung der Ressourcen. Das Konzept macht exemplarisch deutlich, was unter ‚Umbau der Stadtpolitik' verstanden werden kann".[21]

d) Stadtteilkultur in Hallen, Werkstätten und Läden

Und das führt uns auch schon zum letzten meiner Teilbereiche. Stadtkultur ist heute weitgehend professionalisiert und institutionalisiert. Das Engagement der Bürger im Stadtteil findet nur noch schwer einen Ort und ein Netz, das Zusammenhänge erfahrbar macht. Stadtteilidentität und -verbundenheit sind längst verschwunden.

---

[20] Hiller, Gotthilf Gerhard: Jugendtauglich. Konzept für eine Sekundarschule. Langenau 1994
[21] Jugendtauglich. Konzept für eine Sekundärschule. Hrsg. Gotthilf Gerhard Hiller. Langenau 1994

Gleichzeitig sind die Kommunen am Ende ihrer finanziellen Belastbarkeit angelangt. Sie sind nicht mehr imstande, die vielen Ansprüche der Bürger an eine professionalisierte Stadtkultur zu erfüllen. Diese Krise muß als Chance ergriffen werden.

Von der Vorstellung eines festen Repertoires feststehender Kinder- und Jugendeinrichtungen müssen wir fortschreiten zu einer flexiblen Quartiersstruktur, innerhalb derer jederzeit räumliche Ressourcen für sich wandelnde Bedürfnisse mobilisiert werden können. Diese Ressourcen müssen jeweils mit engagierten und innovativen Kräften des Stadtteils ausgebaut und genutzt werden.

Das ist ein Konzept nicht nur für soziale und kulturelle Zwecke, sondern natürlich ebenso für Existenzgründungen. Wir sollten überhaupt bei der Infrastruktur eines Stadtteils gar nicht so sehr zwischen gewerblichen und bürgerschaftlichen Einrichtungen unterscheiden; in der Zukunft werden sich die Grenzen zwischen beiden immer mehr vermischen. Gemeinnützige Gewerbe werden die Lücke zwischen beiden füllen (müssen).

Die Stadt Münster beispielsweise hat systematisch kommunale Einrichtungen an bürgerschaftliche Vereine verschenkt, damit diese sie selbständig betreiben.

Im Rahmen der Südstadtplanung hat die Stadt Tübingen begonnen, einen ähnlichen Weg zu beschreiten, indem sie schon in der Anfangsphase der Entwicklung eine ganze Reihe von ehemaligen Kasernengebäuden, also wirtschaftlich weitgehend abgeschriebene Bauten, für solche Zwecke „hergegeben" hat:

– eine frühere Exerzierhalle an einen Tanzsportverein und einen Rock-and-Roll-Club, die der Stadt ein Benutzungsrecht für Schulsport einräumen,

– ein früheres Mannschaftsgebäude an die Tübinger Volkshochschule, die als Verein betrieben wird,

– zwei ehemalige Garnisonswohnungen an eine Elterninitiative „Villa Kunterbunt", die in den Räumen ein Kinderhaus betreibt,

– einen Hausteil in ehemaligen Pferdeställen zum Umbau durch Jugendliche als Treffpunkt in der Nachbarschaft von Ateliers und Werkstätten, die ebenfalls in Teilen dieser früheren Pferdeställe entstehen,

– ein kleines Lagergebäude an die Tübinger Puppenbühne, einen Verein, der sich gerade auch an Kinder und Jugendliche wendet,

– eine frühere Panzerhalle an junge Leute, die dort in einfachster Form eine Jugendkneipe und Raum für Veranstaltungen der verschiedensten Couleur anbieten und die dieses Angebot Zug um Zug weiter ausbauen möchten,

– einen Raum in der ehemaligen Infanteriekaserne an einen neugebildeten Südstadtverein, von dem wir hoffen, daß er sich zu einer Kernzelle der Stadtteilkultur entwickelt,

– ein weiteres Kasernengebäude zum Ausbau und zur Nutzung durch verschiedene Gruppen und das städtische Sozialamt als Kazongahaus für therapeutische Arbeit mit Jugendlichen.

Kulturarbeit im Stadtteil entlastet die Kommune von Aufgaben, die besser im und vom Stadtteil erledigt werden. Existenzgründungen im Stadtteil – ich kann mir auch ganz einfache vorstellen, die von Jugendlichen betrieben werden – sind das Salz in der Suppe, das den Stadtteil für alle Gruppen der Gesellschaft interessant macht.

Ich komme zu meiner abschließenden siebenten These:

Eine „jugendgerechte" Stadt, eine Stadtplanung, die Kindern und Jugendlichen faire Chancen einräumt, ist nicht durch punktuelle Verbesserungen an den bestehenden Stadtkonzepten zu erreichen. Nicht neue und zusätzliche Angebote, sondern eine grundlegende Neuordnung der Zusammenhänge, die intelligente Nutzung vorhandener Ressourcen und eine stärkere Einbindung der marktwirtschaftlichen Dynamik in gesellschaftliche „Ligaturen" (Dahrendorf) sind unumgänglich, wenn wir für die Zukunft etwas erreichen und erhalten wollen, das mit Recht das Prädikat „Stadt" verdient.

Projektanschrift: Stadtsanierungsrat der Stadt Tübingen
                      Paulinenstr. 25
                      72072 Tübingen

Dominik Hierlemann

Der Landesschülerbeirat Baden-Württemberg

„Man kann viel, wenn man sich viel vornimmt." Diese Worte Alexander von Humboldts hat sich der Landesschülerbeirat (kurz auch: LSBR) bei seiner Konstituierung am 9. Mai 1994 im Neuen Schloß in Stuttgart deutlich vor Augen geführt und zum Ziel gemacht.

Der LSBR ist die erste offizielle und im Schulgesetz verankerte Schülervertretung im Land Baden-Württemberg und vertritt seit dem 1. April 1994 die 1,4 Millionen Schüler des Landes. Nachdem in anderen Bundesländern solche Gremien schon zu einer festen Institution geworden waren (Ausnahme: Bayern), zog nun auch Baden-Württemberg nach und bildete ein Sprach(r)ohr für die Interessen, Wünsche, Vorstellungen und Ideen der Schüler.

Im § 69,1 des Schulgesetzes steht: „Der aus gewählten Vertretern der Schüler bestehende Landesschülerbeirat vertritt in allgemeinen Fragen des Erziehungs- und Unterrichtswesen die Anliegen der Schüler gegenüber dem Ministerium für Kultus und Sport" und weiter (§ 69,2): „Der LSBR kann dem Ministerium für Kultus und Sport Vorschläge und Anregungen unterbreiten. Das Ministerium (...) unterrichtet den LSBR über die wichtigen allgemeinen Angelegenheiten und erteilt ihm die notwendigen Auskünfte. Auch soll das Ministerium für Kultus und Sport dem LSBR allgemeine (...) Regelungen vor ihrem Inkrafttreten zuleiten."

Der LSBR ist folglich ein reines Anhörungs- und Beratungsgremium und hat keinerlei Mitentscheidungsrechte. Es kommt also ganz auf die Mitglieder dieses Gremiums an, was daraus gemacht wird.

Als Vertreter aller Schülermitverantwortungen des Landes müssen alle Regionen und Schularten im Landesschülerbeirat vertreten sein. Deshalb werden die Sitze praktisch aufgeteilt. Das rechnet sich so:

Sechs Schularten (Hauptschule, Sonderschule, Realschule, Gymnasium, berufliches Gymnasium und Berufsschule) in jedem der vier Oberschulämter ergibt 24 Vertreter. Diese werden, auf verschiedenen Wahlveranstaltungen, von den fast 4000 Schülersprechern gewählt.

Das Motto des 1. Landesschülerbeirats: Sehen - hören - sagen

Wir wollen sagen:
- wer der Landesschülerbeirat ist,
- was unsere Aufgaben sind,
- was wir meinen,
- was wir vorhaben.

Wir wollen hören, was die Schülerinnen und Schüler des Landes Baden-Württemberg für Vorstellungen haben über:
- Unterricht
- Ausbildung
- Schulleben
- SMV-Arbeit
- Bildungspolitik
- Landesschülerbeirat

Wir wollen sehen:
- wo der Schuh drückt,
- welche Fragen die Schülerinnen und Schüler bewegen,
- was sie verändern wollen.

Natürlich sind bei einem neuen Gremium zuerst die inneren Strukturen zu regeln. So standen am Anfang die Erarbeitung einer Geschäftsordnung, die Wahl des Vorstandes, Fragen der Öffentlichkeitsarbeit und die Bildung von Ausschüssen im Vordergrund. Auch das Thema Finanzen stand immer wieder im Mittelpunkt. Deswegen wurde eine

„Fördergemeinschaft des Landesschülerbeirates e.V." gegründet, die sich zum Ziel gesetzt hat, den LSBR inhaltlich und finanziell zu unterstützen.

Die Themen, mit denen sich der Landesschülerbeirat in Zukunft beschäftigen möchte, und zum Teil auch schon beschäftigt hat, sind sehr vielseitig. Die Gymnasiale Oberstufe, das 13. Schuljahr, Gleichbehandlung von Ethik, Erziehungs- und Ordnungsmaßnahmen, Sekten, Kopfnoten, die neue Sommerferienregelung und Fremdsprachenunterricht an Grundschulen sind nur einige Themen, die in der Bildungspolitik zur Zeit heftig diskutiert werden, und mit denen sich auch der LSBR auseinandersetzt.

Alles in allem gilt es jedoch, den Landesschülerbeirat Baden-Württemberg unter der Schülerschaft und in der Öffentlichkeit bekannt zu machen, und zu einer allseits beachteten Interessenvertretung auszubauen.

Projektanschriften: Harald Teufel (Vorsitzender)
Alfredstr. 137
72250 Freudenstadt
(Geschäftsstelle)

Alexander Bonde (1. Stellvertreter)
Schulstr. 21
79111 Freiburg

Christina Jaser (2. Stellvertreterin)
Waldstr. 4
78244 Gottmadingen

Peter Lauck (Pressebeauftragter)
Poststr. 32
71229 Leonberg

Renate Pfau

„Wir schaffen es gemeinsam" – Kooperationsprojekt zwischen Schule, Eltern und Gemeinde

1. Hintergründe des Projekts

Die Gemeinde Amtzell fördert seit September 1989 mit 40% der Personalkosten und 100% der Sachkosten das Pilotprojekt „Schüler- und Jugendbetreuung" an der hiesigen Hauptschule.

Aus der Sicht der Gemeinde Amtzell stellt sich dieses Projekt für die Kinder und Jugendlichen in unserer Gemeinde aus folgenden Gründen äußerst positiv dar:

1. Für eine ländliche Gemeinde ist die Identifikation ihrer Jugend mit dem Dorf äußerst wichtig. Eine attraktive Hauptschule trägt zu dieser Identifikation entscheidend bei. Kann die Jugend an der örtlichen Hauptschule gehalten werden, so kann die Abwanderung an andere Schulen und der Verlust eines Großteils dörflichen Zusammenlebens vermieden werden. In diesem Bereich ist insbesondere auch die Verbindung der Jugend mit den örtlichen Vereinen zu sehen. Mit der Abwanderung vieler Schüler an städtische Schulstandorte geht meistens auch der Verlust des Nachwuchses für Vereine einher.

2. Gerade in zersiedelten Gemeinden, wie dies im Allgäu der Fall ist, ist die örtliche Hauptschule als Integrationsfaktor nicht zu unterschätzen. Oftmals ist die Hauptschule neben den Vereinen das einzige Bindeglied von Jugendlichen aus den verschiedenen Weilern und Einzelhöfen. Hier sei angemerkt, daß Amtzell allein 124 Weiler und Einzelhöfe aufweist.

3. Insbesondere auch das im Pilotprojekt angebotene Mittagessen und die Freizeitbetreuung über die Mittagszeit gewährleistet den Schülern aus den Weilern und Einzelhöfen eine ordentliche warme Mahlzeit und eine sinnvolle Gestaltung der Mittagspause.

4. In einer Zeit der fast ungebremsten Konsummöglichkeiten ist die Anleitung zur sinnvollen Freizeitgestaltung, wie sie im Projekt angeboten wird, von größter Bedeutung.

5. Das im Rahmen des Projekts angebotene Ferienprogramm und das entsprechende Freizeitangebot wirken einer solchen Konsumhaltung entscheidend entgegen. Daß diese Anleitung zur sinnvollen Freizeit-

und Feriengestaltung im Dorf auch noch Spaß macht, das beweist die überwältigende Resonanz bei den Kindern und Jugendlichen sowie deren Eltern.

6. Jugendliche, die sich nur sehr schlecht in die Vereinsarbeit integrieren lassen, werden gerade durch unser Pilotprojekt in besonderer Weise angesprochen und motiviert. Viele Jahre bereitete die sogenannte freie Jugendarbeit der Gemeinde große Sorgen (Alkohol – Drogenprobleme). Seit der Betreuung dieser freien Jugendarbeit durch Mitarbeiter des Pilotprojekts sind diese Probleme beseitigt.

7. Beispiele der Aktivitäten im Rahmen der Schüler- und Jugendbetreuung:

a) Kulturelles Zusammenwirken von Vereinen und Schule, z.b. gemeinsame Aufführung der „Zauberflöte"; Kooperation Schule – Vereine, z.B. durch Zusammenarbeit im Sportbereich mit dem Sportverein Amtzell

b) Winter- und Sommerferienprogramm

c) Badebus und Discobus nach Wangen

d) Freie Jugendarbeit im Turmstüble

e) Kinderkino, Theater

f) Kinderfasnet

g) Mittagessenausgabe

h) Freizeitbetreuung

i) Schülerdisco und Schülertreff

k) Offene Bücherei

l) Hausaufgabenbetreuung

m) Offener Schulhof als ständiger verkehrssicherer Kinder- und Dorfspielplatz

n) Heimatgeschichtlicher Arbeitskreis

2. Unser Projekt – eine Idee entwickelt sich weiter

Unser Projekt wurde weiterhin getragen von den Grundsätzen und Zielsetzungen unserer ursprünglichen Projektbeschreibung. Sie sollen hier noch einmal stichwortartig aufgeführt werden:

- Stärkung des ländlichen Raums durch Verbesserung der sozialen Infrastruktur;
- Stützung der ländlichen Hauptschule;
- Integration sozialer und kultureller Aufgaben in die Schule des Dorfes;
- Abbau der Defizite im Betreuungs- und Freizeitbereich für Landkinder;
- Stärkung und Bindung der Kinder und Jugendlichen an die Heimatgemeinde;
- Anbahnung von Heimatverbundenheit;
- Erziehung zu sinnvollem Freizeitverhalten;
- Enge Verflechtung zwischen Schule und Gemeinde;
- Intensive Kooperation mit den Vereinen;
- Starke Einbindung der Elternschaft in das Schulleben. Unser Prinzip, Freiwilligkeit der Betreuungsangebote statt Pflicht-Ganztagesbetrieb für alle, hat sich beeindruckend als richtig erwiesen. Es muß bestimmendes Kriterium aller unserer Lösungsversuche bleiben.

Projekt wohnortnahe Kinder- und Jugendbetreuung

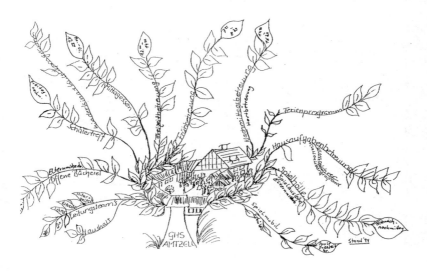

```
Der Baum    +    unsere Schule

         ist         will sein

              lebendig
```

Der Baum wirft – jahreszeitlich bedingt – Blätter ab, bekommt **neue** Blätter, auch neue **Zweige.** Nichts ist unruhig – aber alles ist lebendig. Das heißt, daß sich auch bei uns immer wieder etwas ändern kann und darf. Es fällt ein Blatt ab, neue Blätter wachsen.

Jeder ist eingeladen
– mitzudenken,
– Vorschläge zu machen,
– positive Kritik anzubringen,
– mitzutun...

3. Ausblick

Das Projekt ist nach Aussage von Gemeinde und Elternschaft aus dem dörflichen Leben Amtzells nicht mehr wegzudenken.

Wir haben gelernt, unter Berücksichtigung unserer örtlichen Bedürfnisse und Gegebenheiten unseren eigenen Weg zu suchen.

In enger Zusammenarbeit mit Gemeinde und Elternschaft werden wir auch künftig versuchen, unseren allgemeinen Zielsetzungen gerecht zu werden.

Uns ist deutlich geworden, daß die ländliche Schule als die Schule vor Ort, unter den gegebenen gesellschaftlichen Verhältnissen neue Aufgaben übernehmen muß. Weil sie mitten im dörflichen Leben steht, muß sie bereit sein, weit mehr als bisher üblich, Aufgaben aus der sozialen Infrastruktur einer Gemeinde zu übernehmen.

Projektanschrift: Grund- und Hauptschule Amtzell
           88279 Amtzell

Juliane Rossius

„Moskito" - nichts sticht besser

1. Entwicklung des SFB-Kinderfernsehens

Das Familienprogramm des Senders Freies Berlin (SFB) ist seit Jahren auf die Produktion von Kinder- und Jugendsendungen spezialisiert, im Fernsehen wie auch im Hörfunk. Genau wie sich in den 70er Jahren das sogenannte emanzipatorische Kindertheater als Reflexion der 68er Bewegung entwickelte, kamen im SFB Sendungen ins Programm, die Kinder ermutigen wollten, sich mit ihrer Umwelt auseinanderzusetzen. Sendungen, in denen es um Realität, um die Bewältigung von Problemen, um Alltag ging.

Besonders bekannt und beliebt war die Sendereihe „Denkste". Das waren ca. 50 minütige Spielfilme, in deren Mittelpunkt die Welt der 10-14jährigen stand. Da ging es um den Traum, ein Star zu werden, um den älteren Bruder, der unverhofft Vater wird, um Konflikte mit den Eltern. Die Stoffe wurden zusammen mit den Autoren entwickelt, manchmal auch von den Autoren realisiert. Die damaligen Redakteure arbeiteten vorwiegend als Dramaturgen. Aus dieser Zeit stammte ein Grundstock von Mitarbeitern, die sich dem Kinderfernsehen verschrieben hatten. Fernsehen für Kinder – das ist harte Arbeit. Kinder sind kritische Zuschauer, die auf pädagogisch wertvolle Inhalte sehr gereizt reagieren können. Mit Kindern in den Filmen zu arbeiten, ist ebenfalls harte Arbeit. Die Regisseure und ihre Assistenten suchen die Kinderdarsteller in Jugendfreizeitheimen, in Sportvereinen, in Schulen, weniger über professionelle Vermittlungsagenturen.

Die Zeit, die Kinder vor der Kamera stehen dürfen, ist begrenzt. Das Landesamt für Arbeitsschutz muß den Dreh genehmigen und verlangt dazu Stellungnahmen von Schule, Arzt, Eltern und Jugendamt. Am Drehort kann jederzeit ein Kontrolleur auftauchen und jedem Produktionsleiter steht der Angstschweiß auf der Stirn, wenn es beim Dreh mit Kindern zu Verzögerungen kommt.

Produktionen mit Kindern dauern länger und kosten dementsprechend auch mehr. Neben diesen organisatorischen Schwierigkeiten ist es natürlich auch grundsätzlich schwieriger, mit Kindern als mit Erwachsenen zu filmen. Die Regisseure müssen sich besonders gut auf Kinder einstellen können, ihnen ganz andere Inszenierungshilfen geben als erwachsenen Profidarstellern.

Über 50 „Denkste"-Filme gab es insgesamt, der SFB konnte sich ca. 8 Neuproduktionen pro Jahr leisten. Von Jahr zu Jahr wurden es weniger, Spielfilm ist teuer, immer mehr Sendeplätze mußten mit Wiederholungen bestückt werden. Es gab schließlich nur noch 5-6 Neusendungen pro Jahr. Das paßte der ARD nicht und der SFB mußte sich etwas anderes überlegen. Man dachte über eine Art von Kindernachrichten nach, produzierte einige Folgen. Damit war der SFB seiner Zeit voraus, die Idee kam in der ARD nicht an. So lange, bis das ZDF mit „Logo" Jahre später bewies, daß Kindernachrichten sehr wohl funktionieren.

2. Entstehung von „Moskito"

In dieser Situation wurde die Idee für ein Schülermagazin geboren. Erreichen sollte es die sogenannten „Lückekinder", zu alt für die Kindertagesstätte, zu jung für die Jugendfreizeitheime. Eine schwierige Zielgruppe, nicht leicht zu fassen, am Beginn der Pubertät oder schon mittendrin. Die beiden Redakteurinnen Frauke Klinkers und Meyen Wachholz wälzten Fachliteratur über die Eigenheiten und Besonderheiten dieser speziellen Zielgruppe, was interessiert diese Kinder, was mögen sie, wie sind ihre Sehgewohnheiten?

Das alles und der vorgegebene Produktionsetat flossen in die Idee von „Moskito" ein.

Musik mußte dabei sein, aber nicht einfach abgefilmte Musikgruppen, wie sie in den meisten kommerziellen Videoclips präsentiert werden. Die Redakteurinnen entwickelten die Idee der Musikfilme: Profimusiker schreiben Songs, die sich auf das spezielle Thema der jeweiligen Sendung beziehen und richtige kleine Geschichten erzählen. Regisseure setzen diese Lieder dann filmisch um.

Der Spaß sollte nicht zu kurz kommen, mit Kindern gespielte Sketche, so etwas gab es in Amerika, produziert von Nickelodeon. Wie könnte eine deutsche Form davon aussehen? „Moskito" wagte das Experiment.

Kinder lieben Cartoonfiguren und Zeichentrick, über Cartoonfiguren läßt sich eine starke Identifikation mit dem Programm herstellen. Die Zeichner Walter Moers und Jackie Niebisch entwarfen Pinkie und Yellow, das kichernde Mädchenpärchen und Depechi und Rolle, die Jungen mit den modischen Frisuren.

Journalistische Teile, die den Alltag von Kindern einfangen, sollten den größten Anteil der Sendung bilden, denn Kinder interessieren sich dafür, wie andere Kinder leben, denken und mit der Welt klarkommen.

Außerdem gab und gibt es kaum journalistische Formen für Kinder. Noch ein Vorteil: Dokumentationen sind billiger zu produzieren als fiktionale Elemente.

Und so entstand sie, die typische „Moskito"-Mischung aus Spaß und Ernst, Witz und Tiefgang. Monothematisch ist sie, damit es auch möglich ist, verschiedene Aspekte eines Themas aufzugreifen. Auf eine Moderation wird verzichtet, den roten Faden liefert das Thema selbst; die Sketche, Cartoons und Musikfilme bilden die Überleitungen zwischen den Dokumentationen, sie sorgen für den „comic relief", schaffen Atempausen, kommentieren und pointieren.

Inzwischen ist „Moskito" dem Kindesalter entwachsen. Nach der Sendung zum Thema Sexualität plazierte die ARD das Schülermagazin auf dem sogenannten Jugendplatz am frühen Sonntagnachmittag. Die Zielgruppe sind jetzt die 13- bis 18jährigen, die Cartoonfiguren wurden jugendlicher, aber das Prinzip der Sendung blieb unverändert: Die Zuschauer ernst zu nehmen und die Kinder bzw. Jugendlichen zu Wort kommen zu lassen. Das heißt nicht, daß jeder alles in „Moskito" unkommentiert sagen darf.

Die Journalisten haben oftmals andere Meinungen als die porträtierten Jugendlichen und manch' Jugendlicher muß sich unbequeme Nachfragen gefallen lassen. Dazu später mehr.

Handfeste und leichtere Themen wechseln sich in „Moskito" ab. Das Magazin versucht das jugendliche Lebensgefühl einzufangen und die Jugendlichen in ihrem Alltag „abzuholen". Es kommt der Redaktion nicht auf spektakuläre oder drastische Geschichten an. Im Mittelpunkt der Sendung stehen sogenannte „normale" Jugendliche mit all ihren Macken, ihren Wünschen und Träumen, ihren alltäglichen Wehwehchen und großen Problemen. Die Sendung will diese Wirklichkeit nicht nur abbilden, sondern - wenn möglich - auch hinter die Dinge sehen: Ziel ist es, ein Stück Orientierung zu bieten, ohne dabei die Jugendlichen zu bevormunden. Das erfordert eine langwierige und sorgfältige Vorbereitung der einzelnen Sendungen. Welche Jugendlichen werden in den Dokumentationen porträtiert? Welche Ansichten haben sie? Sollen andere Jugendliche Gegenpositionen vertreten? Auf welche Aspekte eines Themas soll sich die Sendung beschränken? Wird die Beschränkung wiederum der Realität der Jugendlichen gerecht? Folgen die Beiträge gängigen Klischees oder brechen sie Verhaltensmuster auf?
Gründliche Recherchen der Mitarbeiter in Form von Gesprächen vor Ort mit Jugendlichen sollen gewährleisten, daß nicht am grünen Re-

daktionstisch über die Köpfe der Zielgruppe hinweg die Sendung geplant wird. Die journalistischen Mitarbeiter stehen während der Vorbereitung einer Sendung in ständigem Kontakt zu einzelnen Jugendlichen, zu Schulklassen, Cliquen, Jugendfreizeitheimen, Initiativen usw.

Manche Recherchen sind äußerst mühsam. So war es z.B. sehr schwierig, Jungen zu finden, die vor der Kamera etwas zum Thema Verhütung erzählen. Mädchen trauen sich eher, aber ein Junge, der sich in „Moskito" offen äußert, könnte vielleicht auch zuschauenden Jungen Mut machen, sich mit dem Thema auseinanderzusetzen. Schließlich fanden die Realisatoren ein Pärchen, das gemeinsam, sehr frisch und unverkrampft, seine Erfahrungen mit Pille und Kondomen schilderte.

Bei anderen Recherchen hilft der Zufall: Der Reporter, der für das Thema Ost/West recherchierte, nahm einen Tramper mit, und es stellte sich heraus, daß der Junge gerade von West-Berlin in den Osten umgezogen war.

Die Themenfindung läuft überwiegend über die Redaktion. Viele Themen, gerade, wenn es um die Altersgruppe der 13- bis 18jährigen geht, liegen in der Luft: Alles, was sich um Liebe und Sexualität dreht, ist immer aktuell, Drogen sind ebenfalls ein Standardthema. Jugendliches Lebensgefühl äußert sich in Mode, Musik, Gangs, Freizeitverhalten. Mit Schule und Eltern haben sie alle zu tun, Freundschaft, politisches Engagement, Gewalt gegen Ausländer, Krisensituationen, Geld, Berufswahl und Orientierung - auch diese Themen bieten sich an. In Gesprächen, z.B. mit den jugendlichen Sketchedarstellern oder mit Schulklassen, überprüft und ergänzt die Redaktion die Ideen für ihre Themen. Dann wird vorrecheriert, ob die Idee eine gesamte Sendung trägt.

Jede Sendung hat ca. 4-5 Monate Vorlauf. Die Dokumentaristen beginnen ca. 8 Wochen vor Drehbeginn mit ihren Recherchen. Zu früh vor dem Dreh nach Jugendlichen zu suchen, ist nicht sinnvoll: Zu schnell ändern sich die Verhältnisse: Pärchen, die von ihrer großen Liebe erzählen wollten, haben sich inzwischen getrennt, der Treber, der ein neues Zuhause gefunden hatte, lebt wieder auf der Straße.
In Gesprächen mit der Redaktion berichten die Journalisten von den Jugendlichen, denen sie begegnet sind. Dann läuft der oben skizzierte Arbeitsprozeß. Welche Jugendlichen werden porträtiert? Wird es eine Reportage? Lassen sich bestimmte Erlebnisse szenisch nachstellen? Inszeniert Moskito einen Gesprächsanlaß? (In der Europa-Sendung z.B. versuchen Jugendliche mit einer ECU-Münze im Supermarkt ein-

kaufen zu gehen; in der Sendung zum Thema Gewalt kommt es zu einem Rollentausch zwischen Polizisten und jugendlichen Demonstranten: Polizisten bewerfen ein Einsatzfahrzeug, in dem Jugendliche sitzen, mit Steinen). Nach und nach kristallisieren sich die einzelnen Beiträge heraus. Manchmal springen die Jugendlichen sehr kurzfristig ab, dann heißt es, neue zu suchen oder einen anderen Weg zu finden, an das Thema heranzukommen.

Die Musiker brauchen ca. 6 Wochen von der Idee bis zum fertig produzierten Song. In der Regel brainstormen Redaktion und Musiker gemeinsam, um welche Aspekte es in dem Musikfilm gehen soll. Der Musikfilmregisseur wird möglichst frühzeitig in die Arbeit an der Musik einbezogen. Welche filmischen Ideen hat er, den Text und die Musik umzusetzen? Braucht er Zeit für einen Auftakt, einen Instrumentalteil, läßt ihm der Text genügend Spielraum für inszenatorische Ideen? Ca. 2-3 Wochen arbeitet der Regisseur an seiner Drehvorlage, dann geht es an die eigentliche Vorbereitung des Drehs. Darsteller und Motive müssen gesucht, Requisiten und Kostüme vorbereitet werden. Bei den Musikfilmen wird mit sehr hohem Aufwand produziert: Die jugendlichen Zuschauer sind MTV-verwöhnt.

Mit ca. 3-4 Monaten haben die Sketche und Cartoons den längsten Vorlauf. Sie werden normalerweise in Blöcken für ca. 4 Themen gleichzeitig produziert.

Die Autoren erhalten von der Redaktion einen Brief, in dem die vorrecherchierten Inhalte der geplanten Sendungen skizziert werden. Auf dieser Grundlage schreiben die Autoren ihre Textvorschläge. An den Ideen wird dramaturgisch gearbeitet, bis ca. 8 Sketche bzw. 3 Cartoontexte pro Thema stehen. Die Cartoontexte gehen dann an eine auf Zeichentrick spezialisierte Filmfirma, die die entsprechenden Zeichnungen der Cartoonfiguren anfertigt und animiert.

Die Sketche werden von einem Regisseur bzw. einer Regisseurin in einem Studio realisiert. Dabei ist Prinzip - ebenso wie bei den Musikfilmen -, daß „Moskito" mit jugendlichen Laiendarstellern arbeitet. Verstärkt wird diese Crew von zwei erwachsenen Profischauspielern, die in alle vorkommenden Erwachsenenrollen schlüpfen. Besonders froh ist die Redaktion, daß auch so bekannte Schauspieler wie der inzwischen leider verstorbene Eberhard Feik für die Arbeit an „Moskito" gewonnen werden konnten und so der Jugendsendung zusätzliches Profil gegeben haben.

Projektanschrift: Redaktion Moskito
 Sender Freies Berlin
 14046 Berlin

Matthias Sammet

Jugendforum Murrhardt – eine Möglichkeit zur politischen Beteiligung

1. Vorgedanken

Die Forderung nach politischer Mitbestimmung junger BürgerInnen von einer Mehrheit der Kommunal-, Regional-, Landes- und BundespolitikerInnen (der etablierten Parteien wie SPD, CDU, FDP und deren kommunale Splittergruppen) ist unglaubwürdig.

Zu durchsichtig ist die Doppelmoral, die sich hinter solchen Forderungen verbirgt: In Finanzdebatten wird der, bereits seit jeher auf minimalem Niveau ausgestatteten Jugendpolitik und Jugendarbeit der finanzielle Knock-Out verpaßt, während man/frau im parallel stattfindenden Superwahlkampf der Politikverdrossenheit der Jugend den Kampf ansagt.

Auf der Basis dieses politischen Pharisäertums werden von denselben PolitikerInnen oder deren Jugendorganisationen Methoden wie „Jugendgemeinderat" oder ähnliches gefordert und durchgesetzt.

Was steckt hinter diesem Konzept „Jugendgemeinderat", was macht es so attraktiv für die politisch Verantwortlichen?

2. Geschichte des Jugendforums

Mit dieser Frage mußte sich der Stadtjugendring Murrhardt e.V. beschäftigen, nachdem im Murrhardter Gemeinderat im Vorfeld der Kommunalwahlen 1988 der Ruf nach einem Jugendgemeinderat laut wurde.

Der Vorstand des Stadtjugendrings Murrhardt e.V. (der BGB-Vorstand setzte sich zusammen aus einem Jungsozialisten, einem Mitglied der Jungen Union und einer Person, die keiner Partei angehörte) entwickelte nach eingehender Prüfung des Modells „Jugendgemeinderat" eine Konzeption für das Jugendforum Murrhardt.

Es wurden daraufhin Podiumsdiskussionen, offene Seminare, Gesprächsrunden und Kulturveranstaltungen durchgeführt, in denen die beiden unterschiedlichen Modelle mit Jugendlichen, Jugendarbeiter/innen, Kommunalpolitiker/innen und Jugendgemeinderät/innen diskutiert wurden. In einem weiteren Schritt wurde exemplarisch ein

Jugendforum veranstaltet, das der Stadtjugendring Murrhardt e.V. durch den Einsatz seiner letzten Reserven finanzierte.

Dieses Jugendforum wurde von den Jugendlichen in Murrhardt sehr gut angenommen. Es war ein Erfolg für den Stadtjugendring Murrhardt e.V.

Nachdem von den Jugendlichen die Forderung kam, so etwas zu wiederholen, wurde von seiten des Stadtjugendring Murrhardt e.V. ein Antrag an den Gemeinderat in Murrhardt auf Bezuschußung des Jugendforums in Höhe von DM 12000,- pro Jahr auf Bewirtschaftung gestellt.

Dieser Antrag wurde, begleitet von intensiver Öffentlichkeitsarbeit, Fraktionsgesprächen mit Gemeinderäten und vielen Diskussionen, im Gemeinderat durchgesetzt. Es wurde der öffentliche, politische Weg gewählt.

Das Jugendforum Murrhardt war „geboren".

3. Überlegungen zur politischen Beteiligung vor Ort

Bevor die Konzeption des Jugendforums hier dargestellt wird, ist es vorab wichtig, die Überlegungen des Vorstandes des Stadtjugendrings Murrhardt e.V. zu kennen:

Beteiligung und Demokratie stellen keine Werte an sich für den Menschen dar. Demokratie, aber auch Beteiligung könnten sonst mittels Teilnehmerzahlen gemessen werden und Erfolg oder Mißerfolg von Veranstaltungen zur politischen Bildung wären einfach zu unterscheiden.

Da dem nicht so ist, ergibt sich die Frage nach der Qualität politischer Bildung, aber auch politischer Beteiligung. Daraus wiederum sind die Kriterien, anhand derer diese Qualität meßbar ist, zu entwickeln.

Die Qualität politischer Beteiligung und Bildung hängt nach Ansicht des Stadtjugendrings Murrhardt e.V. davon ab, inwieweit diese zur Selbstentfaltung und Bewußtseinsentwicklung des einzelnen beiträgt. Dabei rücken Aspekte wie die konkrete Umsetzbarkeit, die Möglichkeit des eigenen ganzheitlichen Erfahrens und Erlebens, die finanziellen, strukturellen und personellen Rahmenbedingungen, das kognitive Erkennen von Zusammenhängen und die Tatsache an der bestehenden Realität und umgebenden Umwelt etwas aus eigenen Kräften gemeinsam mit anderen in Selbstverwaltung zu verändern, in den Vordergrund.

Zum zentralen Begriff wird somit „Emanzipation". Verstanden als ein Formen der eigenen Person, aber auch der umgebenden Umwelt.

Technokratisches Lernen, Frontalunterricht und Übernahme von vorgegebenen Gesellungsformen sind somit von vornherein ausgeschlossen. Eine Anbindung an die Lebenswelt und die Lebensbezüge ist vorprogrammiert. Im Alltag von Kindern und Jugendlichen muß politische Bildung und Beteiligung ansetzen und verortet sein.

Dies gilt sowohl methodisch wie auch inhaltlich, d.h. wenig Regeln, Freiwilligkeit der Teilnahmen, kulturelle Eigenständigkeit, Hierarchiearmut, politisierend: verstanden als die Herstellung von Zusammenhängen zwischen individuellen Problem- und Interessenlagen und politischen Entscheidungen.

4. Das Jugendforum: Beschreibung und Konzept

Das Jugendforum ähnelt einem kulturellen Nachwuchsfestival mit Thema. Es spielen Bands, werden Gedichte vorgetragen, Theaterstücke zum Besten gegeben, mit Slapsticks die Leute zum Lachen gebracht, Plakatwände vollgeschrieben, in Kleingruppen diskutiert, belegte Baguettes sich einverleibt, Videoclips gedreht und angeschaut, Statements abgegeben. Aber auch: gestritten, diskutiert, festgestellt, formuliert, gefordert, übereingestimmt. Wohlgemerkt: alle Beteiligten sowohl im kulturellen wie auch inhaltlichen Teil sind Menschen aus Murrhardt.

Der Ablauf eines Jugendforums sieht folgendermaßen aus:

Themenfindung mittels Videobefragung an Schulen, Fabriken, Plätzen, Kneipen, Cafes, Treffs, an denen sich Jugendlichen zwischen ca. 12 und 25 Jahren in Murrhardt aufhalten.

Organisation des Abends durch Kleingruppen, die zuständig sind für: Gestaltung, Kultur, Essen und Trinken, Inhaltliches, Öffentlichkeitsarbeit und Werbung.

Überwiegend findet bei Jugendforen zu Beginn die Vorführung der Videobefragung statt, daraufhin spielt eine oder mehrere Bands einige Stücke aus ihrem Repertoire und dann folgt der inhaltliche Part zu einem Thema wie z.B.: Kultur in Murrhardt, § 218, Innenstadtgestaltung, Kommunales Kino Murrhardt, Jugendhilfeplan Murrhardt, Integration von ausländischen Mitbürger/innen etc. Dies kann in Form von Plenumsdiskussion, Kleingruppenarbeit, Wandzeitungen, Moderationsmethode, Zukunftswerkstatt etc. sein. Die Möglichkeiten der Methodenauswahl sind beim Jugendforum unbegrenzt. Häufig spielen während des inhaltlichen Teils oder anschließend nochmals Bands. Nicht zu vernachlässigen und für die Kommunikation enorm wichtig, ist die Verpflegung der Teilnehmer/innen mit Snacks und Getränken.

Bei Jugendforen wird im Regelfall nicht abgestimmt. Die Meinungsvielfalt der anwesenden Jugendlichen (die Zahlen schwanken zwischen 280 und 40 Jugendlichen pro Jugendforum) soll erhalten bleiben. Das Jugendforum gibt Interessen, Bedürfnisse, Meinungen, Wünsche und Vorschläge wieder – keine Entscheidungen. Es vermittelt damit unmißverständlich, daß diese vom Gemeinderat in Murrhardt getroffen werden.

Erfolge des Jugendforums waren u.a. die Förderung der Verständigung von unterschiedlichen Jugendcliquen in Murrhardt, eine breite Diskussion in Verbänden und Schulen zum Thema § 218, die Mitwirkung bei der Durchführung eines Bürgerbegehrens zum Erhalt des Kommunalen Kinos in Murrhardt, Anregungen zur Gestaltung der Innenstadt in Murrhardt, die Verbesserung des Etats des Jugendzentrums Murrhardt.

Besonders wichtig ist für das Jugendforum das Prinzip „Öffentlichkeit", d.h. Zeitung lesen, Artikel schreiben, Strategien entwickeln, Infostände durchführen, Menschen mobilisieren, Briefe schreiben etc.

Das Jugendforum stellt somit eine Institution dar, die politisch-inhaltliche wie auch kulturelle und lebensweltliche Bezüge junger Menschen in Murrhardt miteinander verbindet und damit insgesamt emanzipatorisch wirkt.

5. Zusammenfassung der Ziele des Jugendforums

Die Ziele des Jugendforums sind entsprechend der vorangestellten Überlegungen:

– Den Interessen von Jugendlichen Ausdruck verleihen;

– politischen Handlungsraum für Jugendliche schaffen;

– Information, Beratung, Diskussion und Verständigung über politische Themen;

– politische Mechanismen erlebbar machen (Macht, Strategie, Öffentlichkeit, Sachlichkeit, Tun statt Warten, Themen besetzen);

– Öffnung des Jugendverbandes Stadtjugendring Murrhardt e.V.

6. Die Kritik am Jugendgemeinderat

Wie schon eingangs beschrieben, hat sich das Jugendforum aus der Kritik am Modell „Jugendgemeinderat" entwickelt. Um ein besseres Bild vom Jugendforum zu erhalten, ist es deshalb wichtig, hier in Kürze die wichtigsten Kritikpunkte zu nennen.

a) Begriffsverwirrung „.... gemeinderat"

Es kann aufgrund § 33 Gemeindeordnung und nach Aussagen des Regierungspräsidiums in Baden-Württemberg kein ständiges Rede- oder Antragsrecht für Jugendgemeinderäte geben. Ebenso müßte für ein Stimmrecht Art. 28 Grundgesetz geändert werden.

b) Ausklammern der Machtfrage

Gerade der bedeutsamste Aspekt des politischen Geschehens, die Frage der Macht, wird beim Jugendgemeinderat außen vor gelassen. Jugendgemeinderäte werden vom Bürgermeister oder Oberbürgermeister eingerichtet, diese haben den Vorsitz und leiten die Sitzungen, bzw. stellen die jeweilige Tagesordnung auf. Die Einbringung der Themen des Jugendgemeinderates in den großen Gemeinderat hängt vom Good-Will des Bürgermeisters ab. Ob etwas bewegt werden kann, hängt davon ab, wie gut sich die Jugendlichen mit den jeweiligen Mehrheitsparteien stellen. Patriarchalisches Politikverständnis könnte im Lexikon nicht besser beschrieben werden.

c) Politische Bildung?

... und was macht die große Mehrheit der Jugendlichen, die nicht in einen Jugendgemeinderat gewählt werden. Zumal die Altersgrenzen eines Jugendgemeinderates mit den Vorstellungen der 50er Jahre zusammenpassen. Mittlerweile wird der Begriff des Jugendlichen – besser jungen Bürgers – bis 27 Jahren ausgedehnt.

d) Domestizierung von Jugendlichen und Jugendarbeit

Den Dachverbänden vor Ort, die politisch gefährlich agieren können, wird mittels Jugendgemeinderäten das „Wasser abgegraben". Dies gilt sowohl politisch wie auch finanziell. Die Vertretung von Jugendlichen und Jugendarbeit wird den Verbänden gem. § 12 Kinder- und Jugendhilfegesetz (KJHG) übertragen. Durch Jugendgemeinderäte wird dies untergraben.

e) Umleitung von Finanzen

Wer in der Jugendarbeit tätig ist, weiß: Geld gibt es nur nach harten und zähen Auseinandersetzungen. Bei Jugendgemeinderäten ist es anders.

Jugendgemeinderäte kosten nach Berechnungen des Stadtjugendrings Sindelfingen zwischen DM 30 000,- und DM 50 000,- pro Jahr. Jeder Jugendring einer kleinen bis mittelgroßen Kommune wäre beglückt, hätte er einen Haushalt dieser Größenordnung. Diese Gelder, die in den Jugendgemeinderat gesteckt werden, gehen definitiv der Jugendarbeit verloren.

7. Schlußbemerkung

Mit Sicherheit stellt das Jugendforum kein Allheilmittel der politischen Bildung und Beteiligung dar. Es zeigt auch deutliche Schwächen, die insbesondere dann erkennbar werden, wenn es nur von Ehrenamtlichen getragen wird. Probleme der Kontinuität und Organisation werden augenscheinlich.

Allerdings stellt das Jugendforum eine Methode dar, die dem Erleben und Leben von Jugendlichen entspricht und somit bedürfnisorientiert ist. Weiterhin bietet das Jugendforum Organisationen der Jugendarbeit eine Möglichkeit zur Öffnung und verbandlichen Entwicklung.

Die Kreisjugendringe Rems-Murr und Esslingen haben das Konzept des Jugendforums „entliehen" und es für das Projekt „Abenteuer Alltag" (KJR Rems-Murr) und zur Entscheidungsfindung über einen Jugendtreff (KJR Esslingen) eingesetzt.

Für das Jugendforum gilt, wie es Teilnehmer/innen formuliert haben: „Nicht hintenrum – Jugendforum."

Projektanschrift: Kreisjugendring Rems-Murr
Aspacher Str. 13
71522 Backnang

Elke Schön

Kinderalltag und Lebensqualität in einem Reutlinger Stadtgebiet – Mädchenforschung im Stadtteil

1. Vorbemerkung

Das Projekt „Kinderalltag und Lebensqualität in einem Reutlinger Stadtgebiet" ist ein Handlungsforschungsprojekt der Ev. Fachhochschule für Sozialwesen Reutlingen und des Fachbereichs Sonderpädagogik Reutlingen der PH Ludwigsburg. Es wird finanziert durch das Bundesministerium für Frauen und Jugend. Es läuft von 1993 bis Februar 1996.

Untersucht wird der Lebensalltag von 0- bis 14jährigen Mädchen und Jungen im sozialräumlichen Zusammenhang eines Stadtgebietes. Das Projekt hat 3 Arbeitsbereiche:

– Der Lebensalltag von 9- bis 14jährigen Mädchen und Jungen (den sogenannten „Lückekindern") wird in einem Mädchenschwerpunkt und in einem Jungenschwerpunkt erforscht.

Ebenso werden Anstöße für die Praxis gegeben, etwa zum Aufbau von Mädchenstrukturen oder für neue Ansätze in der Jungenarbeit.

– Der Lebensalltag von Mädchen und Jungen mit Behinderungen wird unter den Fragestellungen untersucht:
Wieviele Kinder mit Behinderungen gibt es im Gebiet?
Wie und wo verbringen die Kinder ihren Alltag?
Wie sehen ihre biographischen Verläufe aus?
Wie kann die Integrationsfähigkeit im Stadtgebiet gefördert werden?

– Die Untersuchung von Betreuungsangeboten und Betreuungssituationen von Kindern im Vor- und im Grundschulalter soll Aufschluß geben über vorhandene Angebotsstrukturen, besondere Arrangements, die Mütter/Eltern eingehen, und vorhandene Lücken, Wünsche und Bedürfnisse von Müttern/Eltern und Kindern (im Grundschulalter).

2. Annahmen und Fragestellungen

Mädchen erleben in der Vorpubertät, die bereits im Alter von 9 Jahren beginnt, eine Phase, in der sie sehr experimentierfreudig sind. Der typische Schub an Außenorientierung zeigt sich in der Entwicklung von sozialräumlichen Kompetenzen und raumentdeckenden Fähigkeiten im Wohnumfeld. Die aktiven und experimentierfreudigen Anteile von 9- bis 11/12jährigen Mädchen sind bislang von der Sozialisationsforschung, aber auch von der feministischen Mädchenforschung nicht oder zu wenig ins Blickfeld gerückt worden. Räumliche und wohngebietsbezogene Ansätze berücksichtigen die Mädchenfrage nicht. Ursula Nissen stellte fest, daß von 108 Studien zum Thema „Kind und Wohnumwelt" nur 9 Arbeiten Mädchen nicht unter dem Merkmal „Kind" subsumierten.[1]

Neuerdings verweisen feministische Raum- und Stadtplanerinnen in einzelnen Studien auf das raumaneignende Verhalten von 9- bis 11/12jährigen Mädchen in Außenräumen.[2] In dieser Altersgruppe sind Mädchen dabei, sich ihre Wohnumgebung zu erobern, sich zum erstenmal gesellschaftlich nach außen zu orientieren. Die Dimension des motorischen Raumverhaltens von Mädchen wurde bislang von Forschung, Praxis und Planung vernachlässigt.

Je älter Mädchen werden, desto geringer wird der Bewegungsradius, der ihnen zugestanden wird. Etwa ab dem 12. Lebensjahr wird ein Rückzug der Mädchen aus öffentlichen Räumen beobachtet. Die „Straßenkindheit" wird vom Aufenthalt in Binnenräumen abgelöst.

In bezug auf (Stadt)Planung wird somit die Frage aufgeworfen, wie Mädchen in ihrem spezifischen Bedürfnis nach Bewegung und Raumeinnehmen unterstützt und in ihrem kreativen Potential gestärkt werden können.

Mit unseren Forschungsfragen richten wir den Blick erst einmal auf die aktiven Anteile der Mädchen im Alter der Vorpubertät und auf ihre sozialräumlichen Kompetenzen und fragen:

a) An welchen Orten im Stadtgebiet leben und er-leben Mädchen als 9- bis 11/12jährige ihre Befindlichkeiten und Kompetenzen?

b) Wo und weshalb erfahren Mädchen ab dem 12. Lebensjahr Raumbegrenzungen?

c) Können die frühen sozialräumlichen Kompetenzen der Mädchen über die Verankerung von Mädchenstrukturen im Stadtgebiet erhalten und verstärkt werden?

---

[1] Nissen, Ursula: Geschlechtsspezifische Sozialisation in öffentlichen Räumen. In: Deutsches Jugendinstitut (Hrsg.): Jahresbericht. München 1989
[2] Steinmeier, Helga: Raumaneignung durch Mädchen in öffentlichen Räumen. In: Heiliger, Anita; Kuhne, Tina (Hrsg.): Feministische Mädchenpolitik. München 1993

2. Methodische Zugänge

Es zeigen sich vor allem zwei Schwierigkeiten:

- das Problem des Zugangs zu Mädchen dieser Altersgruppe mit einem räumlichen, wohngebietsbezogenen Ansatz, der an den sozialräumlichen Kompetenzen der Mädchen ansetzt und in ihre Lebenswelt hinausgeht;

- das Problem, Lehrerinnen, Schulsozialarbeiterinnen, Erzieherinnen und Sozialpädagoginnen im Stadtgebiet für die Alltagsinteressen von Mädchen und für neue Wahrnehmungskriterien zu interessieren.

Die Beobachtung von Mädchen

Zunächst einmal ist die Beobachtung keine Methode, mit der Mädchen aktiv in den Forschungsprozeß einbezogen werden. Sie ist aber eine Methode, die mir als Er-Forschende viel Reflexionsmöglichkeit bietet, die zunächst einmal meinen Blick öffnet und schärft.

Mit „Momentaufnahmen"[3] mache ich im Stadtgebiet die Örtlichkeiten ausfindig, an denen Mädchen vorkommen: Spielplätze, Plätze, Straßen, Wege, Anlagen und sogenannte „Hinterbühnen" (etwa Höfe, Treppen, Parkplätze etc.). Dabei ist bereits viel Aufspürarbeit zu leisten, denn es zeigt sich, daß in verdichteten städtischen Räumen mit wenig Freiräumen Jungen im Stadtgebiet präsenter sind als Mädchen. Habe ich dann die öffentlichen Lebensräume der Mädchen entdeckt, so richte ich meinen Blick darauf:

- Wie und wann eignen Mädchen sich diese Räume an? Wie „umleben"[4] sie etwa die von Erwachsenen geplante Kinderwelt „Spielplatz" oder die städtischen Zweck- und Handlungsräume der Erwachsenen (z.B. den Parkplatz am Arbeitsamt)?

- Was sind ihre Aktivitäten und ihre Interaktionen auf diesem Stückchen Stadtraum?

Die deutsche Sozialisationsforschung vernachlässigt immer noch die „Normalität" von Straßensozialisation und Straßenöffentlichkeit. Meist interessieren sie nur unter dem Aspekt von Delinquenz in „Brennpunkten". Gerade für die Erforschung der ganz alltäglichen

---

[3] Muchow, Martha; Muchow, Hans: Der Lebensraum des Großstadtkindes. Hamburg 1935
[4] a.a.O

Straßensozialisation von Mädchen fehlen Standards und Ansätze. Die Beobachtungsstudien zur Straßensozialisation von Mädchen und Jungen, die Martha Muchow in den 30er Jahren in einem Hamburger Arbeiterviertel machte, sind deshalb gerade wegen ihrer geschlechtsspezifischen Differenziertheit immer noch methodisch bedeutsam.

Die Befragung von Mädchen

Bei der Suche nach einer geeigneten Befragungsmethode stand ich vor folgenden Problemen:

– Wie kann ich die Fallstricke von Kinderbefragungen (etwa Suggestivfrageformen) vermeiden?

– Lassen sich über Sprache Orte für gelebte Befindlichkeiten herausfinden?

– Wie kann ich einen eher spielerischen Zugang finden?

– Wie kann ich über personenbezogenes Ausfragen und Beschreiben hinauskommen?

– Wie komme ich an „das Eigentliche" – etwa verdeckte Konflikte im Stadtteil – heran?

– Wie kann ich die Mädchen darüber miteinander ins Gespräch bringen?

– Soll ich mich für Einzelinterviews oder Gruppengespräche entscheiden?

Von den im Untersuchungsgebiet lebenden 9- bis 14jährigen Mädchen sind nahezu 50% Ausländerinnen. Lebenswelten von Mädchen ausländischer Herkunft als deutsche weiße Forscherin zu erforschen, ist äußerst problematisch und wirft unter anderem die Frage auf, wie gerade ausländischen Mädchen Raum für Selbstvertretung gegeben werden kann.

Die gleiche Frage stellt sich, wenn ich als nichtbehinderte Forscherin etwas über die Lebenswelt von Mädchen mit Behinderungen erfahren will.

Im Reflexionsprozeß mit Frauen aus der feministischen Mädchenforschung entstanden folgende methodische Überlegungen für die Befragung von 9- bis 14jährigen Mädchen im Stadtgebiet:[5]

---

[5] Funk, Heide; Schmutz, Elisabeth; Stauber, Barbara: Gegen den alltäglichen Realitätsverlust. Sozialpädagogische Frauenforschung als aktivierende Praxis. In: Rauschenbach, T.; Ortmann, F.; Karsten, M. E.: Der sozialpädagogische Blick. Lebensweltorientierte Methoden in der sozialen Arbeit. Weinheim/München 1993

a) Bezug zum Stadtgebiet

Es ist wichtig, daß die Mädchen selbst Gelegenheit bekommen, zu erzählen, wie sie Außenräume erleben (an der Kompetenz der Mädchen ansetzen).

Mit dem Medium Stadtplan und bunten Stiften wird den Mädchen ein spielerischer Zugang ermöglicht. In den Stadtplan können die Mädchen in verschiedenen Farben markieren:

– in welcher Straße sie wohnen,

– was „gute" Orte und Plätze für Mädchen sind (also Orte und Plätze, die Mädchen gerne aufsuchen),

– was „schlechte" Orte und Plätze für Mädchen sind (Gibt es Orte, die Mädchen meiden, und warum meiden sie sie?).

b) Einhaltung einer fiktiven Ebene

Um die Persönlichkeit der Mädchen zu schützen und aus der Kenntnis, daß auch Kinder oft einem Druck zur positiven Darstellung und vorhandenen Denkverboten unterliegen, soll bei Fragen etwa nach Interaktionen und Konflikten methodisch eine eher fiktive Haltung eingenommen werden. Gefragt werden kann zum Beispiel so: Was kann einem Mädchen passieren, das Ihr schlimm findet? Wann hat ein Mädchen Angst?

c) Reflexion der sozialpolitischen Kompetenzen von Mädchen

Das Wissen, das Mädchen über allgemeine Probleme und über ihr Wohngebiet haben, soll auf einer politischen Ebene bestärkt und qualifiziert werden. In der Beantwortung der Frage „Wie würdet Ihr planen und entscheiden, wenn Ihr Bürgermeisterin dieser Stadt sein könntet?" können die Mädchen miteinander Gestaltungsvorschläge und Ideen entwickeln und diese begründen.

Die Interviews, als Gruppengespräche angelegt, ermöglichen den Mädchen, thematisch miteinander ins Gespräch zu kommen. Sie erfahren so voneinander etwas über ihre räumlichen Befindlichkeiten.

Wichtig ist, die Gesprächsverläufe zu dokumentieren und ein Augenmerk darauf zu legen, wie die Mädchen sich darstellen, wie sie sich auseinandersetzen und was daran sichtbar wird. Ihre Deutungen und Definitionsmuster sind differenziert in der Auswertung zu reflektieren.

Neben den Mädchenbefragungen werden auch Erwachsene/Fachfrauen (Lehrerinnen, Pädagoginnen) nach ihren Wahrnehmungen von Mädchen und deren Lebenswelten befragt. Auf dieser Ebene zeigt sich, wie schwierig es (methodisch) ist, Fachfrauen den Raum und die Kompetenz zu geben, die sie brauchen, um ihre Arbeit einmal aus einer anderen Perspektive anzusehen, bzw. um erst einmal ihre „Bilder" von Mädchen offen zu legen. Die Fachfrauen als Multiplikatorinnen für den Aufbau von Mädchenstrukturen im Stadtgebiet zu gewinnen, ist die nächste Hürde für den Handlungsbereich.

3. Das gemeinwesenbezogene Wissen der Mädchen sichtbar machen – Handlungsforschung als Prozeß

Anzumerken ist, daß es in dem Stadtgebiet bislang keine mädchenpolitischen Ansätze gab und den 267 9- bis 14jährigen Mädchen eine gesellschaftliche Aufmerksamkeit fehlt. Mädchen mit einer Behinderung sind besonders „unsichtbar", weshalb ihre Einbeziehung von besonderem Stellenwert ist. Der Zugang zu den Mädchen erfolgt über Lehrerinnen von zwei Grundschulen und einer Hauptschule und über Mitarbeiterinnen aus verschiedenen Freizeitangeboten im Stadtgebiet.

Konkret wird der Forschungsprozeß folgendermaßen angelegt:

– Den Mädchen wird im Interview Kompetenz gegeben mit dem Wissen: sie verfügen über Kompetenz, weil sie ihren Lebensalltag aktiv bewältigen. Ihnen dafür Anerkennung zu geben, ist wichtig, weil den Mädchen diese Anerkennung bislang verweigert wird.

– Mädchen haben ein Wissen über allgemeine Probleme und Konflikte in ihrem Wohnumfeld und Gemeinwesen. Sie sind als Expertinnen auch für abstrakte Problemsituationen ernst zu nehmen. Das vorhandene Wissen kann auf der Ebene sozialpolitischer Kompetenz im Interesse der Mädchen qualifiziert werden (das Wissen und die Widersprüche der Mädchen zusammentragen, ihnen Raum geben). Die den Mädchen verweigerte Anerkennung muß dabei als Modernisierungsproblem offen gelegt werden.

– Das gemeinwesenbezogene Wissen ist den Mädchen selbst und den Bewohnerinnen und Bewohnern des Stadtgebietes nicht präsent. Das erforschte und gemeinwesenbezogene Wissen ist deshalb sichtbar zu machen und an die Mädchen und Bewohnerinnen und Bewohner des Stadtgebiets weiterzugeben.

4. „Draußen ist es schöner, da sehe ich nicht nur vier Wände..."

Die exemplarisch angelegten Mädchenbefragungen sind noch nicht abgeschlossen. Somit können noch keine Ergebnisse präsentiert werden. In den Interviews zeigt sich aber bereits jetzt ein erstaunliches Wissen der Mädchen über vorhandene Konflikte und Hierarchien im Stadtgebiet (die Erwachsene übrigens nicht so klar und deutlich beschreiben!). Dieses komplexe Wissen wird noch differenziert auszuwerten sein.

An dieser Stelle kann nur ein kurzer Problemaufriß gegeben werden:

9- bis 12jährige Mädchen suchen öffentliche städtische Räume auf, sie treffen sich dort in Gruppen oder gehen gemeinsam dorthin, wenn die Örtlichkeit weiter von der Wohnung entfernt liegt. Sie haben eine Vorliebe für „Wohlfühlräume"[6], das sind sozial sicher scheinende Räume, meist übersichtliche und urbane Flächen oder kleine Plätze, wie ein Innenhof neben der Wohnung der Freundin, wo man gemeinsam auf der Freitreppe sitzen oder spielen kann und das städtische Geschehen dennoch mitbekommt. Parkplätze oder kleine freie Flächen zwischen den Häusern und den Garagen funktionieren Mädchen um zu Plätzen zum Rollschuhlaufen, Ballspielen und Gummihüpfen.

Sie suchen Spielplätze, Parkanlagen oder den Schulhof auf. Sie klagen aber darüber, daß Spielplätze und Anlagen verschmutzt und zerstört sind und von gesellschaftlichen Randgruppen bewohnt werden. In Anlagen und Sandkästen liegen Müll, Glasscherben, Spritzen und Hundekot. „Auf den Spielplätzen stehen so vergammelte Sachen rum. Die Klettergerüste sind kaputt, auf den Rutschen stehen schlimme Worte, die Stangen sind verschmiert...". Nachts schlafen Fixer und „Penner" auf den Bänken und in den Anlagen. Es gibt auch Obdachlose, die tagsüber auf den Bänken leben. „Die Großen", ältere Schüler und Jugendliche, kommen auf den Spielplatz und „ärgern" oder „verscheuchen" die Mädchen.

Auch von Jungen ihrer Altersgruppe erfahren Mädchen massive Abwertungen (von Hänseleien bis zu sexistischen Übergriffen und Gewalt gegen Mädchen). Immer wieder thematisieren sie, wie Jungen Konflikte produzieren. Das passiert vor allem am Ort Schule und auf dem Schulhof.

---

[6] Buchegger, Barbara; Vollmeier, Brigitta: Angsträume in Wien oder „Wer fürchtet sich vorm schwarzen Mann"? In: Kail, Eva; Kleedorfer, Jutta (Hrsg.): Wem gehört der öffentliche Raum? Frauenalltag in der Stadt. Wien 1991

Auch wenn Mädchen sich gerne Außenräume aneignen und darauf hinweisen, daß sie „so oft raus gehen, wie sie nur irgend können", sie haben ein Wissen davon, welche Wege sie zu meiden haben und wo „Angsträume"[7], also angsterregende Orte im öffentlichen Raum, auszumachen sind. Mädchen berichten über Übergriffe, die sie selbst erfahren haben oder von denen Freundinnen betroffen sind.

Welche Vorstellungen und Wünsche haben Mädchen dieser Altersgruppe, wie würden sie „ihre" öffentlichen Räume gesichert haben wollen?

Das Dilemma, in dem sich die Mädchen befinden, kommt am deutlichsten zum Ausdruck in dem Wunsch, „Aufpassende" in Außenräumen zu haben, die bei Übergriffen Hilfestellung und Schutz geben können, wobei sie andererseits aber hervorheben, wie wichtig ihnen gerade diese von Erwachsenen unbeaufsichtigten Freiräume sind, um für sich die Welt zu entdecken.

Gesellschaftspolitische Kompetenz zeigen Mädchen einer vierten Klasse, die in einem Gruppeninterview folgendes Szenario entwickeln:

„Wenn ich Bürgermeisterin wäre, würde ich ein riesengroßes Haus für Obdachlose bauen lassen. Sie würden Geld und zum Essen und Trinken kriegen." Eine andere: „Jeder bekäme ein Zimmer für sich alleine, wo er das ganze Jahr über wohnen kann." .... Und ein weiteres Mädchen resümiert: „Dann brauchen die nicht mehr auf unserem Spielplatz zu schlafen und alles schmutzig zu machen."

5. Literatur

Flade, Antje; Kustor-Hüttl, Beatrice (Hrsg.): Mädchen in der Stadtplanung. Bolzplätze – und was sonst? Weinheim 1993

Hagemann-White, Carol: Sozialisation weiblich – männlich? Opladen 1984

---

[7] a.a.O.

III. Projekte aus der Praxis

Hedwig Blanke

Interessenvertretung für Herner Kinder in der Praxis – Alltag einer Kinderanwältin

1. Entstehung und Hintergrund des Projekts

Am 23. 10. 1990 beschloß der Rat der Stadt Herne die „Konzeption für die Einrichtung eines Kinderbüros und eines Kinderanwaltes in Herne", die im Rahmen eines 2jährigen Modellversuchs realisiert werden sollte.

Wie kommt eine Stadt zu solch einem Ratsbeschluß?

Als Hauptinitiatoren gelten die SJD-Die Falken, Unterbezirk Herne, die sich als kinder- und jugendpolitischer Verband mit der Verbesserung der Lebensbedingungen von Kindern beschäftigen.

Besonders seit dem Kindertribunal im Jahr 1985 wurde nach Wegen gesucht, Kindern eine Lobby zu verschaffen, damit deren Wünsche und Forderungen mit dem Ziel einer kinderfreundlichen Gestaltung ihrer Umwelt in Politik und Verwaltung mehr Gewicht bekommen.

Neben der direkten Arbeit des Verbandes mit Kindern kümmerten sich die Falken frühzeitig um Informationen, in welcher Form andere Städte die Berücksichtigung von Kinderinteressen wahrnehmen. Daraus entstand eine eigene Konzeption mit vier wesentlichen Forderungen:

– die Einrichtung eines Kinderanwaltbüros,

– die Einrichtung einer Geschäftsstelle „Kinderfreunde" (kommunales Kinderbüro),

– die Einrichtung eines Unterausschusses „Kinder" im Jugendhilfeausschuß,

– die Einrichtung einer verwaltungsinternen Arbeitsgruppe.

In der Diskussion über das Konzept zwischen Politikern, Verwaltung und den örtlichen Verbänden SJD-Die Falken, Stadtkinder-Projekt in der Gesellschaft freie Sozialarbeit (GfS) und Kinderschutzbund konnten sich für das Herner Modell nur die Elemente Kinderbüro und Kinderanwalt durchsetzen.

Auf dieser Grundlage wurden am 1.2.92 das Projekt „Kinderanwältin" in Trägerschaft der SJD-Die Falken und am 1.3.92 ein kommunales Kinderbüro, angesiedelt beim Jugendamt, jeweils mit einer pädagogischen Fachkraft und einer Verwaltungskraft eingerichtet.

Nach Ablauf des Modellversuchs konnte aufgrund der in der Öffentlichkeit sehr positiv aufgenommenen Arbeit des Kinderanwaltbüros und personeller Schwierigkeiten im Kinderbüro, verbunden mit Haushaltssorgen der Kommune, lediglich die Stelle der Kinderanwältin übernommen und als feste Stelle eingerichtet werden. Doch angesichts der derzeitigen Sparpolitik kann dies durchaus als Erfolg im Sinne von mehr Kinderfreundlichkeit gewertet werden.

2. Der Rahmen muß stimmen

Die Herner Kinderanwältin trägt den Namen „Bibi Buntstrumpf", heißt mit bürgerlichem Namen Hedwig Blanke und ist von ihrer Ausbildung her nicht Juristin, sondern Diplom-Pädagogin mit therapeutischer Zusatzausbildung und Lehrerin für die Sekundarstufe I/II. Bibi Buntstrumpf – wie kommt eine Kinderanwältin zu diesem Namen? Er macht schon deutlich, daß es bei dieser Anwaltschaft weder um die Klärung der juristischen Stellung der Kinder in unserer Gesellschaft im allgemeinen noch um rechtliche Hilfestellung im Einzelfall geht.

Hauptaufgabe ist es vielmehr, **Ansprechpartnerin** für Kinder zu sein, **Vertrauensperson** für sie zu werden, um sich auf dieser Grundlage für ihre Interessen einsetzen zu können. Der Name „Bibi Buntstrumpf" (übrigens von Kindern selbst ausgewählt!) ist verbunden mit einem passenden Logo: ein freches Mädchen mit bunten Leggings, grüner Kappe, einem verschmitzten Lachen und einem dynamisch hochgestreckten Bein.

Sowohl den Namen als auch das Outfit hat sich die Kinderanwältin angeeignet, so daß sie auf der Straße von den Kindern ganz selbstverständlich mit „Hallo Bibi!" begrüßt wird. Erwachsene sind oft verwirrt und tun sich schwer, ob sie nun den „bürgerlichen" oder den „dienstlichen" Namen als Anrede wählen sollen.

Das „Bunte" spiegelt sich ebenso in der „Anwaltskanzlei" wider: eine große Bibi auf der Eingangstür, bunte Treppenstufen, von Kindern bunt gestaltete Wände, ein bunter großer Fallschirm unter der Decke, bunte Gardinen, bunte Fensterrahmen, bunte Matratzen – ein Gruppen- und Aktionsraum, in dem Kinder sich sofort wohlfühlen.

Doch nicht nur äußerlich wird so Lebendigkeit, Dynamik und Kreativität ausgedrückt. Auch der Umgang mit den Kindern und die

Planungs- und Gestaltungsprozesse bei den Projekten lassen sich so kennzeichnen. Diese Farbenfreude soll jedoch nicht die tatsächlich vorhandenen Probleme übertünchen oder die sich dahinter verbergende Sachlichkeit verleugnen. Vielmehr dient sie zum einen dazu, Nähe und Vertrauen zu den Kindern herzustellen, zum anderen aber auch als Beweis dafür, daß Kreativität und Lebendigkeit notwendig und möglich sind, nicht nur im Leben der Kinder, sondern auch im Bereich einer kinderfreundlichen Kommunalpolitik.

3. Ziele und Aufgabenbereiche

Ansprechpartnerin für Kinder sein, Interessenvertretung von Kindern und mit Kindern übernehmen mit dem Ziel der Gestaltung einer kinderfreundlichen Stadt, dies sind die Hauptaufgaben der „Bibi Buntstrumpf".

Kinder können und sollen dazu mit all ihren Sorgen, Wünschen, Ideen und Forderungen an „ihre" Anwältin herantreten. Inhalte der Arbeit können zum einen **persönliche Probleme** sein wie Ärger mit den Eltern, Schwierigkeiten in der Schule oder Streitigkeiten mit anderen Mietern oder dem Vermieter. Hier gilt es abzuklären, inwieweit vermittelnde Gespräche Abhilfe schaffen können oder auch eine Weiterleitung an andere Einrichtungen sinnvoll sein kann. Je nach Schwere des Problems kann dabei ein einmaliger Kontakt sehr hilfreich sein. Konflikte mit langer Vorgeschichte auf sehr persönlicher Ebene sind jedoch nur durch therapeutische Maßnahmen zu lösen, ein Bereich, in dem die Vermittlung an entsprechende Beratungsstellen erforderlich ist.

Bei den Anliegen der Kinder kann und soll es sich aber auch um das **Aufgreifen konkreter bestehender Mißstände** handeln, sei es aus dem Bereich des Wohnumfeldes, der Spielmöglichkeiten in einem Stadtteil, der Verkehrssicherheit, der Gesundheitsgefährdung oder auch des kulturellen Angebotes. Gerade bei Problemen im Bereich des kindlichen Umfeldes, wo es darum geht, die konkreten Mängel deutlich zu machen, sich mit den zuständigen Stellen (Stadtverwaltung, politische Gremien, Wohnungsbaugesellschaften etc.) in Verbindung zu setzen und über deren Beseitigung zu verhandeln, ist es besonders wichtig, diese Schritte **nicht für die Kinder** zu übernehmen, **sondern mit den Kindern gemeinsam** zu planen und durchzuführen. Es werden gemeinsam Ideen entwickelt und vorgetragen, wie die (T)Räume einer besseren Lebenswelt gestaltet sein sollen.

Dies wiederum muß mit Hilfe kindgerechter Methoden wie z.B. Stadtteilerkundungen, Streifzüge, Schreib- und Malwettbewerbe, Foto-

und Videoaktionen, Kinderversammlungen, Umfragen und Interviews geschehen.

Neben dieser problemorientierten Vorgehensweise steht als ebenso bedeutsamer Arbeitsschwerpunkt **die Beteiligung von Kindern an konkreten Planungen** wie Spielplatz- und Schulhofgestaltungen, Wohnumfeldverbesserungen, Straßenrückbauten etc. Hier haben Kinder die Möglichkeit, Wege kennenzulernen, wie sie sich engagieren können, um ihre Ideen durchzusetzen. Hier haben sie außerdem die Chance, zu erfahren, daß ihre Vorstellungen ernst genommen werden.

Damit leistet die Kinderanwältin einen wichtigen Beitrag sowohl zur kindgerechten Gestaltung der Umwelt, als auch zur kindlichen Persönlichkeitsentwicklung, Stärkung des Selbstbewußtseins und Erziehung zum mündigen Bürger.

4. Kontaktaufnahme

Damit Kinder ihre Möglichkeiten nutzen können, müssen sie zuerst einmal von der Existenz ihrer Kinderanwältin wissen. Es geht also nicht darum, im Büro auf Anrufe bzw. Anfragen zu warten oder sich gar selbst Aufgaben auszudenken. Die Arbeit beginnt vielmehr damit, bewußt und zielstrebig den Kontakt zu den Kindern zu suchen. Dies geschieht sehr effektiv durch Besuche von Schulklassen, Kinder- und Jugendgruppen sowie Hortgruppen, die nach Terminansprache stattfinden. Als ebenso sinnvoll erweisen sich Kontakte, die vor Ort, auf Spielplätzen, an Treffpunkten der Kinder, in der Fußgängerzone, in Gefahrengebieten, auf Kinder- und Straßenfesten und auf anderen Veranstaltungen und Aktionen geknüpft werden. Auch das Kindertelefon mit der „kinderfreundlichen" Telefonnummer 7 77 37 wird gut angenommen. Von geringerer Bedeutung sind die dienstags von 15.00-17.00 Uhr und donnerstags von 14.00-16.00 Uhr eingerichteten Kindersprechstunden. Hier zeigt sich, daß Kinder ihre Probleme nicht nach der Uhr stellen, sondern spontan Hilfe wollen und Ansprechpartner brauchen.

5. Bündnispartner

Um effektive Interessenvertretung für und mit Herner Kinder leisten zu können, ist es wichtig, sich möglichst viele Bündnispartner zu suchen. Diese können aus dem politischen Raum stammen. Ebenso sinnvoll ist aber auch eine enge Zusammenarbeit mit Eltern, Verbänden, Vereinen, Schulen und anderen kinderorientierten Projekten und Organisationen, um Informationen auszutauschen, Konzepte zu erarbeiten, gemeinsam Aktionen durchzuführen, Kontakte zu vermitteln und so das gemeinsame Anliegen einer breiten Öffentlichkeit zu verdeutlichen.

6. Einflußnahme in Politik und Verwaltung

Ein dritter Arbeitsschwerpunkt liegt in der Zusammenarbeit mit der Stadtverwaltung (hier insbesondere dem Kinderbüro, angesiedelt beim Jugendamt, dem Grünflächenamt, dem Schulamt, dem Umweltamt, dem Kulturamt und dem Stadtplanungsamt) und den politischen Gremien der Stadt, vor allem mit den Bezirksvertretungen und dem Jugendhilfeausschuß, dem die Kinderanwältin mit beratender Stimme angehört.

Als Vertreterin der Kinder gilt es, deren Wünsche und Vorschläge an die betreffenden Organe weiterzuleiten und als **fachliche Beraterin** und **Vermittlerin** tätig zu werden. Hier ist es notwendig, die Kompetenzen abzuklären, die möglichst ein weitgehendes Rederecht, Vorschlagsrecht und Planungseinblick umfassen sollten. Gerade in diesem Bereich wird die „Übersetzungsfunktion" der Kinderanwältin bedeutsam, wenn es darum geht, Kinderinteressen in bürokratisch-formalistische Strukturen einzubringen, um die bestehende Sprachlosigkeit (= Handlungsunfähigkeit) zwischen Kindern und Vertretern von Politik und Verwaltung zu überwinden.

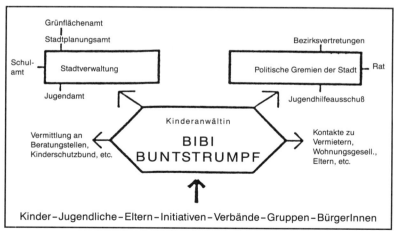

7. Öffentlichkeitsarbeit

All diese Aufgaben werden begleitet und ergänzt durch eine starke **Öffentlichkeitsarbeit**. Über die Presse, den Lokalfunk, über Plakat- und

Faltblattaktionen sollen der Öffentlichkeit Informationen über die Kinder betreffende und bedrückende Lebenslagen zugänglich gemacht werden mit dem Ziel, den Umdenkungsprozeß in Richtung „Kinderfreundlichkeit" einzuleiten, fortzuschreiben und die Berücksichtigung und Durchsetzung der Kinderinteressen zu unterstützen.

8. Umsetzung der Konzeption im Alltag

Der Alltag der „Bibi Buntstrumpf" gestaltet sich sehr vielseitig. Der Arbeitsschwerpunkt der ersten Wochen lag zum einen in der Einrichtung und Ausgestaltung der Räumlichkeiten und der Erarbeitung eines ansprechenden Informationsmaterials, zum anderen in der Kontaktaufnahme zu wichtigen Ämtern, politischen Gremien und anderen Einrichtungen der Stadt wie dem Stadtkinderprojekt, dem Deutschen Kinderschutzbund, der Kriminalpolizei, dem Stadtjugendring, dem Heilpädagogischen Institut und anderen Beratungsstellen.

Bei diesen Gesprächen ging es darum, die Einrichtungen der Kinderanwältin in ihren Aufgabenschwerpunkten bekanntzumachen, die Konzeption vorzustellen, Ziele und Aufgaben der besuchten Einrichtung kennenzulernen, Bereiche der Überschneidung der Aufgaben abzustecken und Formen sinnvoller Zusammenarbeit abzuklären.

Neben dem inhaltlichen Austausch war dabei der erste persönliche Kontakt von wesentlicher Bedeutung für die Zusammenarbeit. Das Konzept stieß in diesen Gesprächen auf großes Interesse, besonders Lehrer sahen darin eine geeignete Möglichkeit, die Probleme und Interessen von Kindern aufzugreifen und, soweit es geht, zu lösen bzw. umzusetzen, auf jeden Fall aber Hilfestellungen zu bieten. Auch von anderen Kommunen und Verbänden wird die Kinderanwältin eingeladen, um das Herner Modell vorzustellen.

Die Kontaktaufnahme mit den Kindern erfolgte in erster Linie über Besuche in Schulklassen. Diese Möglichkeit erwies sich als sehr sinnvoll und effektiv. Zum einen sind die Schüler durch den äußeren Rahmen „Bibi Buntstrumpf gestaltet eine Unterrichtsstunde" sehr motiviert, mehr über ihre Kinderanwältin zu erfahren. Zum anderen zeigt sich sehr schnell, in welchen Bereichen die Schüler Probleme und Wünsche haben, so daß als Folge dieser Besuche oft schon am Nachmittag Kinder ins Büro kommen, um persönliche Probleme zu besprechen oder ihre Mitarbeit zur Beseitigung von Mißständen in ihrem Stadtteil anzubieten.

Läuft die Kontaktaufnahme über offene Angebote wie die Beteiligung an Straßenfesten, dem „Mitmachtag" des Stadtjugendrings, einer

Osteraktion der Jugendheime o.ä., so sind es weniger persönliche Dinge, die Kinder an „ihre Anwältin" herantragen, sondern vielmehr reagieren sie begeistert auf die Idee, ihre Umwelt auf Kinderfreundlichkeit und Kinderfeindlichkeit hin zu überprüfen.

Ganz allgemein läßt sich feststellen, daß die Einrichtung überraschend schnell sowohl von Kindern als auch von Eltern, Lehrern und verschiedensten Ämtern positiv angenommen wurde.

9. Beispiele aus dem Alltag von „Bibi Buntstrumpf"

Im folgenden soll anhand einiger Beispiele die **Vielseitigkeit** der unterschiedlichen Anfragen und Aufgaben deutlich gemacht werden sowie auf **Chancen und Grenzen** von Einwirkungsmöglichkeiten der Kinderanwältin hingewiesen werden.

a) Bearbeitung von Einzelfällen

Generell lassen sich die Bearbeitung von Einzelfällen und das Engagement in Projekten und Arbeitskreisen unterscheiden. Bei den Einzelfällen steht die Anzahl der Anfragen von Eltern denen der Kinder kaum nach. Die Bandbreite reicht bei beiden Gruppen von der Bitte um Hilfestellung bei sehr persönlichen Problemen über den Wunsch der Vermittlung bei Kontakten zum Jugendamt oder zur Beratungsstelle bis hin zu Problemen und Forderungen im Bereich der Wohnumfeldverbesserung.

Da gibt es also das achtjährige Mädchen, das Ärger mit der Mama hat, weil diese zuviel schimpft, das dreizehnjährige Kind, das nicht mehr nach Hause zurück will, weil es dort Prügel erwartet, und ebenso die Sechzehnjährige, die sich erkundigt, unter welchen Bedingungen sie auch gegen den Willen der Eltern von zu Hause ausziehen kann.

Die Art der Hilfestellung, die die Kinderanwältin leisten kann, ist dabei von Fall zu Fall unterschiedlich. Mitunter reicht eine sachliche Auskunft oder Information. Häufiger kommt es zu Gesprächen, in denen die Kinder vertrauensvoll die Schwierigkeit ihrer Situation beschreiben und dann gemeinsam nach akzeptablen Lösungsmöglichkeiten gesucht wird. Die Betonung liegt hier wiederum auf **gemeinsam,** denn oft haben Kinder Ideen, wie eine Hilfe für sie aussehen kann, auf jeden Fall aber liegt die Entscheidung bei ihnen, ob die Kinderanwältin Kontakt zu den Eltern, dem Jugendamt oder anderen Beratungsstellen aufnimmt oder nicht.

Die Hauptaufgabe der „Bibi Buntstrumpf" liegt also nicht darin, die Probleme für die Kinder zu lösen, sondern als Anlaufstelle und Ansprechpartnerin zu dienen, sie in ihren Sorgen und Nöten ernst zu nehmen und ihnen mit Rat und Tat zur Seite zu stehen. Dabei kann es zu hilfreichen Gesprächen mit den Eltern oder dem Jugendamt kommen, zur sinnvollen Vermittlung von Beratungen, z.b. bei der Beratungsstelle für Mädchen und Jungen gegen sexuellen Mißbrauch „Schattenlicht", oder auch zur Überprüfung von Handlungsmöglichkeiten durch Informationen über objektive Rahmenbedingungen.

Die Arbeit in diesen Themengebieten macht zum einen deutlich, wie dringend Kinder eine Ansprechpartnerin bzw. Person ihres Vertrauens brauchen. Sie zeigt gleichzeitig, wie hoch bei den Kindern die Schwellenangst ist, sich manche Hilfe oder Information beim Jugendamt zu holen.

Neben den eben beschriebenen Anfragen nehmen die Bereiche Wohnumfeldverbesserung, Spielmöglichkeiten und Verkehrssicherheit den größten Raum ein. Hier gilt für die Kinderanwältin das gleiche Prinzip wie bei der Hilfestellung bei persönlichen Problemen, nämlich **nicht für, sondern mit** den Kindern gemeinsam Wege zu suchen, wie auf die Mißstände aufmerksam gemacht werden kann und welche Möglichkeiten es gibt, die sich daraus ableitenden Forderungen nach Abhilfe zu verwirklichen.

Diese Arbeit ist in der Regel sehr zeitintensiv, denn hier muß zunächst die Situation erfaßt, Hintergrundinformationen müssen eingeholt, Zuständigkeiten abgeklärt, Rahmenbedingungen für eine mögliche Veränderung ergründet, Kontakte zu Politik, Verwaltung oder auch Wohnungsbaugesellschaften u.ä. geknüpft werden. Möglicherweise muß man Bündnispartner suchen oder die Presse einschalten.

Erschreckend und ernüchternd ist dabei die Tatsache, daß z.B. bei dem Engagement der Kinder für den Bau eines Spielplatzes dieses nicht von Politikern, Verwaltung oder der leidigen Frage nach dem Geld gestoppt wurde, sondern von den Eltern und Mitbewohnern der Kinder selbst, die befürchteten, der Bau eines Spielplatzes vor ihrer Haustür würde nur randalierende Jugendliche und Unordnung bringende „Penner" anziehen.

Als sehr schwierig erweist sich die Durchsetzung konkreter Wünsche wie die Veränderung einer Ampelschaltung, der Einbau von Berliner Kissen oder von Pollern zur Absicherung der Schulwege oder Verkehrssicherheit in Spielstraßen. Hier rangieren eindeutig autofahrerfreundliche Aspekte vor Gründen der Kinderfreundlichkeit und Lebenssicherheit.

Ein weiteres Problem, mit dem Eltern und Kinder bei der Kinderanwältin Hilfe suchen, ist die Verschmutzung der Spielplätze durch Hunde- und Katzenkot sowie die Zerstörung der Geräte durch Jugendliche. Die verständlichen Anliegen der betroffenen Kinder kann die Kinderanwältin zwar zum Anlaß für Aktionen und verstärkte Öffentlichkeitsarbeit nehmen, für eine dauerhafte Abhilfe sind allerdings hier sinnvolle jugendpolitische Maßnahmen erforderlich.

Kindern die Möglichkeit zu geben, sich bei konkreten Nöten und Problemen an ihre Ansprechpartnerin und Vertrauensperson zu wenden, ist sicherlich eine der wichtigsten Aufgaben einer Kinderanwältin.

b) Arbeit in Projekten und Arbeitskreisen

Von ebenso großer Bedeutung für die Gestaltung einer kinderfreundlichen Stadt ist die Arbeit in Projekten und Arbeitskreisen, die sich mit der Planung Kinder betreffender Lebensbedingungen beschäftigen, bzw. Einfluß auf künftige Planungen nehmen wollen.

Dies geschieht auf zwei Ebenen, zum einen in Projekten, die in Form von Kindergruppen in wöchentlichen Treffen bestimmte Themen erarbeiten, zum anderen in Arbeitsgruppen wie der zur Vorbereitung des 1. Herner Kinder- und Jugendparlaments, der Erarbeitung eines Plans zur kindgerechten Schulhofgestaltung unter Beteiligung von Kindern, der Schulwegsicherung, der Wohnumfeldverbesserung in einem Stadtteil oder der Jugendhilfeplanung in den einzelnen Stadtbezirken.

In all diesen Arbeitsgruppen kann es nicht darum gehen, der Kinderanwältin die Federführung zu übertragen. Vielmehr sollte sie als beratende Fachkraft herangezogen werden, wenn es um die Einbeziehung von Kinderinteressen geht. Besonders bei Fragen der Partizipation von Kindern an Planungsprozessen sollte auf ihre Erfahrungen und Kenntnisse zurückgegriffen werden.

Hier kann sie bei ganz praktischen Fragestellungen Hilfe leisten, wie z.B. der methodischen Herangehensweise an Formen der Kinderbeteiligung, aber auch allgemein als Bindeglied oder Vermittlerin zwischen der Welt der Kinder und der der Erwachsenen fungieren.

Die Erfahrung zeigt, daß verschiedene Ämter und Gremien auf dieses Angebot unterschiedlich reagieren. So gibt es die Situation, wo ihr Wissen und Können gern gefragt ist, aber auch andere Anlässe, bei denen sie eher als Konkurrenz oder als Bedrohung angesehen wird.

Um die oben angesprochene Vermittlungsfunktion effektiv ausüben zu können, ist ein ständiger und enger Kontakt zu den Kindern notwendig. Dies geschieht neben den Schul- und Einzelkontakten in verschiedenen Kindergruppen, wie z.B.:

– der Projektgruppe Diedrichstraße, in der die Kinder ihren neuen Spielplatz planen, der im Rahmen eines Wohnumfeldverbesserungsprogramms entstehen soll;

– der Kino-AG, einer Gruppe von Kindern, die sich über die Verdrängung des letzten Stadtteilkinos beschweren und ein eigenes Angebot organisieren wollen;

– den Stadt-Detektiven, die sich zum Ziel gesetzt haben, den Stadtteil Wanne in den Bereichen Spielen, Wohnen, Verkehr und Umwelt auf kinderfreundliche und kinderfeindliche Bedingungen hin zu untersuchen, um daraus einen Vorschlags- und Forderungskatalog für die künftige Stadtgestaltung zu entwickeln und an die entsprechenden Stellen weiterzuleiten.

Für alle Gruppen gilt, daß die Kinder mit sehr viel Begeisterung an ihre Aufgaben herangehen. Die vielzitierte Politikverdrossenheit ist deshalb nicht zu beobachten, da hier mit kindgerechten Methoden die Lebenswelt erschlossen wird.

10. Zusammenfassende Einschätzung

Zusammenfassend läßt sich nach gut zwei Jahren Berufserfahrung als Kinderanwältin feststellen:

– Kinder haben Probleme, Sorgen und Wünsche sowohl im privaten als auch im Bereich der Gestaltung ihrer Lebenswelt.

– Kinder brauchen eine AnsprechpartnerIn, die sie ernst nimmt und sich für sie einsetzt.

– Kinder brauchen Übersetzungshilfen bei Kontakten zu Politik, Verwaltung und anderen Gremien und Institutionen der Erwachsenenwelt.

– Kinder haben Berührungsängste, wenn es um Probleme geht, die eine Kontaktaufnahme mit dem Jugendamt erfordern.

– Kinder brauchen eine AnwältIn/Vertrauensperson in freier Trägerschaft, so daß diese Hemmschwellen herabgesetzt werden.

– Kinder brauchen eine AnwältIn außerhalb der Verwaltung, die sich frei und unabhängig von Vorgesetzten, Amtsleitern oder Parteiprogrammen äußern kann, da sie einzig und allein den Anliegen der Kinder verpflichtet ist.

11. Weiterführende Literatur

„Handbuch kommunale Kinderpolitik." Hrsg.: Hedwig; Blanke; Brigitte Hovenga; Silvia Wawrziczny. Münster 1993.

Projektanschrift: Kinderanwältin Bibi Buntstrumpf
Overhofstr. 10
44649 Herne

Brigitte Dieckmann

Spielfreundlicher Schulhof

1. Grundsätzliche Überlegungen zum Thema

Einen spielfreundlichen Schulhof schaffen! Ist das nur ein irrsinniger Arbeitsaufwand, vor allem für Lehrerinnen und Lehrer, oder ein Ziel, das zu erreichen lohnenswert ist?

Um dies zu klären, soll zuerst der Begriff „Spiel" definiert werden.

Schlägt man in einem allgemeinen Lexikon den Begriff „Spiel" nach, so heißt es dort, Spiel sei eine „Tätigkeit, die ohne bewußten Zweck, aus Vergnügen an der Tätigkeit als solcher bzw. an ihrem Gelingen vollzogen wird."[1]

Weiter heißt es, Spiel sei „von großer Bedeutung für die gesunde Entwicklung des Kindes."[2]

Obwohl schon aus dieser kurzen Erläuterung hervorgeht, daß Kinder und Spiel durchaus in engem Zusammenhang stehen, könnte doch die Frage aufkommen, ob denn nun unbedingt in einer Schule Gelegenheit zum Spiel gegeben werden muß, unbedingt ein spielfreundlicher Schulhof geschaffen werden sollte, um Kindern und Jugendlichen Möglichkeiten zum Spielen zu geben.

Haben sie dazu nicht genug andere Gelegenheiten?

Schließlich sei eine Schule gemäß Definition doch eine „Institution, in der durch planmäßigen Unterricht Kinder und Jugendliche erzogen werden sollen und ihnen Wissen und Bildung vermittelt werden soll."[3]

Vom Spielen zum Vergnügen ist hier nicht die Rede.

Um festzustellen, ob nicht doch eine Notwendigkeit für einen spielfreundlichen Schulhof bestehen könnte und ein solcher evtl. sogar einen positiven Einfluß auf das Schulleben insgesamt, speziell an einer Hauptschule haben könnte, sollen im folgenden zunächst der Hauptschüler als Person und Lerntyp, sein Arbeitsverhalten und sein Sozialverhalten beschrieben werden.

---

[1] Das große Duden-Lexikon, Bd. 7, S. 537
[2] a.a.O.
[3] a.a.O., S. 254

Einschränkend muß dazu jedoch vorab gesagt werden, daß diese Beschreibung nicht der Beschreibung eines Gegenstandes vergleichbar sein kann.

Menschen, also auch Kinder und Jugendliche, sind immer Individuen und deshalb ist es sicher nicht möglich, Hauptschüler eindeutig zu beschreiben.

Was seine Art zu lernen angeht, unterscheidet er sich sicher von einem Gymnasiasten.

2. Der Hauptschüler als Person und Lerntyp

Durch eine Erziehung, die kognitive Fähigkeiten vernachlässigt und mehr auf emotional-intuitive Erziehungsformen abhebt, entwickelt sich die rechte Gehirnhälfte mehr als die linke.

„Deshalb muß Schülern Lernstoff so dargeboten werden, daß schwer merkbares Wissen mit Funktionsweisen der rechten Gehirnhälfte verknüpft werden kann. Hierzu zählen v.a. Reime, Bilder, Farben, Strukturen, Tafelbilder. Gleichzeitig müssen die Schüler an Lernaufgaben die rechte Gehirnhälfte benutzen lernen. Sie lernen dies, indem sie z.b. Texte/Wörter bebildern, Merkverse schmieden oder Mind Maps (Begriffsgerüste) entwerfen."[4]

Vieles davon erinnert mich an „Spiel".

Doch selbst, wenn auf seine Art zu lernen Rücksicht genommen wird, ist ein Punkt, der im Zusammenhang mit Hauptschülern dennoch immer wieder genannt wird, mangelnde Konzentrationsfähigkeit.

Laut Klippel/Heuer besitzen die „leistungsschwächeren Schüler der Hauptschule nur eine begrenzte Behaltens- und Konzentrationsfähigkeit."[5]

Auch mangelndes Interesse am Lernstoff wird beklagt, und Äußerungen wie „die können sich wohl gar nichts merken" oder, v.a. nach einer Klassenarbeit, „lernen die denn gar nichts" sind nicht selten.

Und im Zusammenhang mit solchen Äußerungen ist dann häufig zu hören, was Hauptschüler statt dessen leisten. Sie stören, sind frech, raufen und prügeln sich, um nur einige Beispiele zu nennen.

---

[4] Hennig, S.; Keller, G.: Lehrer lösen Schulprobleme. Lernförderung – Verhaltenssteuerung – Gesprächsführung. Donauwörth S. 45
[5] Klippel, F.; Heuer, H.: Englischmethodik. Problemfelder, Unterrichtswirklichkeit und Handlungsempfehlungen. Berlin S. 111

Einen Versuch, einen Hauptschüler umfassend zu beschreiben, machten auch Heinz-Jürgen Ipfling und Ulrike Lorenz. In ihrem Buch „Die Hauptschule" heißt es über den Hauptschüler:

„Tendenziell können folgende Merkmale genannt werden: Unterschichtszugehörigkeit; geringere Anpassungsfähigkeit an schulische Erwartungsmuster; geringere Verbalisierungs- und Abstraktionsfähigkeit; gewisse Bildungsdistanz des Elternhauses; eher gegenwartsgerichtete Motivationsstruktur.

Durch das (teils mehrfache) Scheitern im schulischen Selektionsprozeß sind häufiger mißerfolgsorientierte Schüler anzutreffen.

Und schließlich darf nicht vergessen werden, daß es auch eine schulartspezifische Sozialisation gibt: Durch den Lehrplan, durch Mitschüler, durch Lehrer, durch Schulleben werden Schüler der Hauptschule zu Hauptschülern."[6]

Ein, wie ich meine, nicht gerade positives Bild.

Betrachtet man ihr Lern- und Arbeitsverhalten und ihr Sozialverhalten weiter, wird dieses negative Bild in der Regel noch mehr verstärkt.

Dies zeigen folgende Zitate:

„Das Schlimmste in der Hauptschule sind die Disziplinschwierigkeiten. Ich bereite mich lieber viele Stunden zu Hause zusätzlich vor, um in der Realschule oder im Gymnasium arbeiten zu können, als daß ich mir das gefallen lassen muß, was mir in der Hauptschule zugemutet wird. Es sind weniger gezielte Böswilligkeiten gegen mich, als vielmehr eine allgemeine Gleichgültigkeit und Rücksichtslosigkeit.

Mich besorgt, daß die Schüler häufig nicht die Verantwortung übernehmen für das, was sie gemacht haben, obgleich es ohnehin keine Strafen gibt. Gestern waren die Steckdosendeckel in den Naßräumen abgebrochen. Vier Jungen waren so gut wie überführt, sie versuchten zu vertuschen, in die Anonymität wegzutauchen.

Wir beobachten immer häufiger, daß unsere Schüler die Schule schwänzen. Wir merken es als Fachlehrer nicht einmal immer – oder oft erst zu spät. Auf das Schwänzen angesprochen, sagen Schüler dann: ‚Das ist meine Sache. Die Schule bringt mir sowieso nichts. Wozu Schule, es hat doch keinen Sinn, daß ich lerne.'"[7]

---

[6] Ipfling, Heinz-Jürgen; Lorenz, Ulrike: Die Hauptschule. Materialien – Entwicklungen – Konzepte. Ein Arbeits- und Studienbuch. Bad Heilbrunn S. 40/41
[7] a.a.O., S. 54

Geradezu harmlos jedoch wirken diese Äußerungen gemessen an dem, was Jochen Korte in seinem Buch „Faustrecht auf dem Schulhof" beschreibt, vor allem was aggressives Verhalten von Schülern angeht.

Diesbezüglich beklagt er zunächst das aggressive Sprachverhalten von Schülern untereinander. Wörtlich heißt es:

„Wir haben eine unglaubliche Verrohung in der sprachlichen Kommunikation der Schüler untereinander zu verzeichnen. Der rüde Tonfall, mit dem viele unserer Schüler miteinander umgehen, läßt Zuhörern die Ohren klingeln."[8]

Ausdrücke wie „dumme Sau", „schwule Sau", „Wichser", „Fotze" und „Nutte" oder Drohungen wie „ich schlag dich tot", „ich nehm ein Messer und schlitz dich" seien an der Tagesordnung.[9]

Als noch schlimmer empfindet Korte jedoch die Tatsache, daß es nicht bei solch verbalen Drohungen bleibe, sondern Worten Taten folgten und zwar Taten, die nicht im Affekt geschähen, sondern wohlüberlegt und zielstrebig ausgeführt würden. „Faustrecht auf dem Schulhof", so seine Bezeichnung dafür.[10]

Als Beispiel nennt er einige Gewalttaten, die sich auf seinem Schulhof in jüngster Zeit abgespielt haben:

„– Gezielter Karatefußstoß in den Rücken.
– Schlägerei mit Körperverletzung, Arztbesuch erforderlich.
– Schlag ins Gesicht, Folge: Nasenbluten, Arztbesuch erforderlich.
– Karatefußstoß in den Bauch, das Opfer bricht zusammen."[11]

Würde ein Schüler dann einer solch zielstrebig ausgeführten Attacke überführt, resultiere daraus offenbar keine Besserung. Im Gegenteil. Er sei, so Korte, nicht einmal bereit, sie einzugestehen, streite zunächst alles ab, fühle sich ungerecht behandelt und erkenne keine Sanktionen an.

Ordnungs- und Erziehungsmaßnahmen empfinde er als Schikane und beschwere sich über die Schule, die ihm Böses wolle.[12]

Und diese Verhaltensweisen machten bei Schülern scheinbar obendrein Schule. Denn nicht die, die sich „normal" verhielten, würden bei

---
[8] Korte, Jochen: Faustrecht auf dem Schulhof. Weinheim; Basel 1992, S. 15
[9] a.a.O., S. 16
[10] a.a.O., S. 17
[11] a.a.O.
[12] a.a.O., S. 20

Mitschülern anerkannt, sondern die genössen Ansehen, die rauften und prügelten. Und obwohl diese glücklicherweise noch in der Minderheit seien, prägten gerade sie das Gesicht einer Schule.[13]

Dieses aggressive Schülerverhalten betreffend meint Korte jedoch weiter, daß, wenn überhaupt, so doch auf keinen Fall allein die Schule und der umfangreicher gewordene zu vermittelnde Lernstoff Ursache der zunehmenden Aggressionen seien. Frustration, die infolge Überforderung und schlechter Leistung erlebt würde, könne zwar das Aggressionspotential steigern, aber nicht zu Aggression gegen Schulkameraden führen.[14]

Vielmehr seien die Ursachen in der Struktur der modernen Gesellschaft allgemein zu suchen. Vor allem die Medien macht Korte für aggressives Verhalten verantwortlich:

„Wenn in den Medien erfolgreiche Aggression den Zuschauern in Überdosis verabreicht wird, dann müssen wir uns ebenfalls nicht wundern, wenn Schüler das, was ihnen hier vorexerziert wird, nachahmen. Die Faszination der Vorbilder ist dann größer als die Kraft der durch Schule und Elternhaus vermittelten Einsicht, daß Gewalt und Aggression illegitime Mittel sind, Ansprüche durchzusetzen."[15]

Für eine Schule, die sich damit beschäftigt, wie Schüleraggression vermindert werden könnte, klingt dies sicher nicht gerade ermutigend.

Doch dürfen wir deshalb resignieren, den Dingen ihren Lauf lassen und allenfalls mit harten Strafen reagieren? Ich meine „nein".

Diese Meinung teilt auch Korte.

Obwohl er die Schule nicht als Auslöser für Aggression sieht, was durchaus zu hinterfragen ist, ist auch er der Ansicht, daß die Schule etwas dagegen unternehmen müsse.

Auch wenn sich die Möglichkeiten der Schule in Grenzen hielten, gegen die Macht der Medien anzugehen, dürfe sie die Augen vor dem Machbaren nicht verschließen, Schülern zu verdeutlichen, daß Gewalt kein Mittel sei, Probleme zu lösen.[16]

Im Falle, daß ein Schüler in keiner Weise einsehen würde, daß aggressives Verhalten nicht geduldet werden könne, solle sich die Schule nicht scheuen, Strafe als letztes Mittel anzuwenden.

---

[13] a.a.O., S. 21
[14] a.a.O., S. 27/28
[15] a.a.O., S. 83
[16] a.a.O., S. 96

Deutlich weist er aber darauf hin, daß positiven Maßnahmen der Vorzug gegeben werden müsse, denn mit der Wiederbelebung autoritärer Gesinnung und drakonischer Strafen würde nichts gewonnen.[17]

3. Der spielfreundliche Pausenhof als ein Weg der schulischen Prävention

Doch diese positiven Maßnahmen – wie könnten sie aussehen? Könnte Spiel in der Schule doch von Bedeutung, ein spielfreundlicher Schulhof hilfreich sein, das Verhalten der Schüler untereinander zu verändern, ihre Freude an der Schule zu erhöhen?

Obwohl Korte an seiner Schule andere pädagogische Maßnahmen ergreifen mußte, um Schülerverhalten zu verändern, weil an seiner Schule der spielfreundliche Schulhof nicht den gewünschten Erfolg brachte, möchte ich doch behaupten, daß es einen Versuch wert ist, einen tristen Pausenhof in einen spielfreundlichen Pausenhof umzugestalten.

Auch an meiner Schule sind Schülerinnen und Schüler keine Lämmer, auch bei uns fliegen bisweilen Ausdrücke und es wird gerauft. Aber einer Vielzahl von Schüleräußerungen ist deutlich zu entnehmen, daß sie sich eine freundliche Umgebung wünschen, die ihnen mindestens außerhalb der Unterrichtsstunden Gelegenheit zum gemeinsamen Reden und zum Spielen gibt.

Sicher nicht ohne Grund war es unserer Schulspecherin im Rahmen der letzten Schulkonferenz erneut ein großes Anliegen, den Konferenzmitgliedern mitzuteilen, daß sie bei Schülerinnen und Schülern in Erfahrung gebracht habe, daß alle viel lieber in die Schule gingen, wenn es da außer Mathematik, Deutsch, Englisch und allen anderen Fächern mit Lehrern und Schülern gemeinsam noch etwas anderes gäbe. Außer daß die Schulhofumgestaltung dringend weitergehen sollte, waren gemeinsame Sportveranstaltungen für Schüler und Lehrer ein weiterer Vorschlag. Schule scheint also doch nicht der Ort zu sein, den sie rundweg ablehnen, und ich denke, daß auch gerade der Aspekt „Schüler und Lehrer gemeinsam" für sie eine große Bedeutung hat.

Die Einrichtung eines spielfreundlichen Schulhofes wird darüber hinaus durch andere Schüleräußerungen und Erfahrungsberichte anderer Schulen positiv verstärkt.

Ein Artikel der Zeitschrift „pluspunkt" mit dem Titel „Eine Bolzwand wäre super" beschreibt das Pausenangebot einer Mainzer Grund- und Hauptschule.

---

[17] a.a.O., S. 98/99

Dort gibt es Tischtennisplatten, einen umzäunten Platz für Ballspiele, ein Klettergerüst und einen Sandplatz für die Grundschule, Spielgeräte wie z.b. Reifen mit Treibstöcken, die bei Nachfrage verteilt werden, eine Ruhezone zum Sitzen und ein Biotop.

Nach Meinung zweier Sechstklässler fehlt nur noch das i-Tüpfelchen, das ihren Schulhof dann zum Traumschulhof machen würde – eine Bolzwand zum Kicken.

Die Schulleiterin, die sich engagiert für ihren Pausenhof einsetzt, bedauert nur die fehlenden finanziellen Mittel, um ihre eigenen Ideen und die Schülerwünsche umzusetzen.[18]

Pater Bruno Lindemann vom Internat in Bendorf berichtet ebenso positiv von der Veränderung seines Schulhofes zum spielfreundlichen Schulhof.

Auch für ihn war Aggressivität der Hauptgrund, über einen solchen Schulhof nachzudenken. Seine Beobachtungen, wie Schüler sich prügelten und stritten, seine Erfahrung, daß eine Verstärkung der Pausenaufsicht keine Veränderung brachte, führte dazu, daß er eines Tages Federballschläger im Pausenhof auslegte. Sofort, so heißt es, fingen Jugendliche an, damit zu spielen.

Daraufhin wurde der Spielgerätebestand beständig erweitert und zwar, was auch mir wichtig erscheint, mit Spielen, die weniger kampfbetonte Mannschaftsspiele sind, sondern eher Spiele, die die Geschicklichkeit und das Zusammenspiel von Paaren fördern.

Man dürfe, so heißt es in dem Artikel weiter, die Spiele aber nicht nur hinlegen, sondern müsse als Lehrer anfangs mitspielen und das Spiel dann nach einer gewissen Zeit an Schüler abgeben, denn die Erfahrung zeige:

„Wenn Erwachsene die Sache ernst nehmen, nehmen die Kinder die Sache auch ernst."[19]

An dieser Stelle möchte ich nochmals auf die Äußerung unserer Schulsprecherin und ihren Vorschlag, Aktivitäten für Schüler und Lehrer gemeinsam zu planen, hinweisen.

Was den Bedarf an Spielen angeht, heißt es in dem Beitrag Lindemanns, daß es wichtig sei,

---

[18] Eine Bolzwand wäre super. In: pluspunkt 3/92, S. 4/5
[19] Sportspiele versus Gewalt auf dem Schulhof. In: Sport-Zeit 2/94, S. 7

„ein breites Spektrum an unterschiedlichen Spielen anzubieten, aus dem die Schülerinnen und Schüler wählen können zwischen Beschäftigungen für sich allein wie z.b. Diabolo, Whoppler, Swingcar oder kooperativen Spielen wie Badminton, Frisbee oder dergleichen."[20]

Von fest installierten Spielgeräten wie Rutschen und Schaukeln hält Lindemann wenig, da sie in der Pause nicht von hundert oder mehr Kindern benutzt werden können.

Die Raumaufteilung auf dem Schulhof betreffend, wurde an Lindemanns Schule nur eine Trennung zwischen den Ruhezonen bzw. Zonen für ruhigere Einzelspiele und den Spielen, die sportlich aktiver sind, gemacht.

Innerhalb dieses Bereiches sei keine weitere Einteilung notwendig, da Jugendliche sehr wohl in der Lage seien, Räume selbständig einzuteilen, vor allem, wenn sie erkannt hätten, daß Spielen interessanter sei als Streiten.

Was Lindemann weiter wichtig erscheint, ist die Anzahl der Spielgeräte. Im Laufe der Zeit sollte

„der Spielgerätepool so groß werden, daß in der Endphase das Angebot an Sport- und Spielgeräten größer ist als die Anzahl der Schüler einer Schule. Wenn auch die letzten noch unter unterschiedlichen Geräten auswählen können, hören automatisch auch die Streitereien um einzelne Geräte auf."[21]

Auch mit dem Aufräumen, Reparieren und Beschaffen von Geräten gibt es an dieser Schule offensichtlich keine Probleme.

„Die Geräte werden ordentlich zurückgegeben, da sie einen hohen Wert für die Schüler darstellen."[22]

Reparaturen, die ab und zu notwendig werden, werden mit Schülern gemeinsam durchgeführt. Zur Neuanschaffung von Spielgeräten wird z.b. bei einem Schulfest ein Stand eingerichtet, an dem Schüler Pfannkuchen oder ähnliches verkaufen. Der Schüler merkt dabei, daß durch seine Leistung etwas beschafft wird, was für ihn wünschenswert erscheint und ist deshalb mit Eifer bei der Sache.

Für Schulen, die mit einer Schulhofumgestaltung beginnen wollen, gibt Lindemann zusammenfassend folgende Ratschläge:

---

[20] a.a.O.
[21] a.a.O., S. 10
[22] a.a.O.

„Wenn wir erreichen wollen, daß wir weniger Gewalt auf dem Schulhof haben, müssen wir etwas dafür tun."[23]

Dazu müssen Jugendliche von Anfang an einbezogen werden.

Am einfachsten sei es,

„eine Spielhof-AG zu gründen, in der ein/e Lehrer/in die Sache in der Hand hat. Hier kann man Finanzierungsideen umsetzen, Sponsoren suchen, die Aufbewahrungs- und Ordnungssysteme planen und einrichten.

Später kann man mit dieser Gruppe dann die neuen Geräte auf dem Pausenhof einführen, indem man die Geräte mit diesen Schülern schon vorher ausprobiert. Nicht zuletzt können sie dann den Mitschülern zeigen, welche Materialien an welchen Platz gehören."[24]

4. Der spielfreundliche Pausenhof und die Gesundheitsförderung

Schließlich gibt es noch einen Aspekt, den Kinder verständlicherweise beim Thema spielfreundlicher Schulhof gar nicht bedenken, den wir als Erwachsene aber nicht außer acht lassen sollten – den Aspekt Gesundheit.

Für mich sind sie erschreckend, die Zahlen und Fakten, die wir aus dem Bereich der Medizin hören.

Einem Beitrag von Dieter Breithecker in einem erst im September '94 erschienenen Buch zum Thema „Rückenschule" ist zu entnehmen, daß mehr als 50% der Kinder und Jugendlichen Haltungsschäden aufweisen.

Doch nicht nur die Haltungsschäden, sondern auch vieles von dem, was bereits zuvor angesprochen wurde, wird als Folge zu langen, meist starren Sitzens genannt:

„Langandauernde, einseitige Überforderungen – LERNHALTUNGEN – beschleunigen die Ermüdung der Schüler, verringern ihre Aufmerksamkeit, reduzieren damit ihre Denk- und Lernarbeit, führen zu Verspannungen und über kurz oder lang zu krankhaften Veränderungen.

Was Schulärzte, Pädagogen und Eltern zunehmend beschäftigt, sind alarmierende Klagen von Schülern, die neben Kopf- und Rücken-

---

[23] a.a.O., S. 11
[24] a.a.O.

schmerzen auch unter Symptomen wie Ängste, depressive Verstimmungen, Aggressionen, Hypermotorik, Konzentrationsstörungen sowie Schlaf- und Kreislaufstörungen leiden."[25]

Dem langen Sitzen ist demnach dringend entgegenzuwirken, vor allem, wenn man noch bedenkt, daß „die psycho-physische Belastungsgrenze, durch konzentrierte sitzende Tätigkeit, meist schon nach 15-20 Minuten erreicht ist."[26]

Auch Breithecker unterstützt deshalb den spielfreundlichen Schulhof.

Bewegungspausen, die er auch für den Unterricht für notwendig hält, sollten nach seiner Meinung „unter allen Umständen eine Ergänzung auf einem zur Bewegung animierenden Pausenhof erfahren."[27]

Unabhängig davon, worin man z.b. den Ursprung aggressiven Schülerverhaltens sieht, könnte man zusammenfassend wohl sagen, daß ein spielfreundlicher Schulhof sicher kein Allheilmittel ist für alle Probleme, die an einer Schule auftreten. Sicher sind auch weiterhin andere pädagogische Maßnahmen erforderlich.

Bedenkt man jedoch den gesundheitlichen Aspekt und viele positive Erfahrungen einiger Schulen, die Wohngebiete, aus denen Schülerinnen und Schüler vielfach kommen und die wenigen Möglichkeiten, die sie dort zu Spiel und Bewegung haben, vor allem aber Äußerungen von Schülerinnen und Schülern selbst, die sich eine Schule zum Wohlfühlen wünschen, so meine ich, ist die Einrichtung eines spielfreundlichen Schulhofes auf alle Fälle einen Versuch wert.

5. Schulhofumgestaltung an der Albrecht-Berblinger-Hauptschule Ulm

Die Albrecht-Berblinger-Hauptschule mit Werkrealschule liegt in der Ulmer Weststadt, einem Stadtviertel mit vielen Mehrfamilienhäusern älteren Baudatums, wenig Grünfläche oder ansprechenden Spielmöglichkeiten für Kinder und Jugendliche.

An der Schule führen zwei Hauptverkehrsstraßen vorbei, gegenüber der Schule befindet sich ein großer Firmenkomplex.

Der Schulhof war bis zum Zeitpunkt der Umgestaltung eine ca. 1500 m² große, asphaltierte Fläche.

---

[25] Breithecker, Dieter: In die Schule kommt Bewegung - damit Sitzen und Lernen weniger belastet. In: Drause, Wolfgang (Hrsg.): Rückenschul-Almanach. Eltville 1994, S. 22/23
[26] a.a.O., S. 24
[27] a.a.O.

Der Pausenverkauf findet im Eingangsbereich der Turnhalle statt.

Zur Zeit besuchen 273 Schülerinnen und Schüler, davon 177 ausländische Kinder, die Schule.

Aufgrund dieser Situation gestaltet sich die Arbeit an der Schule bisweilen durchaus schwierig.

Um das Schulklima insgesamt zu verbessern und besseren Kontakt zu den Eltern, vor allem zu den Eltern der ausländischen Schülerinnen und Schüler, zu erhalten, war es der Schule seit längerer Zeit ein Anliegen, ein „Projekt" zu finden, das Schüler, Lehrer und Eltern gemeinsam durchführen könnten.

Deshalb waren alle an der Schule sehr erfreut, als wir neben sechs weiteren Schulen von der Aktion 100 000 der Südwest Presse Ulm DM 15 000,- zur Umgestaltung unseres Schulhofes erhielten.

Angeregt wurde das Thema „Schulhofgestaltung" von verschiedenen Schülerinnen und Schülern bei einer Sitzung des Ulmer Kinder- und Jugendparlaments.

Begonnen wurde unsere Schulhofumgestaltung mit einem Schülerwettbewerb unter dem Motto „So stellen wir uns unseren Schulhof vor".

Anhand einer Zeichnung oder eines Modells sollten Schülerinnen und Schüler jeder Klasse als gesamte Klasse oder in Gruppen innerhalb der Klasse in einem maßstabsgetreuen Plan des Schulhofes aufzeigen, wie ihrer Meinung nach der neugestaltete Schulhof aussehen sollte. Dinge wie Feuerwehrzufahrt, Unfallgefahren, verschiedene Altersgruppen, unterschiedliche Interessen und Platzpflege (kehren, Schnee räumen) sollten berücksichtigt werden. Im Verlauf von vier Wochen entstanden ca. 50 Modelle.

Im Rahmen einer Schulkonferenz wurden dann von den Konferenzmitgliedern und einer Vertreterin der Stadt Ulm, die von der Stadtverwaltung beauftragt wurde, die gesamte Schulhofumgestaltung zu betreuen, Wettbewerbssieger ermittelt.

Zwei achte Klassen und sechs Schülergruppen erhielten einen „Preis", einen Tagesausflug in ein Freizeit-Bad.

Zeitgleich zum Schülerwettbewerb wurde eine Elternbefragung durchgeführt, mit der ermittelt wurde, wieviele Eltern an der Umgestaltung in irgendeiner Form (z.B. Holzarbeit, Gartenarbeit...) mithelfen könnten.

Etwa 30 Eltern waren zur Mithilfe bereit.

Anschließend an den Schülerwettbewerb wurde anhand aller Modelle eine Prioritätenliste der Umgestaltungswünsche der Schüler erstellt. Diese Zusammenstellung brachte folgendes Ergebnis:

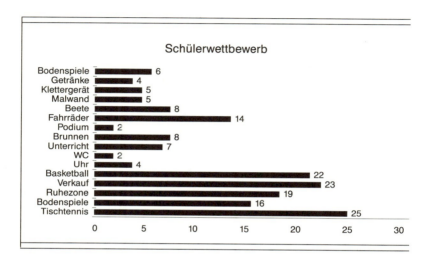

In einer Gesamtlehrerkonferenz wurden dann den Kolleginnen und Kollegen die einzelnen Umgestaltungswünsche ohne Angabe der Häufigkeit vorgestellt. Auch Lehrerinnen und Lehrer sollten jetzt eine „Wunschliste" anfertigen. Beide Wunschlisten wurden anschließend verglichen. Dieser Vergleich ergab, daß auf dem Schulhof ein Unterrichtsplatz im Freien und ein Pausenverkaufsstand für die SMV, in dem auch Kleinspielgeräte für den Pausensport untergebracht werden können, gebaut werden sollen. Außerdem sollen eine Tischtennisplatte und ein Basketballkorb installiert und verschiedene Bodenspiele aufgemalt, Beete, sowohl mit Nutz- als auch mit Zierpflanzen neu angelegt und mit „Schulkunst" ausgestaltet werden.

Zwei Technikkollegen fertigten Baupläne sowohl für den Unterrichtsplatz im Freien als auch für den SMV-Stand an. Bei der Besprechung dieser Baupläne mit der Stadtverwaltung wurde festgestellt, daß aus Sicherheits- bzw. bautechnischen Gründen manche Bauarbeiten von speziellen Baufirmen ausgeführt werden müssen. (Z.B. Installation eines Schlammfangbeckens im Bereich Unterrichtsplatz im Freien.) Auch einwandfreies Baumaterial mußte beschafft werden.

Um die Kosten dafür so niedrig wie möglich zu halten, wurde von der Schulleitung den notwendigen Firmen das Projekt „Schulhofumgestaltung" in schriftlicher Form oder persönlichen Gesprächen vorgestellt. Dies bedeutete großen Zeitaufwand, führte jedoch dazu, daß alle angesprochenen Firmen bereit waren, ausgesprochen kostengünstig oder kostenlos zu arbeiten oder zu liefern.

„Einfachere" Arbeiten wurden und werden von Schülern, Lehrern und Eltern durchgeführt. Jede Klasse wird dem Alter und entsprechend den körperlichen Kräften der Schülerinnen und Schüler in die gesamte Arbeit eingeplant. Mit Schülern der Klassen 5-7 werden Garten- und Malarbeiten durchgeführt (Beete anlegen, Spiele aufmalen), Schüler der Klassen 8 und 9 sind für Bauarbeiten (Pflastersteine und U-Steine setzen, Holzarbeiten) zuständig.

Lehrer und Eltern leiten an und helfen mit.

Im Frühjahr 1995 sollen alle Arbeiten abgeschlossen sein. Bei der gesamten Umgestaltung soll jedoch berücksichtigt werden, daß Teile des Schulhofes mit jeder wechselnden Schülergeneration wieder leicht umgestaltet werden können.

Projektanschrift: Albrecht-Berblinger-Hauptschule/WRS
Römerstr. 20
89077 Ulm

Rolf Fluhrer

Karlsruher Fan-Projekt

1. Die Entstehungsgeschichte des Fan-Projektes
Ungewöhnlich an der Entstehung des Fan-Projektes ist, daß die vermeintlichen Klienten des Projektes dessen Initiatoren waren. 1986 hatten sich jugendliche Fußballfans, die in traditionellen Fan-Clubs organisiert waren, zu einem gemeinsamen Dachverband, der „Interessensgemeinschaft Karlsruher Fußballfans (IG)" zusammengeschlossen. Zur gleichen Zeit erreichten die internationalen Fan-Ausschreitungen ihre ersten traurigen Höhepunkte. Das Anliegen der IG war es, sowohl gegen die gewalttätigen Ausschreitungen ein Signal zu setzen als auch den jugendlichen Fans, die häufig mit der Problematik ihrer persönlichen Lebensverhältnisse nicht zurechtkamen, sozialpädagogische Hilfe zukommen zu lassen. Diese Hilfe sollte sowohl an die Adresse des einzelnen gerichtet sein als auch die Bedürfnisse von Gruppen im Freizeitbereich abdecken. Inhaltlich und organisatorisch wurden die Jugendlichen von drei angehenden Sozialarbeitern/innen unterstützt, die an der Fachhochschule für Sozialwesen in Mannheim als Diplomarbeit eine Konzeption für ein Fan-Projekt vorgelegt hatten.
Die Bemühungen der Jugendlichen und der Sozialarbeiter fanden bei Karlsruher Politiker/innen ein schnelles Echo.
Mit finanziellen Mitteln der europäischen Gemeinschaft konnte 1987 das Karlsruher Fan-Projekt mit zwei ABM-Sozialarbeitern seine Arbeit aufnehmen.
Organisatorisch war das Fan-Projekt zunächst in der Obhut der Interessengemeinschaft Karlsruher Fußballfans, später bei der Sozial- und Jugendbehörde und seit 1988 beim Stadtjugendausschuß e.V. Karlsruhe (StJA e.V.) angesiedelt. Der StJA e.V. ist in Karlsruhe zuständig für die Jugendarbeit und betreibt sämtliche Jugendhäuser, einen Aktivspielplatz, die Mobile Spielaktion sowie ein Jugendfreizeit- und Bildungswerk.

2. Ziele
Ziele der Fan-Arbeit waren schon damals, die in Ansätzen eskalierende Gewalt in den Stadien zu verhindern. Hierbei bestand die Gewalt insbesondere zwischen rivalisierenden Fan-Gruppen. Eine Gewalteskalation wie wir sie heute teilweise kennen, war zum damaligen Zeitpunkt in den Stadien noch nicht bekannt.

Da die Fans bereits ein sehr negatives Image in der Öffentlichkeit hatten und erhebliche Schwierigkeiten bestanden, sich z.B. in Gaststätten zu treffen, war ein weiteres maßgebendes Ziel, langfristig einen festen Treffpunkt einzurichten. Gedacht war an eine ausgediente Gaststätte. Sie sollte sowohl für sozialpädagogische Arbeit geeignet sein als auch zum Zeitvertreib der Jugendlichen. Hier bestand deutliche Parallelität zu dem Angebot in den Karlsruher Jugendhäusern, zumal die jugendlichen Fußballfans auch aus den Jugendhäusern teilweise ausgeschlossen waren.

Die Absicht der Sozialarbeiter und des Beirats der IG war es, die Fangewalt nicht eskalieren zu lassen und mit geeigneten pädagogischen Maßnahmen zur Deeskalation beizutragen.

Als Zielgruppe wurden drei verschiedene Fan-Gruppen benannt:
- Kutten-Fans,
- Hooligans,
- Skinheads.

Obwohl alle drei Fan-Gruppierungen zum damaligen Zeitpunkt ein verbindendes Element besaßen, weisen ihre Gruppenstrukturen entscheidende Differenzen auf.

Die „Kuttenfans" hatten im Jahr 1986 ca. 20 Fan-Clubs in Karlsruhe und Umgebung. Durchschnittlich besaß jeder Fan-Club ca. 10-15 Mitglieder. Diese Clubs sind z.T. sehr stark strukturiert. Es gibt z.B. Anwesenheitspflicht, Wahl eines Präsidenten sowie Pflichtbeiträge. Neben diesen Fans, die sehr stark organisiert sind, gab es noch ca. 500-600 unorganisierte Fans, die sich jedoch im Dunstkreis dieser Fangruppen bewegten. Ziel dieser Fangruppierungen ist es auf jeden Fall, ihren Verein zu unterstützen und zu verteidigen. Dies machen sie besonders durch eine ausgefallene Kleidung sowie alle möglichen weiteren Utensilien wie Abzeichen, Stickers und Schals deutlich.

Als weitere Zielgruppe wurden die „Hooligans" genannt. Für diese Jugendlichen stand der Fußball nicht mehr im Vordergrund, sondern er bildete vielmehr den Hintergrund für geplante (teilweise strafbare) Aktionen. Hooligans verschiedener Städte treffen an Spieltagen aufeinander, um Auseinandersetzungen zu suchen. Hierbei waren verschiedene rivalisierende Hooligangruppen festzustellen, die sich jedoch auch bei Spitzenspielen zusammentaten und teilweise einen Umfang bis zu 100 Personen erreichten. Hooligans sind nicht eindeutig einer sozialen Schicht zuzuordnen. Im Gegenteil ist es eher so, daß bei den Hooligans sämtliche soziale Schichten wie auch Berufssparten zu finden sind. Ebenso spielt die Nationalität keine besondere Rolle. Es ist durchaus möglich, daß arbeitslose Jugendliche, Schüler aber auch Studenten sowie Beamte dieser Gruppe gemeinsam angehören.

Letztlich ist in der internen Hierarchie lediglich die Kämpferqualität entscheidend und nicht der persönliche oder berufliche Background.

Die „Skinheads" wurden zwar eingangs als Zielgruppe genannt, bei genauen Recherchen stellte sich jedoch in Karlsruhe heraus, daß es nur 3-5 Skinheads gibt. Deswegen wurde die Arbeit mit ihnen ernsthaft nie betrieben.

3. Angebote

a) Einzelfallhilfe

Die Anliegen, die die Jugendlichen haben, beziehen sich auf die unterschiedlichsten Bereiche: persönliche Probleme mit dem/r Freund/in oder den Eltern, Probleme in Schule und Beruf, Schwierigkeiten mit der Polizei, dem Gericht, der Arbeitsstelle usw. In all diesen Fällen ist eine schnelle, unbürokratische Unterstützung notwendig. Dabei kann es erforderlich sein, die Betroffenen zu den verschiedenen Stellen zu begleiten. Es kann sich aber auch lediglich um eine Weitervermittlung an zuständige Fachstellen handeln, wenn bei den Jugendlichen Unsicherheiten über Zuständigkeiten bestehen.

Wichtig ist es dabei, sie nicht mit ihrem Anliegen allein zu lassen, sondern ihnen klar zu machen, daß sie beim Fan-Projekt einen Ansprechpartner haben.

b) Rechtsberatung

Immer wieder tauchen Fälle auf, in denen die Fans bzw. die Mitarbeiter und Mitarbeiterinnen mit Rechtsfragen konfrontiert werden, die z.T. recht kompliziert sind. Das Karlsruher Fan-Projekt arbeitet mit einem Rechtsanwalt zusammen, der in strittigen Angelegenheiten oder besonders schwierigen Fällen den Jugendlichen kostenlose Rechtsberatung erteilt.

c) Freizeit- und Gruppenangebote

Eine alternative Form der Freizeitgestaltung soll den Fans die Möglichkeit bieten, selbst aktiv zu werden. Der passive Fußballkonsum soll durch eigene Aktivitäten ergänzt werden. Die angebotenen und von den Fans selbst mitgetragenen Freizeitveranstaltungen sollen ihrem Bedürfnis nach gemeinsamen Erlebnissen, Spaß, aber auch nach Spannung entgegenkommen und sollen auf ihre Interessen zugeschnitten sein. Das Spektrum dieser Angebote reicht von der Durchführung von Ferienfreizeiten über Autorallyes, Boot fahren, Wanderungen, Wochenendseminaren, Filmprojekten bis hin zur Gestaltung einer Fan-Zeitung sowie von speziellen Fußball-Fanturnieren.

d) Öffentlichkeitsarbeit

Neben diesen Aktivitäten obliegt es den Mitarbeitern des Fan-Projekts, darüber hinaus auch eine positive Öffentlichkeitsarbeit für die Fans bzw. das Fan-Projekt zu organisieren, Koordinationsgespräche zwischen der Stadt Karlsruhe und dem KSC herzustellen und für die Jugendlichen einen offenen Treff, ähnlich einem Jugendhaus, anzubieten. Dieser offene Treff erfährt insbesondere an Fußballwochenenden eine zentrale Bedeutung. Hier treffen sich die Jugendlichen vor dem Spiel und bei Heimspielen nach dem Spiel, um gemeinsam die Fußballspiele im Fernsehen zu verfolgen.

e) Spielbesuche

Eines der wichtigsten Betätigungsfelder der Fan-Projekt-Mitarbeiter sind die Spielbesuche. Bei Heimspielen gestalten sie sich so, daß die Mitarbeiter bereits morgens um 11.00 Uhr, wenn sich die Jugendlichen an ihren speziellen Fan-Treffpunkten einfinden, präsent sind. Es ist wichtig, hier anwesend zu sein, da hier wichtige Informationen zu erhalten sind, u.a. ob besondere Konflikte bevorstehen, welche Spannungen es innerhalb der Fan-Szene gibt oder wie sich das Verhältnis der Jugendlichen zum Verein oder dem Fan-Projekt derzeit darstellt. Gemeinsam mit den jugendlichen Fans gehen die Mitarbeiter dann schließlich ins Fan-Projekt als Sammelplatz oder direkt zum Spiel. Während des Spiels sind die Mitarbeiter als Ansprechpartner für alle Fans im Fan-Block anwesend. Hier ist die Anwesenheit häufig von zentraler Bedeutung, zumal es hier oft nötig ist, zwischen Konfliktparteien zu vermitteln bzw. als Sozialarbeiter in seiner spezifischen Funktion zur Verfügung zu stehen. Nach dem Fußballspiel sind die Sozialarbeiter wieder im Fan-Treff anzutreffen. Dort ist es häufig ihre Aufgabe, die erhitzten Gemüter wieder auf ein erträgliches Maß zu bringen.

Besonders wichtig ist die Teilnahme an Auswärtsspielen. Sie sind besonders strapaziös, da sie manchmal bis zu 18 Stunden ununterbrochene Arbeitszeit bedeuten. Bei einer Auswärtsfahrt von Karlsruhe nach Hamburg ist es durchaus üblich, daß ein Fan-Bus morgens um 7.00 Uhr abfährt und am nächsten Tag um 5.00 Uhr morgens zurückkommt. Dieser Job ist deswegen als äußerst strapaziös zu bezeichnen, da es hier sehr häufig unter den Jugendlichen zu Konflikten kommt, in deren Mitte sich oft der Sozialarbeiter wiederfindet. Besonders verschärfend kommt hier die räumliche Enge hinzu und der übermäßige Genuß von Alkohol und anderen Drogen. Nicht selten kommt es auch zu Übergriffen gegen die Sozialarbeiter selbst. Die Arbeit der Sozialarbeiter besteht in der vorbeugenden Konfliktverhütung. Gemeinsam mit den Sozialarbeitern des gegnerischen Fanblocks haben sie in der Regel bereits Aktionspläne erarbeitet, wie die Fans ggf. friedlich vor und nach dem Spiel miteinander umgehen können.

4. Die Gewaltfrage

Warum sind bzw. waren die Jugendlichen so gewalttätig? Für die Gewalt gibt es mehrere Ursachen.

Viele Jugendliche, die wir kennengelernt haben, die bei den härtesten Schlägern waren, kommen nicht wie man vermuten könnte aus den unteren sozialen Schichten, sondern sind häufig relativ gut situierte Jugendliche aus den besten Elternhäusern. **Sie sind in Fangruppierungen aus reiner Lust an der Gewalt.** Sie erleben den Samstag als absolutes Highlight in ihrem oft sehr tristen Leben. Der Samstag ist mit viel Spannung, Action, Auseinandersetzungen, psychischen Hochgefühlen und der reinen Lust, aus der Anonymität heraus zerstören zu können, besetzt. Die Gruppe bietet hier den idealen Rahmen, um Straftaten begehen zu können und danach wieder in der Gruppe unterzutauchen. Diese reine Lust an der Gewalt läßt sich häufig auf einen sehr tristen, erlebnisarmen, spannungslosen und normierten Alltag zurückführen. Am Wochenende platzt dann der Knoten, und sämtlicher Frust entlädt sich in Gewalttätigkeit gegen Sachen oder andere Fans. Zu dieser Lust gehört auch die Tatsache, mit der Polizei und anderen Fangruppierungen Katz & Maus spielen zu können. Nicht wenige Jugendliche, die als gewalttätig auffallen, sind auch klare und kluge Strategen, die sich die Polizeitaktik und die Taktik der gegnerischen Fans ausrechnen, um bei den anstehenden Auseinandersetzungen die Oberhand zu gewinnen.

Ein anderer zu beobachtender Punkt ist die **Vereinzelung von Jugendlichen.** Viele Jugendliche wachsen heute in sehr anonymen Verhältnissen auf und sind nicht mehr im Stande, sich an andere Jugendliche zu binden. Auf der Suche nach einem festen Halt geraten sie häufig in die falsche Gruppe. Viele landen so zufällig bei faschistischen Gruppen oder auch bei Fußball-Hooligans, die immerhin am Wochenende erhöhte Erlebnisqualität anbieten können.

Ein drittes Motiv ist häufig die **Unzufriedenheit mit den persönlichen Lebensverhältnissen.** Darunter können wir Streß mit der Freundin, am Arbeitsplatz, Verlust des Arbeitsplatzes oder Verlust der sozialen Stellung verstehen.

Natürlich haben viele staatliche Institutionen diesem Treiben der Hooligans nicht tatenlos zugesehen. Insbesondere die Polizei hat massiv aufgerüstet. Abgesehen von der Tatsache, daß Fanblöcke in den Stadien häufig von einem kompletten Polizeicorso umzingelt sind, werden auch ganze Datennetze über Hooligans bundesweit angelegt. Es ist üblich, daß die Polizei die Fanblocks mit Videokameras observiert und komplette Portraits dieser Personen aufzeichnet. Häufig schon bevor eine Fangruppierung am fremden Fußballplatz eintrifft, sind in der Regel die Personen bei der dortigen Polizei bekannt. Neben der optisch auch sehr wirksamen Polizeipräsenz, wurden vermehrt zivile Fahnder eingesetzt. Hierbei verfolgen die Polizisten in den einzelnen Bundesligastädten sehr unterschiedliche Konzepte. Hier kann der Einsatz der Karlsruher Polizei als besonnen bezeichnet werden. Die Fan-Polizisten haben zwar immer einen deutlichen Standpunkt bezogen und keine Straftaten durchgehen lassen, haben andererseits aber auch immer ein partnerschaftliches Verhältnis zu den Fans gesucht.

Neben der Aufrüstung der Polizei hat der DFB ein Übriges getan. In fast allen maßgeblichen Bundesligastadien gibt es fast keine Stehplätze mehr, sondern fast ausschließlich Sitzplätze. Überall gibt es hohe Zäune und Polizeieskorten vom Bahnhof oder Flugplatz bis ins Stadion und zurück.

Unsere Kollegen haben sich durch viele Einzelgespräche, Beistand vor Gericht, Besuch im Gefängnis, Begleitung zu Heim- und Auswärtsspielen, Gruppenangebote, Turniere, Ferienfahrten und gemeinsame Projektarbeit große Anerkennung der Fan-Szene geschaffen. Sie gelten heute für viele Fans als Anlaufstelle inner- und außerhalb vom Stadion. Sie werden in der Regel immer angefragt, ob sie bei einem Spiel dabei sind, da sie ein Stück Sicherheit für die Fans vermitteln.

5. Die Situation heute

In Karlsruhe haben sich gewalttätige Fanausschreitungen reduziert. Immer seltener finden in oder um das Stadion herum Schlägereien statt. Die Fan-Szene hat sich wieder mehr in die Stadtteile, das Stadtumfeld oder zu anderen Sportarten verlagert. Straftaten werden seltener in Gruppen, viel häufiger als Einzeldelikte begangen.

Für den Rückgang der Fanauseinandersetzungen gibt es meines Erachtens folgende Ursachen:

a) Zum einen spielt mit Sicherheit die Präsenz unserer Sozialarbeiter bei Heim- und Auswärtsspielen eine maßgebliche Rolle. Sie sind stets gut informiert und stehen den Jugendlichen in vielen Lebenslagen zur Verfügung. Sie werden als Persönlichkeiten geachtet, ihr Rat wird respektiert, ihre Intervention hat in der Regel einen hohen Stellenwert.

b) Fans, die in den letzten Jahren gewalttätig aktiv waren, sind hochgradig kriminalisiert. Sie haben faktisch keine Möglichkeit, Straftaten zu begehen, weil sie entweder bereits auf Bewährung frei sind oder ihnen bei Bewährungswiderruf eine lange Haftstrafe drohen könnte.

c) Natürlich spielt auch das Alter und die menschliche Reife bei den Jugendlichen eine Rolle. Viele sind mittlerweile aus diesem Hooligan-Flegelalter herausgewachsen und bewegen sich eher auf das mittlere Jugendalter zu. Sie haben keine Lust mehr zu Fanauseinandersetzungen.

d) Eine nicht unerhebliche Rolle spielen hier auch Frauen. Männer, die vorher alleine waren und mittlerweile eine feste Freundin gefunden haben, lösen sich aus der Gruppe, sind für Gruppenaktivitäten nicht mehr zu haben.

e) Viele sind auch nicht mehr bereit, sich dem Gruppenzwang und einem autoritären Führer zu beugen. Ihre individuelle Freiheit ist ihnen wichtiger als diese Gruppenzugehörigkeit.

f) Und schließlich ist natürlich die Wirkung der Polizeipräsenz und der Erfolg der Observation durch die Zivilpolizei nicht zu verleugnen.

Alles in allem kann heute davon ausgegangen werden, daß sich die Fan-Szene in Karlsruhe beruhigt hat. In anderen Städten sieht dies oft drastisch anders aus (z.B. in den neuen Bundesländern). Dies soll jedoch nicht heißen, daß die Fan-Arbeit zukünftig nicht mehr notwendig wäre. Die Präsenz und die Funktion der Sozialarbeiter als Mittler, Vermittler, väterliche Freunde, Anlaufstation, Ratgeber, Konfliktschlichter darf in diesem Zusammenhang nicht unterschlagen werden. Allerdings darf die Fan-Arbeit nicht zu sehr an das Stadion oder an das Fan-Projekt angebunden sein, sondern muß zukünftig bereits als präventive Aufgabe in den sozialen Brennpunkten der Stadt durchgeführt werden. Die Fan-Projektmitarbeiter gehören heute so selbstverständlich zur Szene wie die Fußballfans selbst.

Projektanschrift: Stadtjugendausschuß Karlsruhe
Moltkestr. 24
76133 Karlsruhe

Reinhard Gradmann

Chico Mundo - Ferienspielstadt

1. Motivation zur Durchführung einer Kinderstadt im Evangelischen Jugendwerk Stuttgart

Es gibt reiche Industrienationen, in denen Kinder eindeutig zu den Armen gehören. Deutschland ist ein solches Land, in dem Kinder ständig zurückgesetzt, mißhandelt, vergessen und mißachtet werden.

Diese Nachricht hat vermutlich keinen Neuigkeitswert mehr, aber wie auch sonst manchmal muß man Nachrichten immer wieder ins Bewußtsein rufen, damit ein Veränderungsprozeß weitergehen kann.

Dabei stehen Kinder im Mittelpunkt des öffentlichen Interesses: Zwei Drittel der Erwachsenen bezeichnen sich als kinderlieb – und man darf es ihnen ruhig glauben. Ausgesprochene Kinderfeinde gibt es wenige. Der Begriff „Kinderfreundlichkeit" wird zitiert, wo immer er sich anbringen läßt. Sei es im Zusammenhang mit dem Bau eines neuen Spielplatzes oder gar bei der Vermarktung eines neuen Kindersitzes für das Auto. Diskutiert wird das Recht des Kindes auf einen Kindergartenplatz, seit 1988 gibt es eine Kinderkommission im Bundestag, es gibt Kinderbeauftragte, Kinderbüros und Kinderfreundlichkeitsprüfungen.

Wichtig ist uns die Gesundheit, die Sicherheit und eine möglichst gute Ausbildung. Kinderarbeit ist verboten, Kindesmißhandlung wird zunehmend in der Öffentlichkeit diskutiert.

Eigentlich müßte es den Kindern unserer Zeit immer besser gehen, aber weit gefehlt. Zwar werden eine Menge Emotionen geweckt, wenn wir einzelne Kinder betrachten. Aber nach wie vor sind Kinder das Objekt, denen eine Erziehung angetan wird, selten sind sie das Subjekt, das mitreden und mitgestalten kann. So werden Kinder Opfer der Unfähigkeit von Erwachsenen, mit Problemen fertig zu werden, die ja sowohl Erwachsene wie Kinder betreffen. In autoverkehrsgerechten Städten leiden alle Generationen an Platzmangel, Luftverschmutzung und fehlendem Grün. Alle Probleme der Erwachsenen von der Unfähigkeit, dauerhafte Beziehungen einzugehen, mangelnder Mitsprachemöglichkeit bei der Städteplanung, fehlendem Wohnraum bis zum fehlenden Selbstbewußtsein, sich einzumischen, werden an die Kinder weitergegeben.

So gibt es keine Kinderfeindlichkeit im eigentlichen Sinne, aber eine Ohnmacht, für Kinder eine kindgerechte Welt zu gestalten.

Die Folgen dieser Ohnmacht sind überall zu greifen:

Die Zahl der Alkohol- und DrogenkonsumentInnen nimmt zu, 8% aller Kinder benötigen psychiatrische Hilfe, 1700 Kinder begehen jährlich in der Bundesrepublik Selbstmord.

Immer mehr Kinder führen ein Einzelkind-Dasein, leben in Ein-Elternteil-Familien, erleben die Scheidung ihrer Eltern, finden weniger SpielkameradInnen und Freispielplätze auf der Straße, dafür aber immer mehr Medien zu Hause, die eine Ersatzwirklichkeit ermöglichen. Gestreßte Erwachsene stellen Schilder auf „Ballspielen und Rollschuhlaufen streng untersagt", der Pausenhof ist auch am Nachmittag „kein öffentlicher Spielplatz" und „das Einstellen von Fahrrädern ist im Treppenhaus verboten". Kinder stören bei der Suche nach Wohnraum, Kinder verursachen finanzielle Sorgen und stehen der Berufstätigkeit und der persönlichen Entfaltungsmöglichkeit ihrer Eltern im Weg.

Unsere Städte sind so konstruiert, daß Kinder selten vor der Haustür spielen, sondern von Eltern von einer Insel zur anderen gefahren werden. Waldorfschulen wird immer vorgeworfen, daß Waldorfkinder nur mit Waldorfkindern spielen, aber die Verinselung ist Realität für nur allzuviele Kinder.

Wir sehen: Kinderfeindlichkeit ist nicht an Personen, sondern an Strukturen festzumachen. Wenn es also gelingt, kinderfreundliche Städte zu gestalten, wenn es gelingt, Kindern zu einer Mitsprache zu verhelfen, dann werden sich auch Erwachsene selbst wohler fühlen, sich mehr einmischen können und gesünder leben.

Als Kirche habe wir hier einen klaren Auftrag, der auch zum Projekt „Chico mundo" führte:

Wir sehen Kinder als eine liebevolle Botschaft von Gott an Erwachsene. Jesus Christus kam als Kind zur Welt. Und nicht nur als armes, verfolgtes, schutzbedürftiges Kind, sondern als Kind, das unüberhörbar in Erinnerung ruft, daß für Gott die Lebensverhältnisse der Menschen an **erster** Stelle stehen.

In der Bibel werden Kinder als Segen verstanden, als ein Geschenk Gottes, das in die Zukunft weist und zukünftiges Leben sichern will.

Eine Gesellschaft, die Kindern keinen besonderen Wert beimißt, stellt sich selbst in Frage. Eine Gesellschaft, die Kinder nur an ihrem Wert von morgen mißt, nimmt sich selbst das Leben.

Dabei ist eine Mitwirkung an der Gestaltung von kinderfreundlichen Städten das eine, eine Beteiligung an der Diskussion, was mit Kindern in der Schule gemacht wird, aber auch sofort das andere. Das Projekt Kinderstadt ist für uns Teil einer Gesamtarbeit, die wir das ganze Jahr über verfolgen. Ich sage dies so deutlich, weil sich m.E. der Aufwand für eine Kinderstadt nur innerhalb einer kontinuierlichen Arbeit rechtfertigen läßt.

2. Entstehung von Kinderstadtprojekten

Der Ausgangspunkt von „Chico Mundo" 1994 liegt bereits im Jahr 1992. Die Ev. Kirche veranstaltete im Juni '92 einen Stadtkirchentag auf allen Plätzen und in allen Sälen der Innenstadt. Ca. 50 000 Menschen wurden dort angesprochen. Das Ev. Jugendwerk Stuttgart beteiligte sich daran u.a. mit einer Kinderstadt „Sansidor". Der Karlsplatz mit angrenzenden Straßen war vollständig Kindern vorbehalten. In den drei Tagen kamen über 2500 verschiedene Kinder, in der Gesamtzählung waren es ca. 5000. 120 ehrenamtliche und 20 hauptamtliche Kräfte waren an der Durchführung beteiligt. Hier wurde das erste Konzept ausprobiert. Das Echo war riesig, den Kindern hat es Spaß gemacht, manche Erwachsene wurden zum Nachdenken angeregt. So wurde z.B. ein trister Innenhof aufgebaut, den dann Stadträte, Architekten, Mitarbeiter des Gartenbauamtes u.a. unter der Anleitung von Kindern gestalteten.

In der Auswertung wurde aber deutlich, daß die Stadt für Kinder zu groß war. Ihre Mitgestaltungsmöglichkeit (gedacht war z.B. an eine Stadtregierung mit Bürgermeister usw.) blieb begrenzt, weil die Organisationsanforderung sich als riesig erwies. Auch war der Zeitraum zu kurz (Nachmittag, weil morgens Schule war). Wir hatten auch zuviel aufgebaut, was nur zur Nutzung ausgelegt war. (Kistenklettern, Halfpipe etc.) Klar aber war eines: hier hat das ejs eine Arbeit begonnen, die mit einer Kinderstadt nicht zu Ende sein konnte.

Wir entwickelten ein Konzept, das versucht, dem Lebensraum von Kindern gerecht zu werden: der Einbeziehung des Wohnquartiers, der Verortung der Arbeit dort und – ergänzend dazu – ab und zu einen zentralen Höhepunkt zu setzen, der aber einen Bezug zum Erleben im Wohnquartier haben soll.

„Chico Mundo" hat also eine lange Geschichte: 92/93/94 fanden in vielen Stadtteilen Aktionen statt: Kindertage, regelmäßige offene Angebote, Spielplatzaktionen mit sehr viel Aufwand in Ferienzeiten, Kinderfreizeiten. Im Blick auf „Chico Mundo" haben sich einzelne Stadtteile gezielt vorbereitet. Auf Pfingstfreizeiten oder in kleinen Kinderstädten wurden einzelne Themenbereiche vorbereitet, deren z.T. „handgreifliche" Ergebnisse zur Kinderstadt mit- und eingebracht wurden.

3. Zielsetzungen

a) Ziele der Kinderstadt der Kulturen „Chico mundo"

– Jedes Kind soll die gleichen, ihm zustehenden Rechte ohne Diskriminierung und unabhängig von Rasse, Hautfarbe, Sprache und Herkunft erhalten.

– Fremde Kulturen und Lebensweisen kennen und verstehen lernen als Voraussetzung für Angstabbau und Abbau von Fremdenhaß und Ausländerfeindlichkeit.

– Das Zusammensein verschiedener Kulturen mit den damit verbundenen Chancen und Schwierigkeiten erleben, als Beitrag zum Abbau von Vorurteilen und falschen Erwartungen (das Zusammenwirken des Unterschiedlichen als Bereicherung erfahren, Unterschiede akzeptieren, Grenzen von anderen respektieren lernen etc.).

– Einfache Lebensstile kennenlernen (und damit Konsumorientierung in Frage stellen).

– Aktive Erholung für fünf Tage durch altersgerechtes Spiel.

– Eigenständigkeit und Selbstbewußtsein fördern.

– Kreativität (im Umgang mit einfachen Mitteln) fördern.

– Verantwortung bei der Gestaltung der eigenen Stadt und beim Aufrechterhalten des Stadtbetriebes übernehmen.

– Erkennen, daß eigenes Engagement zu Veränderungen und Verbesserungen führen kann.

– Wünsche zur Verbesserung des Lebens und Zusammenlebens in einer Stadt entwickeln.

b) Zielgruppe

– „Chico mundo" wird für Kinder von 6 bis 12 Jahren aufgebaut.

- Die Kinder kommen aus Stuttgart-Mitte: aus dem Gemeindejugendwerk des ejs, aus den umliegenden Schulen, aus den nichtkonfessionellen Jugendverbänden und Jugendhäusern. Angesprochen werden auch Kinder aus Tagheimeinrichtungen.
- Die Kinder sind aus unterschiedlichen sozialen Schichten.
- Es werden Kinder unterschiedlicher Nationalitäten und Herkunft sein.

4. Projektbeschreibung

Die Kinderstadt der Kulturen „Chico mundo" wurde am 1. Juni '94 mit Mitarbeiterinnen und Mitarbeitern und zusammen mit Kindern aufgebaut. Ort der Kinderstadt war ein großes Gelände zwischen dem Ev. Jugendwerk Stuttgart und dem Jugendhaus Mitte, sowie eine angrenzende Straße, die für den Verkehr gesperrt wurde. Die Lage ist zentral, und sämtliche Infrastruktur konnte durch die Jugendeinrichtungen genutzt werden.

„Chico mundo" bestand aus vielen unterschiedlichen Stadtteilen, die jeweils zu einer Kultur gehörten. In jedem Stadtteil gab es kulturspezifische Gebäude, an denen die Kinder noch weiterbauen konnten. „Chico mundo" besaß auch einen großen Versammlungsplatz für alle Kulturen, sowie Spiel- und Sportflächen, auf denen kulturübergreifende Angebote stattfanden.

Von Donnerstag, 2. Juni bis Sonntag, 5. Juni 94 war die Kinderstadt jeweils von 10.00 Uhr morgens bis 18.00 Uhr abends geöffnet. Für die Kinder gab es mittags ein warmes Mittagessen sowie ein Getränk für DM 5,-.

Grundidee: Im Namen der Kinderstadt „Chico mundo" liegt die Bedeutung „kleine Welt", d.h. es handelt sich um eine Welt im Kleinen oder für Kleine, ein räumlich von der Alltagswelt getrennter Bereich, in dem eigene Regeln und Gesetze gelten, die teilweise von den Kindern selbst mitgestaltet werden. Kleine Welt bedeutet auch, daß verschiedene Kulturen eigenständig, aber miteinander darin leben, deshalb der Untertitel „Kinderstadt der Kulturen". Geplant waren kulturell unterschiedlich geprägte „Stadtteile" (bspw. einen der Inkas, Eskimos, Tuaregs, einen aus dem alten Ägypten und aus der Karibik). Es sollte keine Darstellung von Nationalitätengruppen geben, deren Angehörige in Deutschland in größerer Zahl leben.

Am ersten Tag entschieden sich die Kinder für eine Kultur/Nationalität, die sie während der vier Tage beibehielten. Sie konnten auf Wunsch allerdings auch wechseln. In den Stadtteilen fanden Veranstaltungen zur jeweiligen Kultur statt. Am Nachmittag waren Begegnungen zwischen den Kulturen in Form von Besuchen, Einladungen, Sport und Spiel und Versammlungen möglich. Jedes Kind war durch ein entsprechendes Kleidungsstück (das im Stadtteil hergestellt wurde) als Kind einer bestimmten Kultur erkennbar.

5. Inhalt und Ablauf

10.00 Uhr Ankunft der Kinder
Stadtamt: Vermittlung von Stadtbesichtigung incl. Erklärung der Idee; Kinder bekommen Stadtspaß mit kultureller Zugehörigkeit

kulturelle Aktivitäten in den Stadtteilen

Gestaltung des Stadtteils
- Herstellung von typischen Gegenständen, Kleidung, Spielzeug, Musikinstrumente etc.
- Theater, Musik und Tanz
- Kochgruppen und Bautrupps

Aborigines	Afrika	Altes Ägypten	Eskimos	Indianer Nordamerikas	Karibik	Tuareg	Mongolen

12.00 Uhr Stadtteilversammlungen
zur Besprechung der Lage und Klärung des weiteren Ablaufs, um Positionen und politische Forderungen zu entwickeln

12.30 Uhr Mittagessen in den Stadtteilen

14.00 Uhr kulturelle Aktivitäten in und zwischen den Stadtteilen
„Besuchszeit"

- sportliche Wettkämpfe
- Schule
- Presse
- Café

17.00 Uhr große Stadtversammlung

- zur gegenseitigen Information über die Kulturen
- zur gegenseitigen Vorstellung der in den Werkstätten hergestellten Produkte
- für Vorführungen
- um Positionen und politische Forderungen zu stellen usw.

Aktivitäten und Workshops bei „Chico mundo" am Nachmittag

Karibik	Afrika	Ägypten	Eskimos	Indianer	Mongolen	Tuareg	Aboriginis	Schule	Theater	Presse
Palmen Hüttenbau Hängematten Maracas Drachenbau Töpfern Körbeflechten Sonnenhüte Speckstein	Erdnußketten Bananen u. Cocosküchle Pappmache-Masken Trommeln Maskenschilder	Gipsmasken Schwimmkerzen Tonen Lederarbeiten Ausgrabungen Tanz Spiel erfinden Schmuck Ytong-Stein-Skulpturen Schmuck	Kajak Schmuck Lederarbeiten Holzschnitzen Gipsmasken Schminken Speckstein Spiel und Tanz Tonen		Bauchtanz Naturfarben herstellen Tierbilder Ornamente	Tajine kochen Haarflechtbänder Henna-Bemalung Kreuz-Anhänger Ledertaschen Armreif aus Holz Schmuck Schatzkästchen Lehmburg Kamelbau		Märchen-Erzähler Geheimschrift der Tuareg Märchen selbst schreiben Kinderchor	bewegbare Großfiguren Stock- und Schuhtanz	

6. Begleitprogramm Kinderstadt der Kulturen „Chico mundo"

Mittwoch, 2. Juni 1994, 20 Uhr

Streitfall: Wenn das Geld knapp wird
Lebensraum Stuttgart – Lebensraum für Kinder, Familien und materiell Benachteiligte? Es streiten: Helke Baehrens (SPD) und Roland Schmid (CDU). Was kann wichtiger sein als die nächste Generation? Können wir es uns leisten, heute an Kindergartenplätzen und Schulen zu sparen? Können wir uns einen Städtebau leisten, bei dem Kinder in Nischen von kleinen Spielplätzen gedrängt werden und ihre Phantasie verkümmert? Wenn alle Gebühren steigen, gleichzeitig Einkommen zurückgehen: Können sich in Zukunft den Besuch im Freibad nur noch Besserverdienende leisten? Büros oder Wohnungen für die Stadt? Wie geht es weiter nach der Wahl? Ein echter Streitfall.

Donnerstag, 2. Juni 1994, 20 Uhr

„Grupo Sal"
Musik und Poesie aus Lateinamerika
Musik und Poesie sind das Gedächtnis Lateinamerikas. Ein Gedächtnis, in dem die Erinnerung an die Begegnung dreier Kontinente lebt. Das vertraute Gespräch der Indios mit der Erde, die Einsamkeit der Europäer in ihrem Drang, die Welt zu beherrschen und der Traum Afrikas von Freiheit, formten eine Musik und Poesie ganz eigener Art – Ausdruck einer Kultur der Widersprüche und Sehnsüchte.
Grupo Sal arbeitet mit musikalisch-poetischen Collagen. Texte und Musik sind dicht ineinander verwoben. Es entsteht ein Kunstwerk, mit dem Grupo Sal ihre Hörer verzaubern und in die Welt Lateinamerikas entführen.

Freitag, 3. Juni 1994, 20 Uhr

„Denn sie wissen, was sie tun"
Erziehung von Kindern zur Selbständigkeit: Dokumentarfilm und Diskussion
Was ist das Wichtigste in der Erziehung von Kindern? Sollen sie sich in unserer Gesellschaft möglichst gut zurechtfinden und anpassen? Oder ist das Wichtigste, daß sie sich eigenständig mit ihren Gaben und Fähigkeiten entwickeln können? Sind wir zu ängstlich, werden Kinder bei uns zu sehr verwöhnt und umsorgt? Macht unsere Lebensform Kinder krank?
Wie kann ich heute meine Kinder verantwortungsvoll erziehen?
Gordian Troeller ist seit Jahren in der ganzen Welt unterwegs, um die Lebenssituationen von Kindern zu dokumentieren. Die Situation der Kinder ist ein Spiegelbild auf den Zustand der Gesellschaft. Die ARD-Reihe „Kinder der Welt" ist eine immer wieder provozierende Sendereihe, die teilweise auch Protestestürme auslöste, so eine Dokumentation über die Erziehung von jüdischen und palästinensischen Kindern.

„Denn sie wissen, was sie tun" ist eine Dokumentation aus Bolivien, die nicht nur über Bolivien berichtet, sondern eine Anfrage an die Lebenswelt und die Erziehung unserer Kinder hier ist.

Samstag, 4. Juni 1994, 20 Uhr

„Salaam Bombay"
Der halbdokumentarische Spielfilm erzählt die Geschichte Krishnas. Von einem Wanderzirkus zurückgelassen, zuvor von zu Hause weggelaufen, weil er das Moped seines Bruders angezündet hat, landet er schließlich in Bombay. Er träumt von der Rückkehr zur Mutter, doch dafür muß er 500 Rupien verdienen, soviel kostet ein neues Moped. – Doch im Alltag der Großstadt beginnt Krishna ganz unten in der Hirarchie der Straße, denn der Gedanke an Rückkehr ist bald nur noch ein ferner Traum. Er schläft wie die anderen Straßenkinder im Freien und verdient sich seinen Lebensunterhalt als Austräger von Tee und Brot. Dabei kommt er regelmäßig zu Rekha, die als Prostituierte arbeitet. Krishna freundet sich mit ihrer Tochter Manju an. Manjus Vater ist der Boß des Viertels, und für ihn arbeitet Krishnas bester Freund Chilium. Er ist Drogendealer, selbst rauschgiftsüchtig und ein Veteran der Straße. Als eines Tages ein neues Mädchen ins Bordell gebracht wird und gefügig gemacht werden soll, versucht Krishna, ihr zur Flucht zu verhelfen. Dies mißlingt und die Ereignisse im Viertel überstürzen sich. Chilium stirbt an einer Überdosis; aus Wut und Verzweiflung tötet

Rekha Baba und bei der anschließenden Flucht verlieren sich Krishna und Rekha. Mit dem Kreisel in der Hand sitzt Krishna am Ende wieder alleine auf der Straße.

7. Vorbereitung der MitarbeiterInnen

Ein für uns wichtiger Aspekt der Kinderstadtarbeit ist die Durchführung mit jungen ehrenamtlichen MitarbeiterInnen. Was für die Kinder gilt, gilt ebenso für Jugendliche. Es ist wichtig, daß Jugendliche mitgestalten können, Verantwortung übernehmen und Auswirkungen sehen können. Die Vorbereitungszeit für eine Kinderstadt beträgt gut 6 Monate.

Einen kleinen Einblick mag folgender Zeitplan und Checkliste geben:

Januar/Februar

– Eingabe Cityrat
– Infobrief an Institutionen
– Faltblatt und Begleitbrief an Pfarrämter, GemeindediakonInnen, Kantorinnen, Kinderkirchen (Meßnerpost), Stadtteilrunden, Vereine, Verbände, Stadtjugendring, Tagheime, Horte
– Brenzschule informieren (Zusammenarb.)
– Lageplan
– Genehmigung Straßensperrung
– Ausschankerlaubnis/Rechtliches klären
– Beantragung Zuschüsse
– Neukalkulation
– Finanzielle Beteiligung Kinder
– Materialsammlung für Beteiligte (Literatur/Spielvorschläge)
– Formbrief Sonderurlaub
– Kontakt Unternehmen/Betriebe wg. Material
– Stadtstruktur (Währung, EinwohnerInnenausweis, „Ältestenrat" etc).
– Abläufe/Höhepunkte der Stadt ausarbeiten
– Ziele spezifizieren

März

– Kontakt Einrichtungen und Organisationen
– Regenplanung
– ejs-aktuell Leitartikel + Rückmeldebogen (eingelegt)
– Gemeindebriefvorlagen für Mairundbrief
– Rundfunkkontakte knüpfen

April
- Rückmeldung von Ehrenamtlichen
- Gemeinsamer Vorbereitungstag/Organisationstag mit Ehrenamtlichen ejs
- Programmhinweise Stuttgarter Journale
- Stadtjugendring-Postversand von Plakaten und Handzetteln
- Einladung Pressekonferenz
- Handzettel an Jugendwerke/Gemeinden
- Organisation Aufbau

Mai
- letzte Absprachen
- Materialeinkauf
- Programmhinweise in Zeitungen
- Plakatieren
- Handzettel verteilen
- Handzettel an Schulen
- Pressekonferenz
- Bauten herstellen
- Schilder malen
- Wochenplan mit sämtlichen Aktivitäten erstellen
- Material richten

Juni

1. 6. Aufbau Kinderstadt
2. 6.
3. 6.
4. 6.
5. 6.
7. 6. Abbau
Reinigung
Plakate entfernen
Aufräumen

- Abrechnung
- Dankbriefe
- Anträge auf Zuschüsse
- Auswertung

8. Erfahrungen

- Täglich waren 150-300 Kinder auf dem Platz, eine fast optimale Zahl.
- Die Idee der „Welt im Kleinen" war gut, der Abschluß in einem Gottesdienst faszinierend. Die Kinder haben sich stark mit ihrer Kultur identifiziert, manchmal war die Überwindung der Grenzen zu anderen fast schwierig. Typisch deutsch aber die gute Organisation, die bei den Kulturen sonst wohl nicht anzutreffen ist.
- Sehr bewährt hat sich der Tagesrahmen von 10-18 Uhr. Das gemeinsame Mittagessen erwies sich als enorm wichtig für die Kulturen.
- Im ganzen war die Stadt zu kurz angelegt. Sie sollte in jedem Fall eine Woche oder länger dauern, damit sich eine Stadtstruktur mit allen Abläufen entwickeln kann.
- Kinder müssen kreativ sein können. Dies bedeutet, möglichst Material zur Verfügung zu stellen, das zur Weiterarbeit anregt, nichts darf fertig sein.
- Der Platz war sehr gut geeignet. Immer muß aber die Frage bei der Planung diskutiert werden, welcher Platz am nächsten zu den Wohnorten der Kinder liegt. Kinderstädte können auch dezentralisiert werden. Dennoch bleibt die Wichtigkeit von großen, gemeinsamen Erlebnissen.

Projektanschrift: Evangelisches Jugendwerk Stuttgart
Fritz-Elsass-Str. 44
70174 Stuttgart

Dieter Meyer

Jugendliche auf der Straße

1. Ausgangssituation

Seit zwei bis drei Jahren fallen in Stuttgart - vorwiegend im Herbst und Winter - Jugendliche im öffentlichen Raum auf, die augenscheinlich ohne Obdach sind.

Bei diesen jungen Menschen handelt es sich um StuttgarterInnen und NichtstuttgarterInnen, um Jugendliche ab 13 Jahren und um junge Volljährige. Die Polizei spricht von ca. 300 Personen unter 18 Jahren, die obdachlos oder in diesem Sinne gefährdet sind. Allerdings - und dies macht die Kurzbeschreibung deutlich – herrschen in Stuttgart keine südamerikanischen Verhältnisse, deswegen soll im weiteren Verlauf nicht von Straßenkindern, sondern von Jugendlichen gesprochen werden, deren Lebensmittelpunkt die Straße darstellt.

2. Um welche Jugendlichen handelt es sich?

– Beschreibung der Erfahrungen der Kontakt- und Anlaufstelle Schlupfwinkel Stuttgart.

Seit Dezember 1993 gibt es in Stuttgart die Kontakt- und Anlaufstelle Schlupfwinkel, ein Kooperationsprojekt des Jugendamtes der Stadt Stuttgart, der Evangelischen Gesellschaft und des Caritasverbandes Stuttgart.

In der Auswertungsphase der ersten 4 Monate des Projektes (Januar-April 1994) wurde die Kontaktstelle von 136 Personen 723 mal aufgesucht. 66 Jugendliche waren unter 18 Jahre, davon 40 weiblich, 48 unter 21, davon 6 weiblich, und 22 waren über 21 Jahre, davon 4 weiblich.

Auffallend ist der Anteil weiblicher Besucher unter 18 Jahren; der Anteil von Besucherinnen nimmt mit zunehmendem Alter deutlich ab.

Feststellbar ist ebenfalls ein sehr geringer Ausländeranteil.

Die wenigsten Jugendlichen sind in der Nacht auf den „Platz unter der Brücke" angewiesen. Die meisten Jugendlichen finden Unterschlupf bei kurzfristigen, losen, z. T. Abhängigkeit schaffenden Bekanntschaften.

Der Schlupfwinkel bietet Beratung, Erstversorgung (Essen, Dusche, Waschmaschine) und Vermittlung, hat aber kein Schlafplatzangebot mit Sleep-In-Charakter wie in anderen Städten (vgl. Frankfurt, Nürnberg, Zürich).

Unser Angebot, das sich vorwiegend an Jugendliche wendet, die bereits ihre Herkunftsbeziehungen verlassen haben, wird daher kaum von Jugendlichen wahrgenommen, die aufgrund „aktueller Krisensituationen" auf Hilfe angewiesen sind. Zusammengefaßt heißt dies, der Schlupfwinkel erreicht eher die TrebegängerInnen und nicht so sehr die AusreißerInnen oder gar präventiv Jugendliche, die Probleme/Konflikte in ihrer Herkunftsfamilie haben und Beratung bräuchten.

Die Jugendlichen, die den Schlupfwinkel frequentieren, verfügen oftmals über keine gesicherte Bleibe.

Die Gründe, die bei diesen Jugendlichen zur Obdachlosigkeit führen bzw. die drohende Obdachlosigkeit bedingen, sind vielfältig. Einerseits sind es Jugendliche, die von sich aus aufgrund von zerbrochenen und/oder durch Alkohol und Gewalt geprägten Familiensituationen das Elternhaus verlassen haben, die aufgrund erlebter körperlicher und/oder sexueller Gewalt aus ihren Familien geflohen sind. Andere Jugendliche haben die Leistungserwartungen und die Ansprüche ihrer Eltern hinsichtlich ihrer Schul- und Berufskarriere nicht erfüllen können. Sie verweigern die Fortsetzung der ihnen von den Eltern vorbildhaft gezeigten Lebensentwürfe, durch die sie sich überfordert und im Falle der Nichterfüllung als abgewertet erleben. Sie verlassen bewußt ihre Familie, um ein anderes, ein „besseres Leben" zu versuchen. Wiederum andere Jugendliche geraten auf die Straße, weil sich in ihrer Familie niemand mehr richtig um sie kümmert. Das können äußerlich intakte Familien sein, wo sich infolge von Ehekrisen der Eltern oder aus Gründen primär materieller Wertorientierung die Jugendlichen nicht mehr angenommen und geachtet fühlen; Beziehungsprobleme durch Trennung oder Scheidung beschleunigen diesen Prozeß. Dann sind es Jugendliche, denen von ihren Eltern „gekündigt worden ist", weil hier alters- und entwicklungsphasenbedingte Konflikte zwischen den Generationen nicht integrierbar oder lösbar waren. Andere Jugendliche geraten über Freunde, Bekannte, Cliquenkontakte auf die Straße, suchen dort ein interessanteres Leben als im Elternhaus, in Schule oder Ausbildung. Auch gibt es Jugendliche, die aus der Heimat der Jugendhilfe entwichen sind und eine Rückkehr dorthin verweigern.

Die Lebenslagen dieser Jugendlichen kennzeichnen sich durch die Kombination zumeist problematischer Merkmale wie:

- Beziehungsabbruch zur Herkunftsfamilie;
- Verweigerung bzw. Perspektivenlosigkeit bzgl. schulischer und beruflicher Ausbildung;
- Ablehnung herkömmlicher Lebensentwürfe und bewußte Wahl alternativer oder provokanter Lebensgestaltungen;
- Ablehnung von und Entweichung aus Heimen und Jugendhilfe;
- Gewalt- und Mißbrauchserfahrungen;
- Suchtgefährdung, Alkoholkonsum, um die eigene desolate Situation auszuhalten;
- Depressionen, Ängste, Verlassenheitsgefühle, soziale Isolation;
- materielle Not;
- Schnorren, Betteln und Kriminalität;
- unzureichende Ernährung und Hygiene;
- Gesundheitsgefährdung infolge fehlender medizinischer und ärztlicher Versorgung;
- Ablehnung von und Mißtrauen zu allen Institutionen der Gesellschaft, der Erwachsenenwelt: Behörden, Schulen, soziale Dienste, Einrichtungen der ambulanten und stationären Hilfe; gleichzeitig der Vorwurf: „Um mich kümmert sich niemand!" „Keiner nimmt mich ernst!" „Ich bin allen egal!"
- Nähewünsche zu Gruppen und anderen Jugendlichen, Partnerwünsche, das Tier als „besserer Mensch",
- Ausgehaltensein von anderen, sexuelle und materielle Abhängigkeit von Erwachsenen, um einen Schlafplatz, um Geld für Alkohol, Drogen, Lebensunterhalt zu bekommen;
- Prostitutionsgefährdung.

Wichtig bleibt festzuhalten, daß diese Jugendlichen aus allen gesellschaftlichen Schichten kommen; eine Herkunftssignifikanz läßt sich aufgrund unserer Erkenntnisse nicht ableiten.

Das Hilfsangebot des Schlupfwinkels erfordert, um angenommen zu werden, als methodische Umsetzung, sowohl ein durch Komm- als auch durch Gehstrukturen gekennzeichnetes Vorgehen; das bedeutet also auch die Präsenz der Fachkräfte in der Szene durch kontinuierliche Streetwork. Mit diesem Arbeitsansatz soll den Jugendlichen vermittelt werden: „Du bist mir wichtig" und „Ich bin verläßlich", die professionellen SozialarbeiterInnen suchen die Jugendlichen in ihren Lebenswelten auf und lassen sich dort auf deren Spielregeln ein.

3. Rechtliche Grundlagen

Das KJHG (Kinder- und Jugendhilfegesetz) schreibt vor, daß Kinder und Jugendliche ein Recht auf leibliche, seelische und gesellschaftliche Versorgung haben; mit anderen Worten: Kinder sind entweder bei ihren Eltern oder in Ausnahmefällen in Heimen oder anderen Wohnformen untergebracht.

Entscheidende Paragraphen im Umgang mit TrebegängerInnen und AusreißerInnen sind:

§ 42 KJHG: Inobhutnahme (hoheitliche Aufgabe des Jugendamtes)
§ 34 KJHG: Heim und andere Wohnformen
§ 34 KJHG: Intensive sozialpädagogische Einzelfallhilfe
§ 41 KJHG: Hilfe für junge Volljährige (in Abgrenzung zum § 72 BSHG).

Die Grundaussage des KJHG lautet, daß das Elternrecht vor dem Recht des Kindes, des Jugendlichen geht und daß Jugendliche selbst keine Anträge auf Jugendhilfe stellen können, außer sie würden das Vormundschaftsgericht einschalten.

4. Kritische Fragen

Trotz all dieser Angebote hauen Jugendliche auch vor uns ab; sie entziehen sich. Trotz aller Niederschwelligkeit fallen viele durch, verweigern Schulbesuche und lehnen sich gegen traditionelle Lebensentwürfe auf.

Einige lehnen trotz aller Bemühungen unsere Arbeit ab. Diese besteht darin, zu verhindern helfen, daß junge Menschen, bei denen die Straße kurz- oder mittelfristig zum Lebensmittelpunkt geworden ist, sich dort auf Dauer verorten und nicht mehr rauskommen. Aufgrund dieser „Schicksale" lassen sich etwa ketzerische Fragen ableiten, die zu diskutieren sind:

1. Versagen SozialarbeiterInnen oder HelferInnen, weil die Kids eigentlich „Eltern" brauchen?

2. Wollen die Jugendlichen vielleicht gar keine Betreuung?
3. Wo sind die Grenzen, die wir in der Arbeit mit „solchen" Jugendlichen setzen müssen?
4. Wo sind die neuen Ideen, die die Jugendlichen begeistern und vom „Hocker reißen"?
5. Die Jugendlichen wollen nicht zur Schule, wollen keine Ausbildung, wollen nicht arbeiten, was wollen sie dann? Muß man ihnen dies zugestehen?
6. Für viele gibt es die geradlinigen Lebensentwürfe nicht mehr! Wo sind die Alternativen?
7. Muß man Jugendliche zu ihrem Glück zwingen?
8. Wer sagt uns, daß wir nur das Beste für die Jugendlichen wollen?
9. Reicht es einfach aus, Wohnraum zur Verfügung zu stellen?

5. Resümee

Die Arbeit mit der Zielgruppe „AusreißerInnen/TrebegängerInnen" ist in dieser Dimension und Ausprägung für Stuttgarter Verhältnisse noch relativ neu.

Es gibt keine Patentrezepte; ein Ansatzpunkt könnte sein, die Jugendlichen ernst zu nehmen und ihnen zuzuhören, denn sie suchen Familienersatz, Wärme, Zuneigung, Geborgenheit und Zuwendung.

Sie versuchen, im „Dschungel der Gesellschaft" zu überleben, sich zu orientieren und ihren Platz zu finden.

Andere suchen die Neutralität oder einen vorübergehenden Unterschlupf; allen gemeinsam ist, daß sie Erwachsene suchen, mit denen sie sich auseinandersetzen und reiben können, um ihre Lebenswirklichkeit zu entdecken und ihren Weg gehen zu können.

Projektanschrift: Caritas Stuttgart
      Jugendhilfe
      Schlosserstr. 27
      70180 Stuttgart

Wolfgang Sartorius

Arbeitslose Jugendliche – was ist uns unsere Jugend wert?

„Arbeitslose Jugendliche stehen auf der Kippe: Nur wenn wir ihnen genügend funktionierende Hilfeangebote zukommen lassen, werden wir sie integrieren können." Ignaz Bubis[1]

1. Jugendarbeitslosigkeit: Wovon reden wir überhaupt?

Nach der Definition der Bundesanstalt für Arbeit sind arbeitslose Jugendliche junge Menschen, die arbeitslos gemeldet sind und das zwanzigste Lebensjahr noch nicht vollendet haben. Im KJHG[2] sind junge Menschen solche, die das siebenundzwanzigste Lebensjahr noch nicht vollendet haben.

Daraus ergibt sich ein erhebliches Problem, da die Arbeitsmarktstatistik nur die unter zwanzigjährigen und damit den geringeren Teil der arbeitslosen jungen Menschen erfaßt. Somit handelt es sich hier fast ausschließlich um eine „1. Schwellen-Statistik".

Die jungen Menschen an der „2. Schwelle", also am Übergang von einem Studium oder einer Berufsausbildung in eine Erstanstellung, bleiben unberücksichtigt. Dies ist insofern problematisch, als gerade in den letzten zwölf Monaten die 2. Schwelle für viele zu einer unüberwindlichen Hürde und damit zum Auslöser individueller Krisen wurde.

Am 6.9.94 hatten wir folgende Zahlen arbeitsloser Jugendlicher zu verzeichnen:

BRD Ost:	22 216
BRD West:	81 469
total	103 685
Land BW:	11 187
Arbeitsamtbezirk HN:	599

---

[1] Heilbronner Stimme vom 27.7.1994
[2] Kinder- und Jugendhilfegesetz (8. Buch Sozialgesetzbuch)

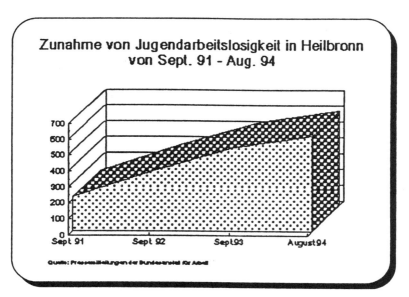

Anhand der ersten Grafik ist deutlich eine Entwicklung zu erkennen, die durch einen relativ steilen Anstieg und einem anschließenden Verharren auf hohem Niveau gekennzeichnet wird. Diese Heilbronner Entwicklung kann tendenziell auf Baden-Württemberg übertragen werden.

Interessant ist, daß die Entwicklung in Heilbronn ungünstiger als im Durchschnitt Bund-Land ist. Dies wird am zweiten Schaubild deutlich:

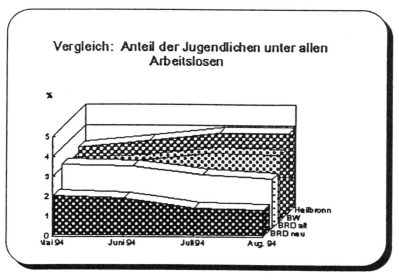

An dieser Stelle wird immer wieder darauf hingewiesen, daß der relative Anteil der unter Zwanzigjährigen unter allen Arbeitslosen recht geringfügig sei. Das ist zweifellos richtig.

Mehr noch: angesichts der Anteile arbeitsloser Jugendlicher, die in manchen Ländern der Europäischen Union, wie z.b. Griechenland, Portugal oder Irland bis zu 30 Prozent betragen, stehen wir in Deutschland in quantitativer Hinsicht recht gut da.

Nur nützt diese Sichtweise den Betroffenen und der jeweiligen Gesellschaft nichts, weil Arbeitslosigkeit unabhängig von ihrer quantitativen Ausprägung in ihrer individuellen Qualität als persönliches Leiden[3] erfahren wird.

Anders ausgedrückt: das Maß der Dinge muß der einzelne junge Mensch in seiner Lebenslage sein!

2. Unter welchen emotionalen, sozialen und ökonomischen Bedingungen leben arbeitslose Jugendliche in der BRD?

a) Die aktuelle Ausbildungsstellensituation

Bevor wir der Frage nach den emotionalen und sozialen Lebenslagen nachgehen, möchte ich ganz kurz den Ausbildungsmarkt skizzieren. Gerade in der heißen Phase der Bundestagswahl konnte man den Eindruck gewinnen, es gäbe keine arbeitslosen Jugendlichen. So hieß es in den Medien, alle Jugendlichen mit dem Wunsch nach einem Ausbildungsplatz seien untergebracht, vielmehr blieben sogar ein paar Lehrstellen offen.

Für sich betrachtet mögen diese Aussagen richtig sein. Nur muß man bei ihrer Interpretation in Betracht ziehen, daß es hier differenzierte Angebote am Markt gab und gibt. Während beispielsweise in Baden-Württemberg im industriellen und kaufmännischen Bereich massiv Lehrstellen abgebaut oder nicht besetzt wurden, stehen in einigen Handwerksberufen und im Nahrungsmittel- und Gaststättengewerbe durchaus noch Stellen offen.

Was aber heißt dies in der Praxis?

Stellen Sie sich bitte einmal eine junge Frau aus Heilbronn vor, die mit der Note „gut" ihren Realschulabschluß erworben hat und gerne Kauffrau für Bürokommunikation werden will. Was nützt es ihr, wenn in Rostock oder Lörrach Lehrstellen frei sind? Oder was nützt es ihr,

---

[3] siehe: Sölle, Dorothee: Leiden. Stuttgart 1989, S. 15 ff.

wenn ihr eine Lehrstelle als Fliesenlegerin angeboten wird? Im einen wie im anderen Fall kann sie zwar, Flexibilität und geographische Mobilität vorausgesetzt, einen Beruf erlernen. Nur ist zumindest aus pädagogischer Perspektive zu fragen, wie sinnvoll es ist, einen jungen Menschen aus gewachsenen, funktionierenden sozialen Strukturen herauszureißen oder aber ihm einen Beruf aufzudrängen, den er nicht erlernen möchte?!

An dieser Stelle bestehen zwischen den Anforderungen nach Flexibilität und Mobilität, die derzeit modern sind und von konservativen Politikern immer wieder erhoben werden und den realen Lebensvorstellungen junger Menschen fast unauflösbare Diskrepanzen.

In diesem Beispiel habe ich von einer jungen Frau geredet, die über einen guten, mittleren Bildungsabschluß verfügt. Bisher habe ich noch nicht von jenen jungen Menschen gesprochen, denen die Arbeit von Jugendberufshilfe gilt und die vom Gesetzgeber als „sozial benachteiligt und individuell beeinträchtigt"[4] bezeichnet werden.

Um welche Menschen handelt es sich, denen die Angebote von Jugendberufshilfe gelten?

b) Unsere Zielgruppe

Wir arbeiten vorwiegend mit jungen Menschen, die keinen oder allenfalls einen mittelmäßigen Schulabschluß haben und z.B. in Maßnahmen der Arbeitsverwaltung oder von Bildungsträgern gescheitert oder überfordert waren und sind. Weiter sind viele unserer Betreuten durch ein problematisches Elternhaus, biographische Brüche wie Scheidung der Eltern, häufigen Wohnsitzwechsel der Familie, ungünstige Entwicklungen hinsichtlich Drogen und Delinquenz, gesundheitliche Einschränkungen oder Behinderungen u.a.m. belastet. Besonders schwer haben es ausländische Jugendliche und Frauen, sofern eines oder mehrere der o.g. Merkmale auf sie zutreffen.

Insgesamt möchte ich sehr deutlich darauf hinweisen, daß Jugendarbeitslosigkeit – ebenso wie Arbeitslosigkeit bei Erwachsenen – primär ein strukturelles und damit soziales Problem ist, das vielfältige Ursachen hat.

Fatal ist dabei aber, daß die Betroffenen das Problem in sich sehen und mit zunehmender Zeitdauer individualisieren. Auf diese Weise werden

---

[4] vgl. § 13 KJHG

sie nicht nur von ihrem sozialen Umfeld stigmatisiert, sondern entwickeln z.T. Schuld- und Versagensgefühle von neurotischer Qualität.

Konkret sind es Gefühle und Erfahrungen wie
- „nicht-gebraucht-werden",
- „unnütz sein",
- „keine Herausforderung, keine Aufgabe haben",
- „nicht angenommen, akzeptiert sein",

die zu nachhaltigen Beeinträchtigungen des Selbstwertgefühls, zu Passivität und Resignation führen und das Rückzugsverhalten verstärken. Langfristig führt dies immer wieder in die totale soziale Isolation. Ich weiß von Fällen, wo etwa ein junger Mann über Monate sein Bett nur noch zur Verrichtung der Notdurft und zur Nahrungsaufnahme kurz verlassen und ansonsten seinen Tag mit Fernsehen zugebracht hat.

Immer öfter erleben wir junge Menschen, vorwiegend aus kleinen Städten und Dörfern, die von ihren Eltern auf die Straße gesetzt werden, weil sie „nichts arbeiten" und man deswegen von den Nachbarn „schräg angeschaut", also durch das hohe Maß sozialer Kontrolle beeinträchtigt und stigmatisiert wird. Hier kommt dann zu den individuellen Versagenserlebnissen die Abwendung der nächsten Vertrauten. Dies führt manchmal bis hin zu Suizidversuchen und Suiziden.

Eine interessante sozialmedizinische Untersuchung aus Schweden zeigt auf, wie sich Jugendarbeitslosigkeit in gesundheitlicher Hinsicht auf die Betroffenen auswirkt. Dabei wurden – kurz gefaßt – folgende Resultate erzielt: Depressionen, Magenbeschwerden, Nervosität, Schlaflosigkeit, Allergien nehmen stark zu; ca. 1/3 männliche arbeitslose Jugendliche waren nach 6 Monaten alkoholabhängig oder benützten andere Drogen.[5]

Dies deckt sich insoweit mit unserer Erfahrung, als wir häufig junge Menschen mit den beschriebenen Krankheitsbildern erleben, bei denen als wirksame Hilfe vor der beruflichen Integration eine therapeutische Behandlung erforderlich ist.

Zusammenfassend zu den Bereichen „emotionale und soziale Folgen von Jugendarbeitslosigkeit" können wir aus unserer Beobachtung sagen, daß Probleme mit zunehmender Fortdauer von Arbeitslosigkeit

---

[5] Hammaström, Anna: „Arbeitslosigkeit und Krankheit"; zitiert aus: Blätter der Wohlfahrtspflege Nr. 3/94, Seite 49 ff

subjektiv „wachsen", also kumulieren. Die praktische Folge: Je länger der Übergang Schule-Beruf dauert, desto größer ist die Gefahr des Scheiterns in umfassender Hinsicht.

Besonders wichtig ist dabei die Beobachtung, daß die sog. „Schlüsselqualifikationen" wie soziale Kompetenzen, Durchhaltevermögen, Pünktlichkeit, Kontinuität bis 25, spätestens 30, erworben sein müssen oder aber nie mehr erworben werden. Aus diesem Grund ist Jugendberufshilfe immer ein Wettlauf mit der Zeit.

c) Was bedeutet Arbeitslosigkeit für Jugendliche in materieller Hinsicht?

Teilweise geraten arbeitslose junge Menschen in existentielle Not, die in der Folge Wohnungsverlust und Obdachlosigkeit bewirkt. Selbst elementarste Bedürfnisse wie ein sicherer Schlafplatz, Möglichkeiten zur Körperpflege, die Wahrung einer Intimsphäre bleiben unbefriedigt.

Für viele ist die Arbeitslosigkeit der Beginn der Abwärtsspirale in die Sozialhilfe/Armut, aus der nur wenige wieder herausfinden. Ich bin gespannt darauf, wenn etwa bis in fünf Jahren Untersuchungen über die Ursachen der Lebenslage junger alleinstehender Wohnungsloser vorgelegt werden, wieviele von ihnen über Jugendarbeitslosigkeit in diese Lebenslage geraten sein werden!

In diesem Zusammenhang darf ich daran erinnern, daß bereits heute 1/3 aller Sozialhilfeempfänger durch Arbeitslosigkeit in diese Situation geraten sind und entsprechend jedes 11. Kind in Baden-Württemberg im Sozialhilfemilieu aufwächst.[6]

Es ist auch keine Neuigkeit, daß solchermaßen erzeugte materielle Armut zu Bildungsarmut und mangelnder gesellschaftlicher Teilhabe führt und von Generation zu Generation tradiert wird!

d) Die Spaltung geht weiter...

Ebenfalls wichtig in diesem Zusammenhang scheint mir, daß es offensichtlich auch an dieser Stelle eine gesellschaftliche Spaltung in Sieger und Verlierer gibt.[7] So beschreiben etwa Held/Marvakis, daß sich Jugendliche „aus prosperierenden Betrieben mit dem überlegenen System Marktwirtschaft" identifizieren und dadurch von oben herab auf marginalisierte Jugendliche schauen würden. Dies wiederum führt

---

[6] Landtagsdrucksache 11/3919, Seite 34
[7] Ideen-Redaktion: Rechtsextreme Jugendliche. Göttingen 1993

nach unserer Beobachtung dazu, daß marginalisierte und dadurch isolierte junge Menschen vielfach keine Teilhabe an positiven peer-group-Aktivitäten kennen, weil sie sich einerseits ob ihrer Lebenslage schämen und andererseits schlicht kein Geld für typische Aktivitäten wie Kino, Disko oder Kneipe haben und sich auch nicht die neueste CD, den flotten GTI oder ähnliches leisten können.

Logische Konsequenz daraus ist, daß manche jungen Menschen in solche peer-groups hineingeraten, die durch ähnliche Lebenslagen und negative Erfahrungen ihrer Mitglieder gekennzeichnet sind. Ich denke, es bedarf in diesem Kreis keiner weiteren Erläuterungen, daß und weshalb solche Gruppen eher zu gesellschaftlich sanktioniertem als zu integrativem Verhalten bei den Mitgliedern führen!

e) Arbeitslose Jugendliche und Gewalt

Unter der Vielzahl von Beobachtungen, die wir in den Jugendwerkstätten im Kontext des immer härter werdenden Wettbewerbs um Arbeitsplätze machen, möchte ich Ihnen ein paar Beobachtungen zum Thema Gewalt beschreiben.

Für uns ist das Thema „Gewalt" in unterschiedlichen Ausprägungen ein Thema, mit dem wir uns als Pädagogen immer wieder beschäftigt haben.

Dabei standen früher Themen wie: Gewalt in Familie und Partnerschaft, Vandalismus, Gewalt zwischen Jugendcliquen im Vordergrund. Seit in Deutschland wieder Menschen brennen, ist das Thema „Gewalt gegen Fremde und hilflose Menschen" an diese Stelle gerückt.

Dabei ist dieses Thema für uns keineswegs nur Theorie; bedauerlicherweise haben wir auch in unseren Jugendwerkstätten praktische Erfahrungen sammeln müssen. Wir haben in letzter Zeit immer wieder auch mit jungen Menschen gearbeitet, die aus einem massiv rechtsextrem geprägten Umfeld kamen. Es gab Bedrohungen einzelner Mitarbeiter und mehrere Einbrüche bzw. Einbruchsversuche und Diebstähle in unseren Räumen.

Es wäre nun völlig absurd, hier generell von rechtsextremen Tätern auszugehen; denn wir alle wissen, daß bestimmte Formen sogenannter Jugendkriminalität wie etwa das Frisieren des Mopeds oder eine Rauferei ubiquitär, also in einem bestimmten Alter quasi „normal" sind und eben auch den Reiz, die Stimuli dieses Alters bilden.

Aber insgesamt ist bei uns unzweifelhaft eine massive Zunahme von Gewalt gegen Personen wie auch gegen Sachen festzustellen: Das Klima ist rauher geworden!

Aus diesem Grund ist die Auseinandersetzung mit der Gewaltproblematik nach unserem Selbstverständnis ein wichtiger Bestandteil von Jugendsozialarbeit und Jugendberufshilfe, der wie Sucht- oder Schuldnerberatung fester Bestandteil der Arbeit werden muß.

Dabei haben wir in der konkreten Arbeit mit dem Thema Gewalt schnell die Erfahrung gemacht, daß allein die kognitive, verstandesmäßige Auseinandersetzung zu wenig ist. Wir mußten feststellen, daß hier die Handlungsmöglichkeiten begrenzt sind und in dem Maß abnehmen, wie Gewalt als probates Mittel zur Durchsetzung eigener Interessen von einer breiter werdenden Gruppe unserer Gesellschaft toleriert, sogar akzeptiert wird.

Daß dem so ist, sagte vor kurzem auch der renommierte Tübinger Sozialwissenschaftler, Professor Hans Thiersch, bei einem Jugendtag in Stuttgart. „Obwohl Gewalt einerseits gesellschaftlich tabuisiert werde", so Thiersch, „ermutige die Gesellschaft doch auch zur Gewalt: wer sich durchsetzen könne, bringe es am weitesten." Weiter sagte er zum Thema Umgang mit Gewaltdarstellungen in Medien, „daß hier viele Menschen von unserer Gesellschaft überfordert würden, was sich wiederum in Gewalt ausdrücke." In meinen schlichten Worten ausgedrückt heißt das nichts anderes als daß wir, wenn wir als Erwachsene den Jugendlichen unsere Ellbogenmentalität vorleben und mit der Produktion von Gewalt in Medien Milliarden umgesetzt werden, schlechte Vorbilder und damit mitschuldig an der negativen Veränderung hin zur Gewalt sind!

Leider werden in den Medien arbeitslose Jugendliche häufig als überproportional gewaltbereit dargestellt. Manche Journalisten sehen einen Automatismus zwischen Arbeitslosigkeit und zunehmender Gewalt in unserer Gesellschaft. Für sie müssen arbeitslose, frustrierte Jugendliche gleichsam zwangsläufig Gewalttäter werden. Immer wieder ist den Medien, und hier vor allem der sogenannten „yellow press", bei fremdenfeindlichen Straftaten zu entnehmen, daß sich hier vor allem arbeitslose Jugendliche hervortäten.

Solche Behauptungen sind schlicht falsch. Zwar waren und sind auch einzelne Arbeitslose an den fremdenfeindlichen Aktivitäten der letzten Jahre beteiligt gewesen, aber sie waren im Vergleich zu anderen Bevölkerungsgruppen nicht überrepräsentiert. Vielmehr liegt deren Anteil mit etwa neun Prozent wesentlich niedriger als meist erwartet.[8]

An dieser Stelle halte ich eine offene Diskussion für dringend erforderlich, um die ohnehin stigmatisierte Gruppe der arbeitslosen Jugendlichen nicht noch weiter zu stigmatisieren.

Aber andererseits: wenn Ralf Dahrendorf vor nunmehr zwanzig Jahren mit seiner „Theorie der Lebenschancen" zutreffend analysierte, daß ein Mangel an Wahlmöglichkeiten bezüglich der eigenen beruflichen Entwicklung und eingeschränkte soziale Bindungen bei jungen Menschen u.a. zu Vandalismus und KV-Delikten führen, so hat diese Theorie in den Ereignissen der letzten Jahre in der BRD in der Tat ihre Renaissance, es ist etwas dran. Im Grunde ist es für mich ein echtes Wunder, daß sich benachteiligte junge Menschen, die ein Leben lang nur Verlierer waren und oft bleiben werden, schicksalsergeben mit ihrer Lage abfinden und nicht im wörtlichen Sinn „auf die Barrikaden" gehen!

Angesichts der letzten Bundestagswahl könnten wir uns an dieser Stelle nun wieder beruhigen, die Republikaner sind ja nicht im Bundestag. Aber ich bin fest davon überzeugt, daß wir in unserem Lande immense rechtsextreme Potentiale beherbergen, die nur von einer Führerfigur instrumentalisiert werden müssen, um erneut in politische Ämter zu gelangen. Österreich läßt grüßen!

Zum Abschluß dieses Punktes möchte ich Sie auf eine Erfahrung hinweisen, die wir immer wieder machen. In unserer Einrichtung sind Menschen unterschiedlicher Herkunft aus durchschnittlich fünf Nationen beschäftigt, wir sind eine funktionierende, multikulturelle Einrichtung. Da steht dann das tief verschleierte Mädchen neben dem kurzgeschorenen jungen Mann – und was passiert? Nichts – die beiden lernen sich über das Medium Arbeit gegenseitig in ihrer Unterschiedlichkeit zu akzeptieren, Vorurteile und Ängste schwinden.

Gerade für manche deutschen Jugendlichen aus rechtsgeprägten, oft unterprivilegierten Elternhäusern ist hier die erste positive Begegnung mit den vermeintlich „schlimmen" Ausländern möglich und dies hat, behutsam durch meine Kolleginnen und Kollegen begleitet, in unserer nun elfjährigen Geschichte praktisch immer zu gegenseitiger Achtung und Akzeptanz geführt. Fazit daraus: wo Erfahrungen miteinander

---

[8] Bundestagsdrucksache 12/6836, Seite 59

möglich werden, fallen Vorurteile schnell unter den Tisch. Ich finde dies sehr ermutigend und bedenkenswert.

3. Wie können Hilfeangebote für arbeitslose Jugendliche aussehen?

In unserem Land gibt es Menschen, die mehr oder weniger sachkundige Lösungen für das Problem Jugendarbeitslosigkeit parat haben. Ich muß allerdings zugeben, daß es mich doch etwas überrascht hat, daß ausgerechnet Dr. Angela Merkel, zumindest bis zum 16.10.94 Bundesjugendministerin, dazu im Frühsommer folgende Meinung hatte: „Junge Menschen sorgen sich derzeit vor allem um ihre berufliche Zukunft. Durch eine Reihe von Fördermaßnahmen... konnte in den Jahren 1991, 1992 und 1993 allen Jugendlichen auch in den neuen Bundesländern ein Ausbildungsplatz angeboten werden... Die gegenwärtige wirtschaftliche Krise bereitet gleichwohl große Sorgen. Die Maßnahmen zum Standortbericht der Bundesregierung und das Aktionsprogramm für mehr Wachstum und Beschäftigung werden mit einer Belebung der Wirtschaft auch zu zusätzlichen Arbeitsplätzen führen".[9]

Frau Merkel geht hier davon aus, daß sich das Problem Jugendarbeitslosigkeit mit den Mitteln des Marktes automatisch lösen werde, wenn wir nur einen Konjunkturaufschwung bekommen. Diese Annahme ist ebenso vermessen und naiv wie der Terminus „Vollbeschäftigung", weil es weder das eine je gab noch das andere geben wird!

Die Gründe dafür sind einerseits vielfältig, andererseits Binsenweisheiten. Verkürzt gesagt geht es um die Tatsache des „kobless growth". Dies ist jenes Phänomen, bei dem Wirtschaftswachstum und Beschäftigung entkoppelt sind und es langfristig bleiben werden, wie die Landesregierung Baden-Württemberg ohne Umschweife zugibt. Sie geht von einem weiteren Rückgang der Nachfrage nach gering Qualifizierten bis ins Jahr 2000 aus[10], und das heißt konkret: Nicht marktentsprechend qualifizierte, wirtschaftlich „optimal verwertbare" Menschen, und zu jenen gehören arbeitslose Jugendliche, werden in absehbarer Zeit weder eine Chance auf einen Einfacharbeitsplatz haben noch eine marktadäquate Ausbildung machen können.

Das Angebot an Einfacharbeitsplätzen wird sich auch weiterhin konjunkturunabhängig verkleinern, wenn wir diesen Bereich dem Spiel der Kräfte des Arbeitsmarktes überlassen. Denken Sie einfach an sol-

---

[9] ebd., Einleitung
[10] Landtagsdrucksache 11/3760, Seite 12

che Stichworte wie: Standortsicherung, Lean Management, Lean Production, KVP u.ä., wo klar wird: Unser Wirtschaftssystem lebt in erster Linie vom Prinzip der Gewinnmaximierung und verzichtet auf den Luxus von Einfacharbeitsplätzen, die in Shanghai oder Warschau billiger zu haben sind. „Die Industrie kann, muß und wird sich die besten (jungen Menschen) auswählen, und die findet sie nicht nur am Standort Deutschland, sondern überall in der Welt. Wie aber geht es den Zweitbesten? Resignation angesichts der riesigen Arbeitslosigkeit, bevor man überhaupt den Spaten in die Hand genommen hat?"[11]

Aus diesen Tatsachen heraus muß die logische Forderung ein dauerhaft subventionierter komplementärer Arbeitsmarkt für die beschriebenen Menschen sein, sofern man Arbeit als erstrebenswert und als einen Wert an sich betrachtet. Dennoch halte ich es für ganz entscheidend wichtig, im ständigen Dialog mit Kammern und Gewerkschaften, mit Politikern, Kirchen und Wirtschaftsverbänden auf die Probleme arbeitsloser Jugendlicher hinzuweisen und unermüdlich über Lösungen, Möglichkeiten und Formen von Beschäftigung und Qualifizierung nachzudenken. Für mich ist klar: Es gibt keine einfache Lösung für das vieldimensionale Problem Jugendarbeitslosigkeit – Lösungen müssen und können nur ebenso vieldimensional sein!

4. Die Angebote der Jugendwerkstätten

Die Jugendwerkstätten verstehen sich mit ihrer Zugehörigkeit zum Fachverband Arbeitslosenhilfe im Diakonischen Werk als Teil des zweiten, komplementären Arbeitsmarktes.

Entsprechend sehen wir den Menschen nicht nach seiner wirtschaftlichen Verwertbarkeit an. Vielmehr versuchen wir den ganzen Menschen zu sehen und ihn in seinem „So-Sein" um seiner selbst willen zu verstehen, zu akzeptieren und seinen Bedürfnissen und Wünschen entsprechend zu fördern. Deshalb bieten wir auch Anregungen zur Freizeitgestaltung, Beratung und Betreuung über die eigentliche Arbeit hinaus an.

Dabei hat sich unser über nun elf Jahre hinweg entwickeltes „Baukastenprinzip" als eine Möglichkeit gut bewährt. In vielen Fällen ist es uns gelungen, das Ziel „Einfacharbeitsplatz" oder „Lehrstelle" bzw. schulische Weiterbildung zu erreichen. Selbstverständlich funktioniert diese Arbeit nur dann, wenn eine gute Einbindung in die regionale Sozialinfrastruktur gegeben ist und Hilfeangebote unterschiedlicher Träger vernetzt werden. Hier lassen sich in der Tat beachtliche „Synergieeffekte" erzielen.

---

[11] aus: Süddeutsche Zeitung vom 18.5.1994

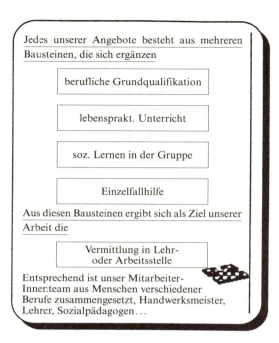

Im einzelnen bieten wir Beschäftigungs- und Qualifizierungsplätze in den Bereichen: „Schreinerei", „Weltladen", „Historische Gärten und Forst" sowie in den „Neuen Technologien – EDV" an.

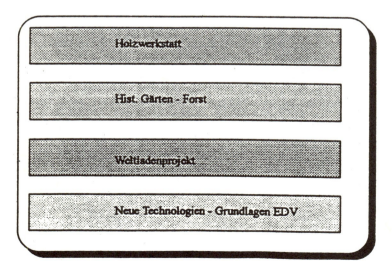

Alle bei uns Beschäftigten sind sozialversichert und erhalten ca. 900,- DM netto im Monat. Dieses Gehalt ist eine außertarifliche Konstruktion und entspricht etwa einem durchschnittlichen Lehrlingslohn.

Interessant ist vielleicht auch die Frage unserer Gesamtfinanzierung, die sich aus unterschiedlichen, mehr oder weniger verläßlichen Töpfen von Arbeitsverwaltung, Kommunen, Bund, Land, Ev. Kirche, EU, Eigenmitteln, Spenden u.a. zusammensetzt. Diese Situation bringt einerseits ein hohes Maß an finanztechnischer Kreativität mit sich, andererseits ist aber keine solide, perspektivische Planung möglich. An dieser Stelle bewundere ich meine Kolleginnen und Kollegen sehr, von denen die meisten über Jahre hinweg mit dieser Finanzunsicherheit leben und die trotzdem mit hoher Kompetenz und großem Engagement bei der Sache sind!

5. Was ist uns unsere Jugend wert?

Dieser Untertitel der Tagung ist so etwas wie eine Forschungsfrage. Ich habe sie gerne als Überschrift für mein Referat gewählt und möchte nun versuchen, sie „auf den Punkt", präziser: auf drei Thesen, zu bringen.

These 1. Wir haben es mit einer Spaltung der jungen Menschen am Übergang Schule – Beruf zu tun, die man in die beiden Gruppen „Gewinner" und „Verlierer" oder auch: „Modernisierungsverlierer" und „Modernisierungsgewinner"[12] einteilen kann.

Für die Gewinner, hier meine ich junge Menschen mit brillanter Schul- oder Berufsausbildung und der Bereitschaft und Fähigkeit, sich flexibel und geographisch mobil zu zeigen, stehen nach wie vor die Wege offen. Sie können fast uneingeschränkt über eines der besten Berufsausbildungssysteme und über reichhaltige Studienmöglichkeiten verfügen. Diese jungen Menschen sind unserer Gesellschaft als potentielle „Leistungsträger" **wert-voll** und damit eine Menge an Investitionen, Infrastruktur und damit Geld **wert**.

These 2. Die Verlierer, die „Freigesetzten" des Arbeitsmarktes,[13] sind jene jungen Menschen, die aufgrund ihrer persönlichen Entwicklung, ihrer mangelnden schulischen Leistungen oder anderer (sogenannter) Defizite nicht so unisono zu integrieren sind. Sie sind weitgehend **wertlos**, eben weil sie sich nicht auf die Forderungen nach Flexibilität und

---

[12] ideen, a.a.O., S. 21
[13] Beck, Ulrich: Risikogesellschaft. Frankfurt 1986, Seite 115 ff

Mobilität einlassen können oder wollen und deshalb für unser Wirtschaftssystem nicht **wert-schöpfend** zu **ver-wert-en** sind. Ihnen werden die „Brotkrumen" zugestanden, die vom „Tisch der Reichen" fallen, sprich: ihnen werden zunächst über Bildungsträger und Arbeitsverwaltung Angebote gemacht, und wenn sie daran scheitern, erhalten sie notfalls Sozialhilfe - verhungern muß keine(r)...

These 3. In einer Gesellschaft, deren soziales Sicherungssystem nicht aus Steuermitteln, sondern überwiegend aus Versicherungsbeiträgen durch den Generationenvertrag getragen wird und die demographisch betrachtet am Vergreisen ist, ist es mehr als kurzsichtig und letztlich selbstzerstörerisch, nicht allen arbeitslosen jungen Menschen adäquate Integrationschancen zu bieten. Es gäbe genügend kompetente Träger von Jugendberufshilfe und es wären m. E. die Mehrzahl der arbeitslosen Jugendlichen auf diesem Weg zu integrieren, wenn die Arbeit ordentlich finanziert würde. Deshalb muß in der kommenden Legislaturperiode dringend eine verbindliche Regelfinanzierung für § 13 KJHG entwickelt werden.

Was kann eine Gesellschaft Dümmeres tun, als sich ihrer eigenen Zukunft zu berauben? Jugend ist Zukunft, und deshalb ist jede einzelne Mark, die gegen Jugendarbeitslosigkeit und für arbeitslose Jugendliche verwendet wird, eine wertvolle und hochverzinsliche Investition in unsere gemeinsame Zukunft!

Wir haben den Begriff „Wert" bisher vorwiegend in seiner monetären und volkswirtschaftlichen Dimension verwendet. Ich möchte deshalb nochmals deutlich machen, daß für uns als diakonischer Träger von Jugendberufshilfe der Wertbegriff damit nur am Rande gestreift wird: Ein Mensch ist ein Wert um seiner selbst willen und wertvoll an sich. Aus diesem Grund lohnt es sich prinzipiell, jedem jungen Menschen mit einer noch so verworrenen Biographie um seiner selbst willen und im Hinblick auf unser aller Wohl Unterstützungsangebote zu machen und mit ihm nach einem individuell gangbaren Weg zu einem subjektiv gelingenden Leben zu suchen.

Zwei Zitate sollen nun am Ende einerseits zusammenfassen, andererseits die Frage nach dem Wert von Jugendlichen für unsere Gesellschaft aufgreifen:

„Arbeitslose Jugendliche stehen auf der Kippe: Nur wenn wir ihnen genügend funktionierende Hilfeangebote zukommen lassen, werden wir sie integrieren können."[14]

---

[14] Heilbronner Stimme vom 27. 7. 1994

Diese erstaunliche Aussage von Ignatz Bubis, der bekanntermaßen „Marktwirtschaftler" und als solcher ein auf Gewinn bedachter Mensch ist und dennoch gerade in diesen ökonomisch schwierigen Zeiten die Forderung erhebt, verstärkt öffentliche Gelder in Jugendliche zu investieren, führt zum zweiten Zitat hin:

„Den Wert einer Gesellschaft erkennt man daran, wie sie mit ihren schwächsten Mitgliedern – hier mit marginalisierten Jugendlichen – umgeht."

Ich glaube wir müssen (wieder) lernen, unsere Jugendlichen, und besonders die marginalisierten unter ihnen, nicht als Problem, sondern als eine große Zukunftschance zu begreifen. Wir können jungen Menschen auf diese Weise vielleicht den Weg aus unserer vielfach ausgrenzenden und kalten Wirklichkeit ebnen zu einer lebenswerten Zukunft und zu jenem Haus von dem der Dichter Khalil Gibran sagt, *„daß wir Erwachsenen es nicht einmal in unseren Träumen betreten können."*[15]
Wir können so jungen Menschen zu einem angemessenen Platz in einer zukunftsorientierten Gesellschaft verhelfen, damit *„Jugend Gesellschaft machen"* kann.

Projektanschrift: Jugendwerkstätten Heilbronn e. V.
                    Schützenstr. 16
                    74072 Heilbronn

---

[15] in: „Kinder". München 1984

Maria Wetzel

Zeitungen als Sprachrohr für Jugend

1. Dialog statt Diffamierung

Jugendliche geraten vor allem dann ins Blickfeld der Öffentlichkeit, wenn es um Krawalle, Drogen, Kriminalität geht. Die meisten Massenmedien, die über solche Ereignisse berichten, lenken den Blick eher auf das „Sensationelle" als auf die Hintergründe. Damit tragen sie mit dazu bei, ein negatives Image von Jugendlichen zu fördern.

Nicht nur bei der Berichterstattung über Jugendliche steht immer häufiger das Auffällige allein im Vordergrund, das gilt für alle gesellschaftlichen Gruppen. Problematisch ist dabei vor allem, daß zum Teil Journalisten selbst, zum Teil die Leser, Hörer oder Zuschauer das Besondere, den Einzelfall verallgemeinern. In den Köpfen vieler Menschen entstehen auf diese Weise Vorstellungen von einer Realität, die so gar nicht existiert. Nicht alle Politiker sind korrupt, nicht alle Beamten träge, nicht alle Jugendlichen gewalttätig. Es ist immer nur ein kleiner Teil, der aus verschiedensten Gründen für das Ganze gehalten wird. Im Unterschied zu Politikern und Beamten haben die Jugendlichen keine Lobby, die die Verzerrungen entlarvt. Mit Vorurteilen wie „Jugendliche sind gewalttätig, egoistisch, verwöhnt..." wird ihnen zugleich die Verantwortung für alle möglichen gesellschaftlichen Mißstände zugeschoben. An den Ursachen für zunehmende Gewaltbereitschaft oder Suchtverhalten ändert sich jedoch nichts. Das Unverständnis für Bedürfnisse von Kindern und Jugendlichen bleibt.

„Leise" Basketball-Körbe
Kompromiß am Erdbeerweg

Lärmmindernde Basketball-Anlagen sollen künftig dazu beitragen, daß sich die Interessenskonflikte zwischen Anwohnern und Nutzern der Spielplätze Erdbeerweg und Rankestraße in Sillenbuch entspannen. Im Beisein des Sillenbucher Bezirksbeirates und eines Vertreters des Gartenbauamtes einigten sich die Kontrahenten zumindest am Erdbeerweg, in Zukunft rücksichtsvoller miteinander umzugehen. Über die neuen Basketballanlagen hinaus soll der Spielplatz Erdbeerweg umfassend saniert werden. Für einen Umbau der Spielfläche an der Rudolf-Brenner-Straße ist derzeit kein Geld vorhanden. Erfreut zeigten sich die Lokalpolitiker über das rege Treiben auf dem weitläufigen Spielplatz im Neubaugebiet Schempp-/Kirchheimer Straße. Bemängelt wurde, daß Spielplätze zwar öffentliche Anlagen und für jedermann zugänglich sind, nach wie vor aber an zu vielen Plätzen Altersbegrenzungen (bis 14 Jahre) gelten. bj

Zeitungen können gegen Vorurteile und Intoleranz einen ausgleichenden Beitrag leisten, indem sie die Jugendlichen selbst zu Wort kommen lassen. Dialog und Kontroversen sind wichtig für die Entwicklung eines demokratischen Bewußtseins:

– Jugendliche können ihre eigenen Standpunkte finden und darstellen.

– Jugendliche haben bei sie betreffenden Angelegenheiten mehr Mitsprachemöglichkeiten.

Zeitung muß so gemacht sein, daß Jugendliche sie verstehen. Klar geschriebene Berichte, die komplizierte Sachverhalte einfach erklären, erleichtern Verständnis und Zugang auch zu schwierigen Themen. Die Interessen von Kindern und Jugendlichen jenseits von Trends und Moden, Hip und Hop müssen auch zur Sprache kommen: Wenn der Etat für Jugendarbeit gekürzt wird, muß auch darüber informiert werden, welche Konsequenzen das für die Jugendlichen hat.

2. Zielgruppe Jugend

Als Zielgruppe haben die Massenmedien die junge Generation längst entdeckt. Denn die Jugendlichen von heute entscheiden über den Medienmarkt von morgen. Deshalb sollen sie als Leser, Hörer oder Zuschauer frühzeitig gewonnen werden. Immer mehr Zeitungen machen sich angesichts rückläufiger Leserzahlen darüber Gedanken, wie sie für Jugendliche interessant sein/werden könnten. Viele Zeitungen haben Kinder- und Jugendseiten eingerichtet, andere legen Jugendmagazine bei. Häufig unterscheiden sich die Sonderseiten jedoch weder im Schreibstil noch in der Aufmachung von den übrigen Seiten. Bei vielen kommen die Jugendlichen nicht selbst zu Wort. Dafür gibt es mehrere Gründe:

– Viele Redakteure machen die Jugendseite „nebenbei", für Gespräche mit Jugendlichen bleibt kaum Zeit. Sie gar bei der Zeitungsgestaltung miteinzubeziehen, würde eine Menge Aufwand erfordern: Themen müssen geplant und abgesprochen, Texte besprochen werden. Die Jugendseite mit eigenen Artikeln oder Agenturmeldungen zu füllen ist einfacher.

– Kindern und Jugendlichen fehlt oft die „Anleitung" zum Umgang mit Medien und Journalisten, neben dem Elternhaus ist hier vor allem die Schule gefordert.

3. Sprachrohr: „Zeitung in der Schule"

Seit zehn Jahren bieten die „Stuttgarter Nachrichten" allen allgemeinbildenden und beruflichen Schulen in und um Stuttgart die Möglichkeit, am Projekt „Zeitung in der Schule" teilzunehmen. Voraussetzung ist, daß sich die Lehrer für ihre Klassen zu Schuljahresbeginn beim Oberschulamt bewerben. Das Projekt bietet mehrere Möglichkeiten:

a) Zeitung auf die Schulbank

Jeder Schüler erhält drei Wochen lang ein Exemplar der „Stuttgarter Nachrichten" kostenlos auf die Schulbank. Die Klassen haben außerdem die Möglichkeit, das Pressezentrum in Möhringen zu besichtigen. Sie sehen beispielsweise die Berge von Texten und Bildern, die über Ticker oder Fax täglich in die Redaktion kommen. Sie können beobachten, wie die Zeitungsseiten technisch vorbereitet und auf den großen Maschinen gedruckt werden. Nach der Besichtigung beantwortet ein Redakteur/eine Redakteurin die Fragen der Jugendlichen. Viele Schüler möchten wissen, wer darüber entscheidet, was in den Zeitungen steht, ob wichtige Informationen manchmal zurückgehalten werden, ob es Zensur gibt, ob Geschichten einfach erfunden werden, ob

Anzeigenkunden Einfluß auf die Zeitung haben. Redakteure kommen auch zum Gespräch in den Unterricht.

Schüler der Tobias-Mayer-Hauptschule in Marbach stellten mit Unterstützung von Journalisten eine eigene Zeitungsseite, ein Band für den Hörfunk und ein Video her.

b) Für die Zeitung schreiben

Jeden Donnerstag (außer während der Schulferien) erscheint in den „Stuttgarter Nachrichten" die Sonderseite „Zeitung in der Schule". Auf dieser Seite kommen in erster Linie Kinder und Jugendliche zu Wort. Die Artikel können von einzelnen oder Gruppen verfaßt sein.

Die Themen beschränken sich nicht auf die Schule. Einige Schüler stellen Bücher oder Filme vor, andere beschäftigen sich mit Themen wie Berufswahl, Nationalsozialismus, Drogen, Aids, Umweltfragen. Ein Interview mit der Lehrerin des Entertainers Harald Schmidt findet darin ebenso Platz wie Berichte über Projektwochen, einen Schüleraustausch mit der Türkei oder eine Modenschau. Die Autoren können verschiedene Textformen wie Nachricht, Kommentar, Rezension, Feature, Interview ausprobieren. Wir veröffentlichen auch Comics und Fotos. Für ihre Beiträge erhalten die Jugendlichen ein Honorar.

Wie wird man Autor? Manche Jugendliche haben die Seite gelesen und rufen einfach an. Andere nehmen nach einem Besuch im Pressezentrum oder im Unterricht Kontakt mit der Redaktion auf. Teilweise vermitteln Lehrer zwischen Schülern und Redaktion. Wir bitten auch Schülerzeitungsredakteure um Beiträge.

c) Veranstaltungen

Vor den Bundestagswahlen luden die SMV des Karls-Gymnasiums, der Verband junger Medienmacher, die Landeszentrale für politische Bildung Baden-Württemberg und „Zeitung in der Schule" junge Bundestagskandidaten zu einer Podiumsdiskussion ein. Bei der Veranstaltung ging es um die Frage, ob und wie sich die Neulinge im Parlament für Jugendliche einsetzen wollen. Bei einer Diskussion „100 Tage danach" werden sich die jungen Abgeordneten (drei der vier wurden gewählt) die Frage stellen, was sie von ihren Versprechen verwirklichen (können).

4. Fazit

Das Projekt „Zeitung in der Schule" ist für alle Beteiligten ein Gewinn. Inzwischen beteiligen sich mehr als 150 Klassen jährlich daran. Die Zeitung im Unterricht einzusetzen, verlangt von den Lehrerinnen und Lehrern eine gute Vorbereitung. Fast alle meinen jedoch, daß sich der Aufwand lohne: „Die Jugendlichen werden neugierig." Weitere Pluspunkte:

– Jugendliche gewinnen Einblick in gesellschaftliche Verhältnisse.

– Sie finden in der Zeitung aktuelle Informationen, die zur Bewältigung von Problemen wichtig sind.

– Sie verstehen Informationen und lernen, sie anzuwenden.

– Das Mitredenkönnen fördert ihr Selbstbewußtsein.

– Sie artikulieren ihre Interessen und stellen eigene Projekte vor.

Veröffentlichungen von Jugendlichen auf der Seite „Zeitung in der Schule" wirken sich in der Klasse positiv aus. Die Schüler fühlen sich ernst genommen und nehmen ihre Arbeit wichtiger. Manche „Außenseiter" werden von den Mitschülern mehr geschätzt, wenn sie in der Zeitung ihre Begabung zu zeichnen, zu dichten oder zu schreiben präsentieren. Für die Redaktion bringt der Kontakt mit den Jugendlichen eine Menge an Anregungen. Die Zeitung wird lebendiger.

"Projekt 1917" der Robert-Boehringer-Schule Winnenden

Was war damals los?

Projektwochen einmal ganz anders: Die Klassen 9 a und 9 b der Robert-Boehringer-Schule Winnenden waren mit den Themenvorschlägen, die dazu in den neuen Lehrplänen gemacht wurden, nicht zufrieden – zu langweilig fanden sie. Und haben sich selbst nach einem Gegenstand umgeschaut, der sie interessiert. Im Fach Geschichte wurden die Behandlung des Ersten Weltkrieges (1914 -1918) vorgesehen. Nach langen Diskussionen stand das Thema fest: Was war los im Jahr 1917? In den Fächern Bildende Kunst, Deutsch, Religion, Hauswirtschaft, Sport, Musik und Geschichte haben die 46 Schülerinnen und Schüler für das „Projekt 1917" geforscht, eine Videogruppe hat die Ergebnisse filmisch festgehalten. Eine tolle Idee, deshalb veröffentlichen wir auf dieser Seite einige Arbeitsergebnisse.

*

1917 war ein Jahr wie jedes Jahr! Oder doch nicht? Es ist damals viel passiert in Europa, doch in Winnenden nahm das Leben erst einmal seinen gewöhnlichen Lauf. Auf den zweiten Blick aber sieht man, daß die Stadt auch vom Krieg betroffen war. Die Front war zwar weit weg, dennoch gab es einige Probleme zu verkraften. Die Lebensmittel wurden knapp und nur noch gegen Lebensmittelkarten ausgegeben. Viele Winnender fielen oder kamen verkrüppelt aus dem Krieg zurück.

Wir arbeiteten in zwei Kleingruppen. Die eine ermittelte die Ereignisse aus Originalausgaben der Winnender Zeitung, die andere sah sich die Daten auf Mikrofilm an. Von einem Archiv kann man nicht erwarten, daß man einfach eine Schublade „schhhhwuuuubbbb" öffnet und hat, was man sucht. Nein, man muß auch allen suchen und suchen und suchen. Auch ein Gang zum Friedhof erwies sich als notwendig, um die Gedenktafel auszuwerten.

Dabei haben wir uns vor allem auf die Ereignisse im Raum Winnenden konzentriert (Vietnamkriegsprise, Konfrontationalität), aber wir haben auch bedeutende nationale und internationale Vorkommnisse zur besseren Einordnung beachtet (Kaisers Geburtstag, Kriegseintritt der USA). Wir werteten Tabellen der damaligen Volkszählung aus und konnten die Gewerbetriebe in Winnenden ermitteln. Wir erstellten ein Schaubild der Sterberegister und setzten es mit dem Computer grafisch um. Die Zahl der Verstorbenen und Vermißten nahm zu, die Anzahl der Geburten ging zurück.

Unter anderem fanden wir heraus, daß von 1914 bis 1918 787 Männer aus Winnenden eingezogen wurden, das waren 31 Prozent der männlichen Bevölkerung. 132 Männer fielen oder waren vermißt. Wir fanden als Beispiel die Todesanzeige des Leutnants Otto Drück, der eine Braut zurückließ. Wir wissen nicht, ob sie später einen anderen Mann heiratete. Wir machten uns Gedanken über das Schicksal der betroffenen Familien. Sie litten an Ungewißheit, Trauer, mußten finanzielle Einbußen hinnehmen, Mütter mußten ihre Kinder alleine erziehen.
Jens Nordhausen
Christian Heller/Margaret Butsch

Projekt „1917" – Ein Schüler läßt sich von den Künstlern des Expressionismus inspirieren

Die Schüler der Robert-Boehringer-Schule in Winnenden beschäftigten sich auch im Fach Bildende Kunst mit dem Jahr 1917. Nach einem Bepressure? Was gibt eine Zeit besser wieder als ihre Gesichte?"

"1917" – Mädchensport

Sportstunde wie damals

1917 durften die Mädchen Sport nicht so betreiben wie wir heute. Man hatte Angst, daß sie spät keine Kinder bekommen könnten. Die Mädchen trugen einen langen Rock, und die Haare waren zusammengebunden. Die Knie durfte man nicht sehen. Wir kleideten uns ganz ähnlich. Wir zogen sehr niedlich aus. Wir stellten uns in Reih und Glied der Größe nach auf.

Damit unsere Sportstunde wie im Jahr 1917 sein ausah, liefen wir uns an Tauen und Ringen hin- und herschwingen. Beim Seilspiel mußte immer eine in der Mitte stehen und das Seil drehen. Die anderen sprangen – hopp und hopp und hopp – darüber. Wer das Seil streifte, schied aus. Die Hände taten uns weh, aber wir wollten nicht aufhören. Dann übten wir eine Gymnastikübür mit Holzkeulen ein. Wir liefen die beiden Keulen rhythmisch auf und ab und links und rechts und nur ja nicht zu schnell kreisen. Wir sahen alle zum Lachen aus! Übrigens – zwei Männer waren dabei: unsere Kameradine Thomas und Alexander, und die hatten auch ihren Spaß.
Christina Spullaciotti
Nada Drca/Nelly Wendland

Freikarten für Tennisfans

Tennisfans aufgepaßt: Für 18. das Damen-Grand-Prix-Turnier in der Tennissporthalle in Filderstadt stellen wir Freikarten zur Verfügung. „Zeitung in der Schule"-Leserinnen und -Leser haben die Chance, die Spiele der Qualifikationsrunde (vom 8. bis 10. Oktober) hautnah und kostenlos zu erleben. Vielleicht läßt sich ja das eine oder andere Autogramm ergattern. Es sind auch Spielerinnen aus den Top 100 der Weltranglister am Start.

Eile ist geboten: Ab sofort können bei der Vertriebsschalter unserer Zentralredaktion in Tagblattturm, Eberhardstr. 61, gegen Vorlage eines Schülerausweises bis zu zwei Freikarten abholen. Der Schalter ist von Montag bis Mittwoch von 8 bis 18 Uhr, donnerstags und freitags bis 16.45 Uhr geöffnet.

Wer Lust hat, kann für „Zeitung in der Schule" über die Veranstaltung berichten. Etwa mit einer Glosse oder einem Kommentar. Meldet Euch unter Telefon 0711/7205 - 118. Wir veröffentlichen gerne Auswahl Eurer Texte. *Martin Cyris*

"1917" – eine Zeitzeugin

Die Jugend von damals

Emma Kraus war 1917 zwölf Jahre alt. Für das „Projekt 1917" sprach Wibke Kischel mit der Winnenderin.

*

Wibke: Welche Erinnerungen haben Sie an diesen Jahr?
Emma Kraus: 1917 war das schwerste Jahr. Wir waren 1916 schon Kriegswaisen. Mein Vater isch nie mehr heimgekommen... und des war arg, wenn die Frau dasteht mit vier kleine Kinder.

Ihre schönsten Erinnerungen?
Sonntage. Da waret mer a ganze Meute. Das habet mer voraus, daß mer nu uf der Straßele konntet kicke.

Und was für Kleider trugen Sie?
Also einmal, da hem mer Packleder ghabt. Die waren aus Packpapier, das war dann so gedrehlt wie jeder jetzt ds kennna, daß er sich natürlich nauswobe, und des isch natürlich mal nausstanda. Und an Schuh hoot mer ja aus nex Gscheits ghabt, da hat mer bloß so Bretter ghabt, da isch oin emmer 's Leder drausse. Soll mer no was von der Schul erzählen?

Ja, gern!
Ja also, mer habet in der Schul, des war grad 1917, viel, viel Brennessel sammle müssn. Das hat dann so Bündel gebn, und fürs Vaterland hem se die fortgschickt, also für Nesseltuch, das isch dann verarbeitet worde wie der Hanf oder der Flachs.

Und während der Schule?
Mir habet no viel ghett, mir habet nur vier Lehrer ghabt für sieben Klassen und em Durchschnitt 65 bis 76 Schüler.

Was haben Sie damals so gegessen?
Viel Kartoffeln hem mer gessa, also Kohlrabi hem mer oot gessa, wie e'Leut emmer saga.

Ich bedanke mich für das Gespräch.
Wibke Kischel/Dagmar Cuski

"1917" – Hauswirtschaft

Kohlrabi und Hirsebrei

Am Anfang unserer Projektwoche fuhren wir – acht Mädchen – ins Museumsdorf Wackershofen. Unser Thema lautet „Kochen im Jahre 1917". Nach einem schlechten Frühstück – nur „Steckrüben mit Hirsebrei" kochen; weil es nach oben nicht besser gab, nahmen wir statt dessen Kohlrabi. Zunächst mußte das Feuer entfacht werden, keine einfache Aufgabe, später vergangen wir in Eifer des Gefechts immer weiter. Holz nachzulegen. Nach dem Essen mußten wir abspülen. In des kein fließend Wasser gab, mußten wir immer wieder zum Brunnen und Eimer schleppen.

Dieser Tag mit Arbeiten aus dem Jahr 1917 gab uns einen kleinen Einblick in die Mühen ohne technische Hilfen. Aus heutiger Sicht erscheint uns das Zubereiten der Mahlzeiten weniger hektisch, beschwerden, mühevoller, aber irgendwie auch gemütlicher. Wie empfanden wohl früher die Frauen ihre Arbeit? *Jasmin Kapfhammer*
Wibke Kischel/Dagmar Cuski

"1917" – Literatur

Ein Gedicht gegen Krieg

Nada Drca, die den Krieg im ehemaligen Jugoslawien kennt, schrieb das Antikriegs-Gedicht aus dem Zweiten Weltkrieg von Wolfgang Borchert „Dann gibt's nur eins" um.

*

Du,
du deine Freunde vielleicht mußt,
ums andere Freunde zu finden,
die du nicht kennst,
wenn
du von deinem Haus weggehn mußt,
weil
die denken,
daß du nicht hierher gehörst,
weil du eine andere Religion hast,
in eine andere Kirche gehst,
wenn
du deine Heimat
und deine Familie verlassen sollst,
dann gibt's nur eins:
Sag nein!

Jugendmesse rückt Studium und Beruf ins Rampenlicht

Traumjob oder Alptraum?

Martina Fink sucht Hilfe beim PC-Joberater. Doch mit dem Buchbegriff „Auswärtiges Amt" hat er nichts am Hut. Die Schorndorfer Gymnasiastin wird trotzdem fündig: Über 30 Berufs-Experten informieren seit gestern auf der Jugendmesse „Schule – und was dann?" über Licht- und Schattenseiten verschiedener Berufe.

Die Schülerin sucht genaueres über ihren Traumjob erfahren – oder ihn noch finden. Sie drängen sich um Firmentische, hantstern Info-Broschüren. Und fragen die Berufsberater: Löcher in den Bauch. Am häufigsten: „Wie lange dauert die Ausbildung, welchen Schulabschluß muß ich mitbringen?" Jeder bekommt eine Antwort, denn aus allen Branchen und Experten gekommen.

Am Stand der Universität Stuttgart wird deutlich, daß die Unimerkblätter unübersichtlich und kompliziert sind: „Viele blikken bei den Zulassungsbedingungen nicht durch", stellt Erwin Henke fest, der Studierwilligen über die ersten Hürden hilft. Martina Fink, deren Traumjob sie auf das glatte Parkett der Diplomatin führen soll, packt vorsichtshalber auch einige Broschüren der Handwerkskammer ein: „Vielleicht ist da ja auch noch was für mich dabei." *Felicitas Scheuermann*

Heute noch bis 15 Uhr: Jugendmesse im Congresscentrum A   Foto: Kraufmann

---

SPICKZETTEL

Schulfest zum Geburtstag: Die Birken-Realschule in Heumaden (Bruno-Frank-Str. 14) wird 20 – das wird gefeiert. Am Samstag, 8. Oktober, geht's in der Schule rund (10 bis 16 Uhr). Vorführungen und Ausstellungen stehen auf dem Programm, für Essen und Trinken ist gesorgt.

Seit 25 Jahren arbeiten die Bodelschwinghschule, Christian-Hiller-Schule und Gustav-Werner-Schule für Geistigbehinderte. Zum Jubiläum präsentieren behinderte Schüler das Kindermusical „Till Eulenspiegel" im Mozartsaal der Stuttgarter Liederhalle. Die Termine: 14., 15. und 16. Oktober, jeweils ab 18 Uhr.

TUUUT WAS

Die heiße Draht zur Redaktion „Zeitung in der Schule"
Tips oder Termine?
Ruft mich an!
Maria Wetzel
☎ 07 11 / 72 05 - 118

FUNKY

Kabarettisten bringen die Probleme auf den Punkt

Wenn das Gerede der Politiker langweilig wurde, kam die Kabarettgruppe „Eulenspiegel" des Leibniz-Gymnasiums Östringen zum Zug. Zur Gewalt in den Medien, zum Zynismus von Politikern und anderen – zu allem, was unter den Nägeln brennt, hatten sie einen satirischen Beitrag parat. Das machte die Wahlkampfroutine der Podiumsgäste allemal wett Fotos: Susanne Kern

Sachlich

Die Diskussion verlief fair und sachlich. Die Kandidaten verzichteten darauf, ihre Gesprächspartner anzugreifen und bemühten sich um Sachlichkeit. Andererseits ließen sie es an Kritik an Bundes- und Landespolitikern nicht fehlen. Angenehm, daß die Teilnehmer des Podiums einander zuhörten, sich ausreden ließen. Die Vorgabe, nicht länger als zwei Minuten am Stück zu sprechen, bereitete nur Dirk Niebel (FDP) Schwierigkeiten, der sich auch von der Moderatorin nicht bremsen ließ. Am zurückhaltendsten war Ute Vogt (SPD). Dennoch wirkte sie engagiert und energisch und blieb sachbezogen und konkret. Dagegen neigten Dirk Niebel (FDP) und Claus-Peter Grotz (CDU) dazu, abzuschweifen und auf Fragen nicht direkt einzugehen. Sie machten auch deutlich weniger Vorschläge als Ute Vogt (SPD) und Cem Özdemir (Bündnis 90/Die Grünen). Grotz (CDU) vertrat im Gegensatz zu seinen Gesprächspartnern fast ausschließlich Parteiinteressen, trug selten eigene Ideen vor. Er machte am ehesten den Eindruck des „typischen" Politikers – seit 1990 ist er Bundestagsabgeordneter.

Cem Özdemir (Bündnis 90 / Die Grünen) zeichnete sich durch Kritik an Politikern, aber auch an den Gesprächspartnern aus. Er hatte zu jedem Thema eine eindeutige Einstellung und schien wenig kompromißbereit. Trotz seiner ausführlichen Stellungnahmen brachte Dirk Niebel (FDP) wenig Konkretes ein. Dabei distanzierte er sich so stark von seiner Partei, daß die Frage gestellt wurde, warum er gerade in die FDP eingetreten sei. Die vage Antwort: er wolle liberale Politik machen.

Die Aufmerksamkeit des Publikums zeigt, wie wichtig Veranstaltungen zur Information von Jugendlichen sind. Oft haben sie den Eindruck, daß die Politiker an ihren Problemen vorbeidiskutieren. Es wäre deshalb wünschenswert, wenn sich Politiker öfter den Fragen junger Leute stellen würden.

Iris Traulsen, Karls-Gymnasium

Bekenntnisse

Wen würdest Du wählen? Vor (und nach) der Diskussion stimmte das Publikum ab. Das Ergebnis: CDU 15/14 Stimmen, die SPD 15/12, die FDP 10/11, Bündnis 90 / Die Grünen 31/18; „gar nicht" 12/7. Ungültig waren vier, dann zwei Stimmen.

„Die positiven Erfolge eines Abgeordneten sind, wenn er geholfen hat, daß ein Mann aus seinem Wahlkreis eine Rente bekommt" Claus-Peter Grotz (CDU)

„Wir brauchen einen Rat der Jugendlichen in Deutschland, der zum Beispiel über den Haushalt mitbestimmt" Chem Özdemir (Bündnis 90 / Die Grünen)

„Ich will gukken, daß es innerhalb unserer Gesellschaft mehr Gerechtigkeit gibt. Ich kann nur sagen, in welche Richtung ich gehen will" Ute Vogt (SPD)

„Ich bin gegen einen politikfreien Raum Schule. Die Parteien müssen in der Schule wenigstens auf Veranstaltungen hinweisen dürfen." Dirk Niebel (FDP)

„Das erste Mal": Podiumsdiskussion mit jungen Bundestagskandidaten im Karls-Gymnasium

Für Konkretes war die Zeit zu knapp

Die meisten Jugendlichen finden Politik langweilig und öde. Jeder dritte Jugendliche ging bei der letzten Bundestagswahl nicht zur Urne. Politiker versprechen Ausbildungsplätze und Spielmöglichkeiten – doch nichts geschieht. Die Jugend hat in Bonn und anderswo, wo Politik gemacht wird, keine Lobby.

Die SMV des Karls-Gymnasiums, die „Stuttgarter Nachrichten", die Landeszentrale für politische Bildung und der Verband junger Medienmacher (VJM) haben (relativ) junge Bundestagskandidaten eingeladen, die sich im Parlament für die Jugendlichen starkmachen wollen. „Weil mir vieles stinkt, bin ich in die Politik gegangen. Ich versuche zu zeigen, daß Politik nicht nur was für Herren in grauen Anzügen ist", sagt Ute Vogt, 29, die für die SPD kandidiert. Ähnlich sieht das Cem Özdemir von den Grünen, doch er gesteht: „Es hat viel mit Ehrgeiz zu tun, außerdem hört man sich gern schwätzen."

Zuerst fragte Moderatorin Maria Wetzel nach Wegen, Gewalt unter Jugendlichen zu verhindern. Dirk Niebel, 31, von der FDP meint: „Wir müssen lernen, miteinander zu reden. Wir sitzen zu Hause vor der Glotze und lösen Konflikte mit den Fäusten. Das ist nicht nur ein Problem der Jugend, sondern der ganzen Gesellschaft." Auch Claus-Peter Grotz (CDU) macht das Fernsehen für die Gewalttätigkeit mancher Jugendlicher verantwortlich. Daher fordert er Auflagen für die Medien, um die Gewalt im Fernsehen zumindest einzuschränken. Ute Vogt glaubt allerdings: „Die Politik hat vorgemacht, daß man Konflikte nur brachial lösen kann." Das belege der Golfkrieg 1991.

Wie man jedoch Jugendlichen Perspektiven schaffen könnte, wußten die Kandidaten nicht so recht. Sie sprachen zwar von einem Mangel an Ausbildungsplätzen, blieben aber eine Antwort schuldig, wie sie das Problem, das vielen Jugendlichen Angst macht, lösen wollen.

Wie könnte Politik für Jugendliche wieder reizvoll werden? Özdemir meint, das Wahlalter gehöre von 18 auf 16 Jahre heruntergesetzt. „Was vielen fehlt, ist der lange Atem, zu kämpfen, sich durchzubeißen", beklagt der CDU-Mann Grotz. Da regte sich Widerspruch im Publikum. Ein Jugendlicher, der im weithin unbekannten Baden-Württemberger Landesschülerbeirat sitzt, sagt: „Wir dürfen nur Vorschläge machen, damit hat sich's." Ein Beispiel dafür, daß die Mitbestimmungsmöglichkeiten von Jugendlichen stark eingeschränkt sind. Eine „Jugendquote" einzuführen, die bedeuten würde, daß eine bestimmte Zahl der Abgeordneten jünger als 25 sein müßte, lehnen alle vier ab.

Einig waren sie sich auch darin, daß eine doppelte Staatsbürgerschaft möglich sein sollte und daß Nichtdeutsche, die hier geboren wurden, einen deutschen Paß erhalten. Das trage zur Integration ausländischer Jugendlicher in Deutschland bei. Cem Özdemir etwa hat zwei Jahre lang warten müssen, bis er einen deutschen Paß bekam. Vogt und Niebel sind für ein Einwanderungsgesetz, damit jene, die nicht politisch verfolgt werden, auch hier leben dürfen.

Konkret wurden die Kandidaten selten, beteten eher das Parteiprogramm herunter. Was sie im Falle einer Wahl in den Bundestag dort leisten wollen, blieb offen. „Wir wollen das Geld gerechter verteilen", sagt Vogt. Nur wie? Da war angeblich die Zeit zu knapp, um näher drauf einzugehen. *Benedikt Strobel, Karls-Gymnasium*

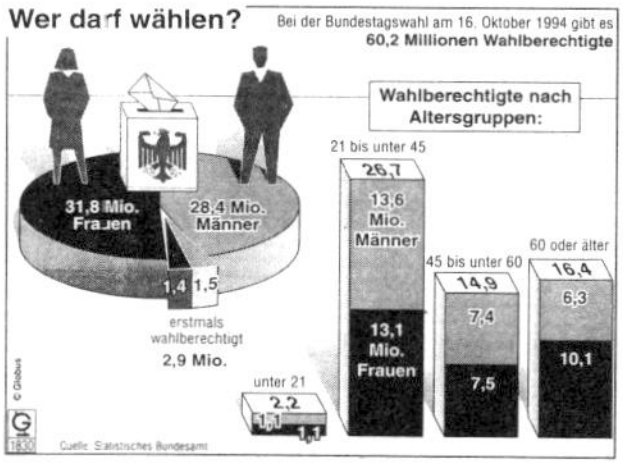
Wer darf wählen?
Bei der Bundestagswahl am 16. Oktober 1994 gibt es
60,2 Millionen Wahlberechtigte
31,8 Mio. Frauen
28,4 Mio. Männer
1,4
1,5
erstmals wahlberechtigt
2,9 Mio.
Wahlberechtigte nach Altersgruppen:
unter 21
2,2
1,1
1,1
21 bis unter 45
26,7
13,6 Mio. Männer
13,1 Mio. Frauen
45 bis unter 60
14,9
7,4
7,5
60 oder älter
16,4
6,3
10,1
© Globus
1830
Quelle: Statistisches Bundesamt

Schülerstimmen

Benjamin Voigtländer (16): „Ich war enttäuscht von den Politikern, die so jung sind und trotzdem keinen Idealismus haben. Für mich war das zu viel Wahlkampfgeschwafel."

★

Daniel Müllner (16): „Die Politiker haben sich nicht auf konkrete Aussagen eingelassen – wahrscheinlich wegen der zu weitläufigen Themenbereiche."

★

Marion Riehle (17): „Ich fand die Diskussion informativ, war später aber mehr verwirrt als aufgeklärt."

Wissenswertes für Erstwähler – Im Zweifelsfall Briefwahlunterlagen beantragen

Niemand darf seine Stimme verschenken

„Wenn Du nicht wählst, verlasse ich Dich. Deine Demokratie." Ein Wahlwerbeplakat bringt es auf den Punkt: Es lohnt sich zu wählen. Eine geringe Wahlbeteiligung begünstigt politisch extreme Randgruppen. Gingen alle Erstwähler (2,9 Millionen) an die Urnen und würden sich für dieselbe Partei entscheiden, hätte diese fast die nötigen fünf Prozent, um in das neue Parlament einzuziehen.

Jeder Wähler hat zwei Stimmen. Die Zweitstimme ist – im Gegensatz zum normalen Sprachgebrauch – die entscheidende Stimme, da sie fast allein darüber entscheidet, welcher Partei wie viele Sitze im Parlament zufallen. Wer die meisten Sitze hat, stellt die Regierung.

Die erste Stimme stärkt den Direktkandidaten aus dem Wahlkreis. Wer von den Bewerbern die relative Mehrheit der Stimmen gewinnt, zieht nach Bonn und Berlin. Seine Partei bekommt nun aber keinen zusätzlichen Sitz im Bundestag, sondern der Direktkandidat besetzt einen der Plätze, die seine Partei durch das Zweitstimmenergebnis erhalten hat. Die Erfahrungen zeigen, daß meist nur die Direktkandidaten der großen Parteien eine Chance auf ein Direktmandat haben. Schafft es jedoch eine Partei, drei Direktmandate zu erringen, obwohl sie keine fünf Prozent der Stimmen erhalten hat, zieht sie trotzdem in das Parlament. Darauf spekuliert die PDS in den neuen Bundesländern.

Wem übrigens der Direktkandidat der Partei nicht gefällt, die die Zweitstimme erhalten soll, kann auch Kandidaten anderer Parteien ankreuzen – der Stimmzettel bleibt deshalb trotzdem gültig. Ungültig macht seine Stimmabgabe allerdings, wer mehr als zwei Kreuze verteilt.

Verpflichtet ist niemand zu wählen. Ganze 77,8 Prozent haben sich 1990 an der Wahl beteiligt, 1987 waren es noch 84,3 Prozent in der alten Bundesrepublik, 1990 bei der Volkskammerwahl der DDR 93,4 Prozent. Doch Abwesenheit am 16. Oktober ist noch lange kein Grund, um nicht mitzuentscheiden – schließlich gibt es Briefwahl. Gefragt wird niemand, warum er den Postweg für seine Stimmabgabe wählt. Fragen lassen muß sich derjenige, der seine Stimme verschenkt, indem er nicht wählt. *Dieter Waizenegger*

SPICKZETTEL

Coole Typen, starke Kämpfer heißt es heute, 22. September, um 16 Uhr in der Mediothek des Rotebühlzentrums. Hier können Kids von zehn bis 14 Film- und Fernsehhelden einmal anders erleben.

„Die Troerinnen" und „Lysistrata" spielt die Klasse 12 a der Waldorfschule Uhlandshöhe (Haußmannstraße 44) am 23., 24. September (19.30 Uhr) und am 25. September (19 Uhr).

Ein Schulfest mit Tombola, Flohmarkt und Schlaraffenland feiert die Helene-Fernau-Horn-Schule (Adalbert Stifter-Straße 52 A) am Samstag, 24. September, von 11 bis 18 Uhr.

Eine Reise durch das Buchstabenland können Kinder ab fünf in der Kinderbücherei im Wilhelmspalais unternehmen. Los geht's am 28. September, um 15 Uhr.

Zum South-Meeting sind Jugendliche aus dem Süden eingeladen. Das nächste Treffen findet am Freitag, 23. September um 16 Uhr im Clubhaus Heslach statt. Die nächste Party steigt am 7. Oktober in der Villa „Etzel" (Etzelstraße 15 bis 27).

Alle Türen auf ist morgen das Motto an der Michael Bauerschule. Das Schulhaus ist ab 15 Uhr geöffnet, um 17.30 Uhr stellt sich die Zirkus-AG vor (Othellostraße 5).

Schüleraustausch nach Südafrika lautet das Thema eines Dia-Vortrag bei der Deutsch-Südafrikanischen Gesellschaft am 27. September um 20 Uhr in Hotel Wartburg (Lange Straße 49).

Beim Schulball am Johannes-Kepler-Gymnasium spielen die „Top Selections". Termin: 24. September, 20 Uhr, im Vereinsheim des TSV Münster (Neckartalstraße 261).

Schülerarbeiten aus der Freien Waldorfschule Uhlandshöhe gibt es noch bis zum 7. Oktober in der Landesgirokasse am Wilhelmsplatz zu sehen.

Jorge Semprún, der diesjährige Friedenspreisträger des Deutschen Buchhandels, wird in einem Faltblatt vorgestellt. Zu bestellen beim Börsenverein, Abteilung Presse, Postfach 10 04 42, 60004 Frankfurt.

TUUUT WAS

Der heiße Draht zur Redaktion „Zeitung in der Schule"
Tips oder Termine? Ruft mich an!
Maria Wetzel
☎ 07 11 / 72 05 - 118

Projektanschrift: Stuttgarter Nachrichten
„Zeitung in der Schule"
Posfach 104452
70039 Stuttgart

IV. Praktische Hinweise aus den Workshops

Elke Beck

Diskussionsspiele – Hintergrund und Workshopverlauf

1. Diskussionsspiele - Spiele oder Methode?

Wenn ich ein Diskussionsspiel in eine Gruppe einbringen will, bewege ich mich im Spannungsfeld zwischen Spiel und Ernst.

Spiel ist zunächst zweckfrei. Das bedeutet allerdings nicht, daß es keine Wirkung hat. Wenn ich um die Wirkung eines Spieles weiß, kann ich es zielgerichtet anbieten. Damit das Spiel dabei ein Spiel bleibt, sollten wichtige Merkmale des Spielens erhalten bleiben:

– Spielen macht Spaß.

– Das Mitspielen basiert auf Freiwilligkeit.

– Das Spiel gibt mir einen Schonraum, in dem keine negativen Konsequenzen für meine Alltagsrealität entstehen.

Ich kann verschiedene Formen von Diskussionsspielen mit unterschiedlichen Inhalten füllen und damit bestimmte Ziele verfolgen:

a) Die SpielerInnen probieren oder üben Grundfähigkeiten des Diskutierens, z.B. reden, zuhören, argumentieren, eigene Meinung bilden und vertreten, ... und gewinnen Spaß daran.

b) Die SpielerInnen machen sich mit einem Thema vertraut, können Inhalte aus der Realität zunächst in dem geschützten Rahmen einer Pseudorealität kennenlernen oder untersuchen.

„In Schule und Bildungsarbeit können diese einfachen spielerischen Methoden zu Gesprächen über soziale, politische und andere aktuelle Themen anregen. Jedes Spiel läßt sich verändern und aktualisieren: Fragen oder Aufgaben können variiert, weggelassen und ergänzt werden.

Die Diskussionsspiele vereinfachen die angesprochenen Themen (mit allen Vor- und Nachteilen), lassen die Erprobung ungewöhnlicher, kreativer Meinungen und Lösungen zu („Ist ja nur ein Spiel!"), verändern zwar nicht gerade die Welt, aber bilden die beteiligten Menschen."[1]

---

[1] Baer, Ulrich: Remscheider Diskussionsspiele. Remscheid 1990, S. 2

2. Workshopverlauf

Im **Teil I** des Workshops im Rahmen des Jugendschutztages bestand das Angebot, ein Diskussionsspiel für eine **Kleingruppe** (5-6 Pers.) auszuprobieren.

Ziel: Kennenlernen der Spielform, Kennenlernen von MitspielerInnen, etwas von sich erzählen.

Alternative a: Berufspraxisspiel[2]

Ziel des Spiels:

Das Spiel soll einen Erfahrungsaustausch der Gruppe über ihre Berufspraxis in Gang bringen.

Das Spiel ermöglicht das Kennenlernen der Arbeitsplatzsituation der Mitspieler.

Durch das Spiel kann sich eine Gruppe über generelle Arbeitsplatzprobleme unterhalten und über berufliche Schwierigkeiten diskutieren.

Für wen geeignet:

Die Gruppe sollte aus höchstens 6 Spielern bestehen. Die Mehrzahl sollte bereits im Beruf stehen und nicht mehr zur Schule gehen oder studieren.

Dauer: 1–2 Stunden.

Spielvorbereitung:

Die beiliegenden Blätter mit den Behauptungen über Arbeitsplatzsituationen müssen zu einzelnen Zetteln zerschnitten werden, sie werden dann als Stapel verdeckt in die Mitte der Spielrunde gelegt (vgl. S. 194, 195).

Spielregeln:

1. Die Zettel mit den Statements werden gemischt und verdeckt zu einem Stapel aufeinander gelegt **oder** von einem Spielleiter werden aus den 24 Zetteln die für die Gruppe passenden ausgesucht und auch verdeckt in die Mitte gelegt.

2. Dann wird in der Gruppe herausgefunden, wer die längste Berufserfahrung besitzt: derjenige beginnt das Spiel.

---

[2] a. a. O., S. 8

Er nimmt eine Karte vom Stapel, liest die Behauptung (das Statement) laut der Gruppe vor und gibt den Zettel an einen Mitspieler seiner Wahl weiter, von dem er eine Stellungnahme zu der Behauptung hören möchte.

3. Die Stellungnahme zu einer Behauptung sollte nicht nur darin bestehen, daß gesagt wird, ob die Behauptung für die eigene Arbeitsplatzsituation zutrifft oder nicht, sondern sollte mit möglichst vielen persönlichen Beispielen, Erfahrungen, Erlebnissen und Meinungen angereichert sein. Nachfragen können von allen Mitspielern gestellt werden.

4. Nachdem der aufgeforderte Mitspieler mit seiner Stellungnahme fertig ist, legt er den Zettel ab und nimmt einen neuen vom Stapel auf, liest diesen laut vor und gibt ihn an einen Mitspieler seiner Wahl weiter, von dem er eine Stellungnahme zu der Behauptung erwartet und interessant findet usw. Das Spiel ist beendet, wenn sich die Gruppe mit allen Zetteln auseinandergesetzt hat oder in ein interessantes Gespräch über ein wichtiges Problem gekommen ist.

Die Behauptungen beziehen sich vor allem auf die berufliche Situation von Sozialarbeitern. Für andere Berufsgruppen oder Schüler und Studenten müßten die Statements natürlich umformuliert werden!

Alternative b: „Was wäre wenn..."[3]

Ziel des Spiels:

Das Spiel soll das Undenkbare einmal denkbar machen. Es bringt Spaß, sich für „unmögliche" Situationen Ereignisse auszumalen.

Auf dem Weg über phantasievolle Einfälle sollen die Spieler einige Ansichten und Einstellungen untereinander kennenlernen.

Bei entsprechender Auswahl der Zettel kann das Spiel zum Einstieg in eine Problemdiskussion dienen.

Für wen geeignet:

Die Gruppe sollte aus höchstens 6 Mitspielern bestehen.

Dauer: Je nachdem, wieviel Zettel vorher ausgewählt werden, 1–2 Stunden.

---

[3] a. a. O., S. 3

Spielvorbereitungen:

Die WAS-WÄRE-WENN-Zettel werden ausgeschnitten, aus den 16 sucht der Spielleiter ca. 10 für die Spielgruppe geeignete Zettel heraus und legt sie verdeckt in die Mitte der Spielrunde (z.b. auf den vorgezeichneten Platz auf dem Feedback-Bogen – vgl. S. 196 ff).

Spielregeln:

1. Die WAS-WÄRE-WENN-Zettel liegen verdeckt auf dem vorgezeichneten Feld auf dem Feedback-Bogen (das Blatt mit den Satzanfängen!). Der Spielleiter oder der jüngste Mitspieler nimmt einen Zettel auf, liest ihn laut allen Mitspielern vor und gibt ihn dann einem Mitspieler seiner Wahl zur Beantwortung weiter.

2. Der Mitspieler, der den Zettel bekommen hat, soll nun seine Einfälle zu der beschriebenen WAS-WÄRE-WENN-Situation erzählen. Das können ernste oder lustige Einfälle sein, aber auf jeden Fall sollen sie **möglichst persönlich** sein, also die eigenen Ansichten zu der Situation wiedergeben. Zwischen- und Nachfragen der Mitspieler sind erlaubt und erwünscht.

3. Wenn der Spieler seine Einfälle geschildert hat, soll jeder reihum seine Meinung zu dem eben Gehörten abgeben (Feedback). Die Meinungsäußerung soll unbedingt mit einem der vorgeschlagenen Satzanfänge beginnen. Es kann sich auch darüber hinaus ein Gespräch zu der Sache entwickeln.

4. Dann nimmt der Spieler, der eben seine Einfälle geäußert hat, den nächsten Zettel vom Stapel, liest ihn laut vor und gibt ihn an jemand weiter, von dem er die Einfälle zu der Situation hören möchte. Das Spiel ist zu Ende, wenn alle Zettel verbraucht sind.

Im **Teil II** wurde eine Form des Diskussionsspiels für die **Großgruppe** (16-30 Pers.) an einem selbstgewählten Thema ausprobiert.

PRO und CONTRA[4]

Ziel: a) das Vertreten von Meinungen und Formulierungen von Argumenten ausprobieren oder üben an einem fiktiven Thema (im Workshop z.B. „Generelle Geschwindigkeitsbegrenzung von 80 km/h auf allen Straßen", „Ausweitung der Schulfreizeiten")

oder

---

[4] vgl. „Fischbowl", a. a. O., S. 45

b) das Sammeln von Pro- und Contra-Argumenten zu einem bestimmten Thema als Vorbereitung auf eine Realdiskussion (z.B. eine Schulklasse bereitet sich darauf vor, ein Anliegen bei der Schulleitung durchzusetzen und erarbeitet im Spiel die Gegenargumente, gegen die sie gewappnet sein muß.

Es gibt Situationen bei meiner Arbeit, in denen ich mich ziemlich hilflos fühle.	Ich könnte noch zwanzig Jahre bei meiner Tätigkeit bleiben.
Ärger gibt es bei uns fast jeden Tag.	Meine Bezahlung finde ich leistungsgerecht und für mich persönlich auch ausreichend.
Der viele Streß auf meiner Arbeit macht mich ganz schön fertig.	Ich habe mich in meinem Beruf noch nie gelangweilt.
Alle Menschen, mit denen ich bei der Arbeit zu tun habe, sind freundlich und aufgeschlossen.	Mit den Erfolgen meiner Tätigkeit bin ich voll zufrieden.

Häufig bin ich Beleidigungen und Enttäuschungen ausgesetzt.	Bei mir herrscht eine strikte Trennung zwischen Arbeit und Privatleben.
Wegen des vielen täglichen Kleinkrams sehe ich oft gar keine Linie, keinen Zusammenhang bei meiner Tätigkeit.	Wir sind ein harmonisches, ohne Konflikte zusammenarbeitendes Team.
Ich arbeite lieber mit „jungen Systemveränderern" als mit „älteren Angepaßten".	Ich habe entschieden zu wenig Bestätigung bei meiner Tätigkeit.
Es liefe vieles besser, wenn man den Charakter meines Chefs ändern könnte.	Ich glaube, eigentlich hätte ich lieber einen anderen Beruf ergriffen.

WAS WÄRE, WENN...
...Dir plötzlich durch Erbschaft oder Lotto-Gewinn 10.000 DM zur freien Verfügung stehen?

WAS WÄRE, WENN...
...wegen zufälliger gehäufter technischer Störungen in der ganzen Bundesrepublik alle drei Fernsehprogramme ausfielen?

WAS WÄRE, WENN...
...in Europa durch Klimaveränderungen plötzlich ein Wetter wie in den Tropen herrschen würde?

WAS WÄRE, WENN...
...Sie für ein Jahr auf eine einsame Insel verbannt werden würden und nur drei Dinge oder Personen mitnehmen dürften?

WAS WÄRE, WENN...
...Sie noch einmal auf die Welt kämen, aber nur als ein Tier, das Sie selbst auswählen dürfen?

WAS WÄRE, WENN...
...Ihnen gute Bekannte einen Schmalfilm vom letzten Urlaub zeigen wollen und der Bekannte aus Versehen die Filmrolle mit einem harten Pornostreifen erwischt hat?

WAS WÄRE, WENN...
...Sie für 14 Tage die Rolle und Funktionen Ihres Chefs übernehmen müßten?

WAS WÄRE, WENN...
...alle wichtigen Entscheidungen von einer Kinderregierung der 8- bis 14-jährigen getroffen würden?

WAS WÄRE, WENN... ...es keine Aufbewahrungsstätten für alte Leute (genannt: Altersheim) mehr gäbe?	WAS WÄRE, WENN... ...alle wichtigen Gesetze in der BRD durch Volksabstimmungen gemacht werden würden?
WAS WÄRE, WENN... ...alle Menschen bei uns dasselbe Einkommen hätten?	WAS WÄRE, WENN... ...Ihr Partner Ihnen plötzlich erzählen würde, daß er/sie bisexuell sei und sich auch zum gleichen Geschlecht hingezogen fühlt?
WAS WÄRE, WENN... ...die jetzige Opposition in der Bundesrepublik morgen an die Regierung käme?	WAS WÄRE, WENN... ...aus Umweltschutzgründen in einer ganzen westdeutschen Großstadt das Befahren der Stadt mit Privatautos verboten wäre?
WAS WÄRE, WENN... ...Sie in wenigen Tagen ihre Arbeit (Ihre Studiermöglichkeit) verlieren würden?	WAS WÄRE, WENN... ...Ihnen unvermittelt Ihr fester Partner unbegründet den „Laufpaß" gibt?

```
Hier kann man den Stapel
mit den
WAS-WÄRE-WENN-Karten
hinlegen
```

Die Satzanfänge:

Ich fand Deine Schilderung interessant, weil...
Ich hatte das Gefühl bei Deiner Schilderung, daß...
Ich möchte kritisieren, daß...
Mir fehlte bei Deinen Einfällen...
Als Erstes fällt mir zu Deiner Schilderung ein:...
Mir gefiel nicht so ganz, daß...
Mich persönlich hat vor allem angesprochen...
Sehr wichtig fand ich, daß Du...

Merlin Grön

Sich ins Spiel bringen

– Gedanken zum Workshop beim Jugendschutztag '94 –

Das Präsidium der ajs schreibt in der Einladung zum Jugendschutztag '94: „Die Veranstaltung soll zum Nachdenken anregen und Mut machen, kooperativ und flexibel Wege zu suchen, Kindern und Jugendlichen den Platz in der Gesellschaft einzuräumen, der ihnen zusteht."

Wer sind wir, die wir nachdenken sollen, denen Mut gemacht werden soll, die kooperativ und flexibel begleiten sollen? Mit was, wie bringen wir uns in dieses Spiel ein? Wie nah sind wir selbst den Themen, die für „unsere" Kinder und Jugendlichen aktuell und existentiell sind? Wie steht es mit unserem eigenen **Selbstbewußtsein,** wie gehen wir eigentlich mit unseren **Gefühlen** und unseren **Grenzen** um, wo manifestieren sich unsere **Berührungsängste?**

Also singen wir. „ASSALAM ALEIKUM". Ein arabischer Friedensgruß - von Herz zu Herz. Würdevoll und selbstachtend verschränken wir unsere Arme vor unserer Brust, wir schauen einander in die Augen, wir verneigen uns ehrfurchtsvoll voreinander und gehen eingehakt ein Stück des Weges miteinander. Und dabei singen wir ständig miteinander:

von Herz zu Herz.

Und dann machen wir in dieser **inneren Haltung** einzelne Übungen miteinander. Übungen, die uns sensibilisieren für eben die Themen, die uns mit den uns anvertrauten Jugendlichen verbinden.

Und diese Übungen führen uns fremde Menschen innerhalb kürzester Zeit zueinander und ermöglichen jeder(m) individuelle Erfahrungen.

Ein Beispiel:

Ziemlich am Ende einer ganzen Übungskette zum Thema Führen und Vertrauen machen wir die Partnerübung „BOXAUTO": hinten steht der „Lenker", vorne das „Fahrzeug"; gelenkt wird mit dem Becken des „Fahrzeugs", der „Lenker" legt dazu seine Hände auf die Hüfte seiner(s) blinden (!!!) Vorderfrau(mannes) und schiebt los. Crashen mit anderen Paaren oder sonstigen Hindernissen ist absolut verboten. Zwischendrin wechseln die „Lenker" ihre „Fahrzeuge", indem sie ihr „Fahrzeug" am Spielfeldrand einparken, den „Schlüssel abziehen" und sich ein neues holen.

Eine wunderschöne und turbulente Übung, bei der sehr viel gelacht und erlebt wird. Da verdichten sich plötzlich die oben genannten Themen in einer Leichtigkeit des Spielens und jede(r) erkennt ihre/seine eigene Berührung mit den Themen.

Wie bringe ich mich ins Spiel?

Was bin ich mir wert?

Mit welch einer inneren Haltung biete ich den Jugendlichen meine Hand?

Gar selten passiert es mir
daß ich als Lehrer einen Draht finde
direkt zur Person eines Schülers
dann verstehen wir uns –
ein Mensch und ein anderer Mensch
es entsteht ein Feuer
wie eine stille Liebe –
oder ein Regenbogen

(Ingrid Kiehl-Kran)

Bodo Krauß

Ökomobil – Natur erleben – kennenlernen – schützen

Die Idee, Natur- und Umwelterziehung mit Hilfe eines fahrbaren „Umweltlabors" zu vermitteln, wurde 1987 in Tübingen geboren und zum damaligen Zeitpunkt bundesweit erstmalig in Baden-Württemberg durchgeführt. Durch das Umweltministerium Baden-Württemberg finanziert und jeweils bei einer Bezirksstelle für Naturschutz und Landschaftspflege (BNL) stationiert, sind mittlerweile 4 Ökomobile im Einsatz. Der Einsatzbereich eines Ökomobils entspricht dem Gebiet des jeweiligen Regierungspräsidiums.

Ökomobile sind 7,5 to Lkws, die mit allem ausgestattet sind, was notwendig ist, um Natur zu erleben, mit Spielen, Arbeitsbögen, Informationsmaterialien und Mikroskopen. Mit Hilfe moderner Medientechnik können alle Pflanzen oder Tiere, die betrachtet werden sollen, lebend auf einem Bildschirm abgebildet und hinterher wieder unverletzt freigelassen werden. Auch Videofilme und Dias können dabei zusätzlich eingesetzt werden.

Die Energie, die benötigt wird, um elektrische Geräte zu betreiben, wird von Solarzellen geliefert, die auf dem Dach des Fahrzeugs angebracht sind.

Personell sind die Fahrzeuge mit einem Mitarbeiter/einer Mitarbeiterin ausgestattet, die das jeweilige Untersuchungsgebiet auch fachlich betreuen können.

Untersuchungen von Lebensräumen wie Bächen, Teichen, Wald und Wiese, aber auch Wacholderheiden, Hecken, Feuchtwiesen können auf vielfältige Art erlebt und aufbereitet werden. Das Wichtigste dabei ist die Mitarbeit der jeweiligen Gruppe, die das Fahrzeug ausgeliehen hat. Kein trockener Schulunterricht, sondern selbst untersuchen, selbst erleben und selbst erarbeiten stehen auf dem Programm. Die Untersuchungsergebnisse können dann gemeinsam kreativ mit Farben, Fotos, Videos und weiteren Möglichkeiten dokumentiert werden.

Angefordert werden können die Fahrzeuge durch schriftliche Anfragen, die mindestens 3-4 Monate vor dem gewünschten Zeitpunkt bei der jeweiligen Bezirksstelle eingegangen sein sollten. Thema und Ort können dabei schon mitgeteilt werden.

Anfordern können Gemeinden, Vereine, Verbände, Schulklassen, Jugend- und Erwachsenengruppen, Lehrerfortbildungen und sonstige interessierte Gruppen.

Die Gruppe sollte nicht größer sein als 24 Kinder oder 18 Erwachsene. Für mehr Teilnehmer ist kein Platz vorhanden und auch keine Ausrüstung.

Der Ort sollte möglichst naturnah sein, zum Beispiel eine Wiese, ein Bach oder ein Wald (aber kein Naturschutzgebiet!) und Möglichkeiten bieten zum Untersuchen und zum Spielen.

Der Einsatz der Fahrzeuge ist innerhalb von Baden-Württemberg kostenlos, die Kosten werden vom Umweltministerium und den BNLs übernommen.

Anfragen und weitere Informationen können bei folgenden Adressen angefordert werden:

- Bezirksstelle für Naturschutz und Landschaftspflege Freiburg
  z.Hd. Frau Susanne Schreiber
  Werderring 14
  79098 Freiburg

- Bezirksstelle für Naturschutz und Landschaftspflege Karlsruhe
  z. Hd. Dr. Christoph Aly
  Kriegsstraße 5a
  76137 Karlsruhe

- Bezirksstelle für Naturschutz und Landschaftspflege Stuttgart
  z. Hd. Raymond Küster
  Ruppmannstraße 21
  70565 Stuttgart

- Bezirksstelle für Naturschutz und Landschaftspflege Tübingen
  z. Hd. Bodo Krauß
  Konrad-Adenauer-Straße 20
  72072 Tübingen

Kristin Michna/Gerd Pfitzenmaier

Kindergipfel in Eigenregie

„Kinder können nicht früh genug gefragt werden, sonst zerstört man ihre Welt, ehe sie zum Zuge kommen."

Robert Jungk beim natur-Kindergipfel 1991

„Zukunft ist Optimismus und Engagement. Zukunft ist Lernen aus der Vergangenheit. Unsere Zukunft ist die Jugend, die Fragen stellt, sich nicht kritiklos Ideologien unterordnet und sich selbstlos für eine menschenwürdigere Zukunft einsetzt."

Professor Klaus von Klitzing, Nobelpreisträger für Physik

1. Wie die Idee zum natur-Kindergipfel entstand

„Die Kinder haben doch keine Ahnung. Die werden doch von ihren Lehrern zum Demonstrieren geschickt." Solche Sätze waren Anfang 1991 zu hören, als Tausende von Schülern auf die Straße gingen, um gegen den Golfkrieg zu demonstrieren: Die Redakteure der Zeitschrift natur hatten jedoch andere Erfahrungen gemacht. Waren es doch häufig die Kinder, die den Eltern in Sachen Umweltbewußtsein den Weg wiesen.

Es war an der Zeit, auch die Kinder einmal zu fragen, welche Wünsche und Visionen sie zum Thema Umwelt und Zukunft haben. Nicht zuletzt, um zu zeigen, daß Kinder durchaus eine eigene Meinung haben. Die Reaktion auf den Aufruf im natur-Magazin zeigte, daß dies richtig war: 5000 Briefe und Bilder von Kindern überfluteten die Redaktionsflure.

Die Idee des natur-Kindergipfels war geboren. Kinder haben viel zu sagen, Kinder begreifen durchaus, was um sie herum passiert. Sie haben ernstzunehmende Ängste, aber auch tolle Visionen. Die Jüngsten unserer Gesellschaft haben gute Ideen, die es wert sind, gehört zu werden. Es ist die Pflicht der Erwachsenen, ihnen wenigstens einmal zuzuhören: „Kinder reden - Erwachsene hören zu" war der Leitsatz, unter dem sich 600 Kinder auf dem Paulsplatz in Frankfurt trafen, um in zehn Diskussionsgruppen über Themen wie Umwelt, Zukunft und Rechte der Kinder zu reden.

Zum ersten Mal hatten die Kinder Gelegenheit, Politiker und Manager zu treffen, die heute die Macht haben, über die Zukunft der Kinder zu entscheiden.

In Workshops, öffentlichen Diskussionsrunden und Spielen zum Thema „Umwelt & Zukunft" machten die Kinder unter Mithilfe von Experten die Öffentlichkeit darauf aufmerksam, daß die Erwachsenen mehr Rücksicht auf die Zukunft der jungen Generation nehmen müssen. Die Prominenten aus Wirtschaft und Politik versprachen, sich für die Forderungen der Kinder einzusetzen. Der erste Generationsvertrag wurde in der Frankfurter Paulskirche 1991 von Kindern und Erwachsenen unterzeichnet.

Was wirklich aus den Versprechungen wurde, stellte sich ein Jahr später heraus, als Münchner Kinder kontrollierten, was die Unterzeichner des Vertrags tatsächlich für die Anliegen der Kinder getan hatten. Die Kinder und Jugendlichen gaben den Prominenten aus Wirtschaft und Politik Noten für ihren Einsatz. Die Zeugnisse wurden schließlich im natur-Magazin veröffentlicht: Ein paar Erwachsene hatten wirklich etwas getan und wurden dafür mit einer guten Zensur belohnt. Andere nahmen ihr Versprechen weniger ernst: Sie mußten mit einer schlechten Note dafür bezahlen.

Kinder sind nicht so streng wie ihre Lehrer: Versetzt haben sie bisher jeden, und alle „Promis" durften auch zum nächsten natur-Kindergipfel wiederkommen, denn Kinder reagieren am Ende moderat: „Die Erwachsenen brauchen eben ein bißchen mehr Zeit, um umzudenken."

Heute gibt es viele lokale und regionale Kindergipfel, die auf Initiative von Schulen, Umweltorganisationen, Verbänden, Vereinen oder durch privates Engagement nach dem Vorbild des natur-Kindergipfels veranstaltet werden.

So trafen sich die Kinder wieder: beim 2. natur-Kindergipfel 1993 in Stuttgart, wo erneut mehrere hundert aus insgesamt zehn Ländern Europas zusammenkamen, um über das Schwerpunktthema „Tier und Umwelt" zu diskutieren. Der Generationenvertrag 1991 wurde um die Forderungen von 1993 erweitert.

Der nächste Höhepunkt ist 1995 in Berlin. Dort wird der 3. natur-Kindergipfel stattfinden. Dann stehen die „Rechte der Kinder" im Vordergrund.

Dieses Schwerpunktthema haben sich viele Kinder gewünscht. Außerdem muß die Bundesrepublik zeitgleich das erste Mal gegenüber dem

Generalsekretär der UNO einen Rechenschaftsbericht darüber abgeben, was seit der Ratifizierung der UN-Konvention über die Rechte des Kindes im Land geschehen ist.

2. Philosophie des natur-Kindergipfels

Kinder werden einmal in einer Umwelt leben, die ihnen von den Erwachsenen vererbt wird. Zur Gestaltung ihrer Zukunft aber wurden Kinder bislang nicht gehört. Deshalb will ihnen der natur-Kindergipfel Gelegenheit geben, ihre Wünsche und Visionen an diejenigen zu adressieren, die in Politik und Wirtschaft entscheiden, wie die Welt von morgen aussieht.

Die Erwachsenen sollen den Kindern zuhören und deren Gedanken ernst nehmen. Die Dialogbereitschaft zwischen Kindern und Erwachsenen ist eine Grundvoraussetzung für den Kindergipfel.

Es kann keinesfalls darum gehen, den Kindern Thesen in den Mund zu legen und so mit ihrer Hilfe Umweltpolitik zu machen. Dies würde sich schnell selbst entlarven.

Die Kinder formulieren ihre Anliegen ohne die Hilfe der Erwachsenen. Ziel des Dialogs mit den Entscheidungsträgern ist das Fortschreiben des beim 1. natur-Kindergipfel 1991 in der Frankfurter Paulskirche unterschriebenen „Vertrags der Generationen".

Kinder, die heute aufwachsen, sind zum Beispiel beim Thema Umweltschutz oft weitaus einsichtiger und engagierter als ihre Eltern. Der Frankfurter Kindergipfel hat zudem gezeigt, daß sich Kinder aus verschiedenen Ländern unbefangen begegnen. Ihre Vorschläge zur Lösung sozialer Probleme sind phantasievoll.

Sie sind bereit, nach dem Reden auch zu handeln. Wer dies nicht erkennt, bremst den gesellschaftlichen Fortschritt und den Eintritt ins „Jahrhundert der Umwelt".

Der natur-Kindergipfel will vor allem ein Ziel erreichen: Kindern Mut machen, damit sie ihre zweifellos starken Kräfte für die Gestaltung der Zukunft einsetzen.

3. Pädagogischer Stellenwert des natur-Kindergipfels

Die Idee des natur-Kindergipfels greift grundlegende Elemente zukunftsweisender erzieherischer Konzeptionen auf. Sie enthält eindeutig emanzipatorische und partizipatorische Ansätze. In einigen Elementen des natur-Kindergipfels werden sie als reale Selbstbestimmung der Kinder eingelöst.

Eine besondere pädagogische Qualität besitzt der natur-Kindergipfel, weil die im Alltag erlebte Beziehung der Kinder zu den Erwachsenen auf den Kopf gestellt ist. Am deutlichsten wird dies in den öffentlichen und medienwirksamen Teilen der Veranstaltung. Kinder stehen im Mittelpunkt. Sie geben die richtungsweisenden Impulse. Sie dominieren das Gespräch.

Der natur-Kindergipfel bietet und eröffnet den Kindern Handlungsfelder. Er ermöglicht ihnen konkretes Handeln und überträgt ihnen Verantwortung. Ziel dieser Aktionen ist jeweils ein konkretes Ergebnis. Dies sind unverzichtbare Elemente für die (Selbst-)Erfahrungsprozesse aller Heranwachsenden. Somit schafft der natur-Kindergipfel einen Rahmen, in dem umfassendes „Lernen" und emanzipatives Wachsen möglich ist.

Die Erfahrungen und Auswertungen der bisherigen Veranstaltungen lassen die folgenden unverzichtbaren Regeln für eine Kindergipfel-Veranstaltung aufstellen:

– Der natur-Kindergipfel muß eine Kinder- und darf keine Erwachsenen-Aktion sein.
– Kinder bestimmen - soweit möglich - die Form der Veranstaltung.
– Dazu werden sie an der Vorbereitung beteiligt.
– Erwachsene können und sollen den Kindern bei der Organisation helfen.
– Kinder bestimmen die Inhalte der Aktionen.
– Erwachsene unterstützen die Kinder durch konkrete Hilfe.
– Kinder reden und handeln. Sie stehen im Mittelpunkt.
– Erwachsene stehen mit den Kindern in einem gleichberechtigten Dialog- und Lernprozeß. Erst dies ermöglicht die erforderliche Hilfe.

Werden diese Regeln befolgt, ist es unerheblich, in welcher exakten Form, auf wessen Impuls und Initiative oder mit welchem Träger ein Kindergipfel (Vorgipfel) geplant und veranstaltet wird.

4. Die politische Dimension des natur-Kindergipfels

Der Kindergipfel ist eine Aktion mit drei Handlungsebenen:

– die lokale/regionale Ebene

Bei den Vorgipfeln reden die Kinder über ihr direkt erlebbares Umfeld (Familie, Schule, Gemeinde).

Veranstaltet wird dieser lokale Kindergipfel (Vorgipfel) von einer örtlichen Initiative (oder mehreren Partnern) in Eigenverantwortung. Themen sollen konkrete Probleme vor Ort sein.

– die nationale Ebene

Der natur-Kindergipfel bündelt alle zwei Jahre die lokalen und regionalen Kindergipfel-Veranstaltungen. Er führt Delegationen und interessierte Kinder zum landesweiten Treffen zusammen.

Er will die Kontakte zwischen den Kindergruppen fördern. Dafür gibt es jetzt auch die KIGI-Post: die Kindergipfel-Zeitung für die Stimme der Kinder.

Obwohl der Themenrahmen sehr weit gesteckt ist, bleibt das Ziel des Kindergipfels die Unterstützung konkreter Aktionen vor Ort. Zahlreiche Kinderforen, Kinderparlamente, Kinderbüros und regionale Kindergipfel sind durch Anregung des natur-Kindergipfels bereits entstanden.

– die internationale Ebene

Längst ist ein weitverzweigtes Netzwerk von Initiativen mit ähnlichen Ideen entstanden.

In mehreren Ländern Europas gibt es bereits Kindergipfel. Sie werden in Anlehnung an das Konzept des natur-Kindergipfels organisiert. In Österreich gab es bereits einen landesweiten Kindergipfel, in der Schweiz ist für 1994 einer angekündigt. In Ungarn, Tschechien und Slowenien haben Kindergipfel im Rahmen der Aktion „United Games of Nations" stattgefunden.

Delegationen der nationalen Aktionen beteiligen sich am internationalen Austausch der Meinungen und Erfahrungen über Ländergrenzen hinweg. Dies erweitert das Themenspektrum und ist heute angesichts der Ausländerfeindlichkeit unter Jugendlichen wichtiger denn je.

Diese Aktivitäten sollen in Zukunft noch besser koordiniert werden. Mit Initiativen wie The Voice of the Children (Norwegen), Peace Child International (Großbritannien), United Games of Nations (Österreich, Ungarn, Tschechien, Slowenien, Deutschland) oder Children of the Earth sowie New Futures (USA) hält der Kindergipfel-Verein regelmäßig Kontakt.

5. Wie ein Kindergipfel aussehen soll

Die Form eines Kindergipfels wird jeweils von den lokalen und regionalen Voraussetzungen bestimmt.

– Jeder Kindergipfel ermöglicht Begegnungen. Er verhilft zu Informationen und verschafft den Kindern Gehör. Diskussionen, Workshops, aber auch Spaß und Spiel gehören zu seinen festen Bestandteilen. Jeder Kindergipfel soll ein greifbares Ergebnis bringen.

– Ziel der Diskussionen sollten konkrete Handlungen sein (Verpflichtung durch den Generationenvertrag).

– Einen Dialog zwischen Kindern und Erwachsenen zu schaffen und zu wahren, gehört zur Grundidee des Kindergipfels.

– Eine Kindergipfel-Veranstaltung ist eine Plattform: Auf ihr können sich alle Interessierten versammeln, sich kennenlernen und vorstellen.

– Außerdem ist er eine Bühne, auf der die Teilnehmer ihre Wünsche und Visionen anderen zu Gehör bringen können.

Der Kindergipfel sollte aber nicht aussehen wie...

– eine Werbeaktion für Produkte oder Firmen,
– eine Alibi-Aktion für die Interessen von Erwachsenen,
– eine parteipolitische Veranstaltung,
– eine Vorzeigeaktion,
– eine Unterrichtsstunde in der Schule.

6. Die Rolle der Erwachsenen

Die Erwachsenen organisieren lediglich die Rahmenbedingungen für den Kindergipfel. Die Inhalte, das heißt, mit wem und worüber die Kinder reden, bestimmen diese selbst.

Die Idee des Kindergipfels ist, den Kindern Gehör zu verschaffen. Wichtig ist es deshalb, daß von der Planung und Organisation der Veranstaltung über die Themenfindung bis hin zur Formulierung der Forderungen aus den Workshops die Kinder selbst entscheiden. Wesentlich ist, daß dabei weder Lehrer noch Eltern oder andere Erwachsene die Meinung und das Verhalten der Kinder in eine bestimmte Richtung lenken.

Die Aufgabe der Erwachsenen beim Kindergipfel ist vielmehr, den Kindern dabei zu helfen, einen Rahmen aufzustellen, der ihnen das Gehör der Öffentlichkeit ermöglicht. Dabei sollten die Erwachsenen ihnen helfen und sich so weit wie möglich zurückziehen. Keinesfalls aber sollten die Erwachsenen die Plattform der Kinder nutzen, um ihre Interessen durchzusetzen.

7. Kindergipfel in der Schule

Viele Schulen haben bereits einen Kindergipfel veranstaltet. Jahrgangsstufenübergreifend oder – wie zum Beispiel zur Zeit in Berlin in Arbeit - im Zusammenschluß mehrerer Schulen kann der Kindergipfel ganz neue Formen im Umgang mit den Themen Umwelt und Zukunft auch an Schulen bieten. Projektwochen oder Tage der offenen Tür legen die Veranstaltung eines Kindergipfels nahe (Aber bitte keine Vorzeigeaktionen daraus machen!). Wichtig ist dabei, daß die üblichen Strukturen in der Schule für die Aktion aufgebrochen und vollständig durch das Motto „Kinder reden – Erwachsene hören zu" ausgetauscht werden. Das ist in der Schule ganz besonders schwierig und verlangt größtmögliche Bereitschaft, über Schatten zu springen. Organisieren Sie einen Kindergipfel an der Schule möglichst nicht im Klassenzimmer. Besser ist die Aula, die Sporthalle oder ein Gelände draußen. So trägt der Rahmen sichtbar dazu bei, die gewohnte Schüler-Lehrer-Beziehung zu überwinden. Von Vorteil ist, daß im Kollegium so mancher Experte für die Workshops zu finden ist: Scheuen Sie sich aber nicht, auch Umweltpädagogen hinzuzuziehen. Das hilft, das Schulambiente aufzulockern und bringt „frischen Wind" für alle Beteiligten in die Schule.

8. Kindergipfel im Verein

Es gibt viele Umweltinitiativen für Kinder. In diesen Gruppen findet häufig die eigentliche Basisarbeit statt. Leider dringt von diesen guten und wichtigen Aktionen mit und für die Kinder, die sich stetig und mit größtem Engagement für die Umwelt oder die Rechte der Kinder vor Ort einsetzen, kaum etwas an die Öffentlichkeit. Dabei entwickeln die Kinder gerade dort die phantasievollsten Ideen und ganz konkrete Handlungsansätze. Das ist Grund genug, auch andere zu motivieren, diesem Beispiel zu folgen und vielleicht den einen oder anderen Geldgeber auf eine unterstützungswürdige Initiative aufmerksam zu machen. Mit einem Kindergipfel kann Ihre Gruppe gezielt an die Öffentlichkeit treten und bekanntmachen, was sie tut. Konkrete Schritte zur Umsetzung von Ideen können gemeinsam von Kindern und Entscheidungsträgern vor Ort erarbeitet werden. Der Kindergipfel ist eine Möglichkeit für die Kinder, sich Gehör zu verschaffen.

9. Mitmach-Möglichkeiten beim natur-Kindergipfel

a) Die Gipfelkonferenz

Wer einen Vorgipfel veranstaltet, ist berechtigt, mit einer Delegation am natur-Kindergipfel teilzunehmen. In Konferenzen und Arbeitskreisen beraten und diskutieren die Kinder zum Beispiel mit Experten über Themen wie Umweltverschmutzung und Kinderrechte. Die Workshops sollen möglichst allen Kindern und Jugendlichen die Chance geben, sich je nach Neigung und Entwicklungsstand mitteilen zu können. Deswegen sollten sie eine gute Mischung zwischen Theorie und Praxis bieten. Exkursionen und kreative Programmteile im künstlerischen und musischen Bereich sollten deshalb genauso zu einem Workshop gehören wie die langen Diskussionen.

Die Themen der Gipfelkonferenzen werden von Kindern bestimmt. Aus Briefen und den Planungskonferenzen vor der Veranstaltung wird ein Lieblingsthema deutlich. Dieses Schwerpunktthema steht im Mittelpunkt des natur-Kindergipfels.

Die Teilnehmer bekommen die Gelegenheit, ihre Fragen und Forderungen an Politiker, Manager und Künstler zu stellen. Die Prominenten sind in die Workshops eingeladen. Sie sollen dort den Kindern zuhören. Der Kindergipfel-Verein lädt alle Teilnehmer ein. Er bezahlt ihnen die Verpflegung, Unterkunft und Fahrt.

b) Öffentliche Gesprächsrunden

In öffentlichen Gesprächsrunden sollen die Prominenten die Fragen der Kinder beantworten. Sie sollen zu den Ideen der Kinder Stellung nehmen. Die Diskussion steht unter dem Motto „Kinder reden – Erwachsene hören zu". Die Moderatoren werden deshalb alles tun, daß die Kinder zu Wort kommen und nicht von Erwachsenen „an die Wand" geredet werden. Ziel ist ein gleichberechtigter Dialog zwischen Kindern und Erwachsenen.

c) Markt der Möglichkeiten

Beim natur-Kindergipfel gibt es den Markt der Möglichkeiten. Dazu sind alle Gruppen, Verbände und Organisationen eingeladen, die sich mit den Themen Umwelt und Kinderrechten beschäftigen. Der Markt der Möglichkeiten bietet allen, die nicht an der Gipfel-Konferenz teilnehmen können, die Gelegenheit, dennoch dabei zu sein. Der Markt der Möglichkeiten ist mit einer nichtgewerblichen Messe vergleichbar. Alle Aussteller sollen möglichst kreativ auf ihre Aktivitäten hinweisen. Sie sollen den Besuchern zeigen, wo man sich informieren kann. Sie können Ideen austauschen und sich kennenlernen.

Die Teilnahme am Markt der Möglichkeiten kostet nichts. Die Aussteller müssen sich jedoch selbst versorgen. Der Kindergipfel-Verein trägt für die Aussteller und ihre Präsentationen keine Verantwortung. Er organisiert aber die technischen Voraussetzungen, indem er Strom- und Wasseranschlüsse bereitstellt.

Zum Markt der Möglichkeiten gehört außerdem eine Menge Spiel und Spaß: Theateraufführungen, Jonglage und Gaukler, aber auch Musik und Bilderausstellungen gibt es dort.

10. Ausblick

Vom 21. bis 24. September 1995 findet im Freizeit- und Erholungszentrum (FEZ) Wuhlheide der 3. natur-Kindergipfel statt. Dann haben alle Kinder und Jugendlichen, die sich für die Umwelt und die Rechte der Kinder stark gemacht haben, die Chance, ihre Erfahrungen auszutauschen und mit den Erwachsenen über ihre Ergebnisse und Visionen zu diskutieren.

Die „Rechte der Kinder" stehen dieses Mal ganz oben auf der Liste der Themen. Vom Recht auf eine gesunde Umwelt und dem Recht auf eine eigene Meinung bis zur Umsetzung der UNO-Konvention über die Rechte des Kindes werden wir über alles sprechen, was Kindern wichtig erscheint. Wir wollen einen Generationenvertrag mit den Erwachsenen erarbeiten, aus unseren Visionen einen Traumkatalog zusammenstellen und vor allem Leute kennenlernen und einfach FEZ haben!

11. Literaturhinweis

Der rote Faden. Das Handbuch zum Kindergipfel für Kinder & Jugendliche. Hrsg. vom Kindergipfelverein. München 1994

Projektanschrift: Kindergipfelverein
　　　　　　　　Breisachstr. 16
　　　　　　　　81667 München

Josef Minarsch-Engisch

„Du doitsch?"

Beschreibung einer Spielaktion

1. Vorbemerkung

In der heutigen Bundesrepublik Deutschland ist Ausländer, wer nicht die deutsche Staatsangehörigkeit hat. Nach den Bestimmungen eines Gesetzes, das in seinen Grundzügen noch aus der Regierungszeit Kaiser Wilhelm II. stammt, erwirbt man die deutsche Staatsbürgerschaft durch Geburt, d.h. eheliche Abstammung von einem deutschen Vater oder einer deutschen Mutter.

Wer hingegen in Deutschland als Sohn oder Tochter von Eltern anderer Nationalitäten geboren und aufgewachsen ist, mag sich als Deutscher fühlen, stets pünktlich seine Steuern zahlen und keine andere Sprache als Deutsch sprechen, für die Behörden ist und bleibt er ein Ausländer, der Aufenthalts- und Arbeitserlaubnis beantragen muß, es sei denn, es wird ihm die Gnade der Einbürgerung zuteil. Einen Rechtsanspruch hat er nicht.

Dagegen ist Deutscher im Sinne des Grundgesetzes, wer nach Artikel 116 „als Volksdeutscher oder dessen Ehegatte oder Abkömmling in dem Gebiet des Deutschen Reiches bis Ende 1937 Aufnahme gefunden hat". Diese Personen erhalten sofort die deutsche Staatsangehörigkeit. Sie haben dann, auch wenn sie erst mühsam deutsch lernen müssen, einen Reisepaß der Bundesrepublik Deutschland, auf dessen Innenseite in drei Sprachen eingedruckt ist: „Der Inhaber dieses Passes ist Deutscher".

Die Frage also, wer oder was deutsch ist, ist offensichtlich sehr viel komplizierter zu beantworten, als es auf den ersten Blick scheint.

Hier setzt auch das Spiel an.

2. Spielverlauf

Ein Anwerber, der sich außerhalb des Labyrinthspiels befindet, spricht potentielle Interessierte bzw. Teilnehmer der Tagung an: „Wollen Sie überprüfen, ob Sie Deutscher sind?" „Sind Sie sicher, daß Sie Deutsche sind?" Möchten Sie einen Identitätstest machen?"

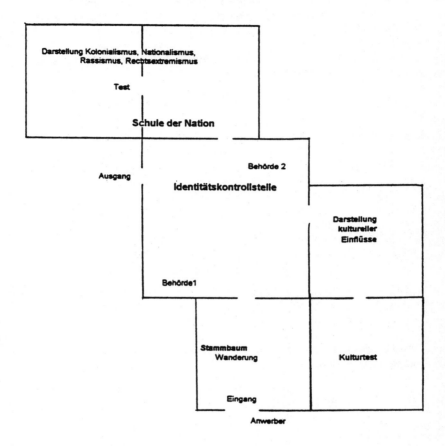

Der Anwerber händigt den Mitspielern einen Paßantrag aus. Die Besucher betreten den ersten Raum des Labyrinthes.

In diesem Raum gibt es Informationen über die Herkunft des deutschen Volkes, über den Zuzug vieler Menschen und Menschengruppen in deutsche Gebiete im Laufe der Geschichte.

Anhand imitierter Kirchenbücher stellen die Mitspieler ihren eigenen fiktiven Stammbaum zusammen.

Im nächsten Raum muß der Antrag bei Beamten abgegeben werden, die alles genau kontrollieren. In dieser Identitätskontrollstelle wird zu nächst der Stammbaum durchgesehen und festgestellt, daß doch sehr viele fremdländische Einflüsse bei den Vorfahren vorhanden sind. Danach werden die Besucher zu dem Kulturtest geschickt, damit sie sich besser mit deutscher Kultur befassen und vertrauter machen.

In den Kulturesträumen sind die Wände mit Tafeln behangen zu verschiedenen Themenbereichen:

– historischer Abriß der Zuwanderung in deutsche Städte und Gebiete,

– Lebensmittel und Essen,

– Sprache,

– berühmte Deutsche,

– ...

Der Mitspieler darf sich ein Themengebiet heraussuchen und erhält einen kurzen Test, mit dem er auf spielerische Weise an die Vielfalt kultureller Einflüsse aus anderen Ländern herangeführt wird.

So darf er z.b. arabische Lernwörter aus einem Text herausfinden oder bei einem „typisch deutschen Mittagsmenü" die ursprüngliche Herkunft der Lebensmittel benennen.

Mit Hilfe der Informationstafeln an den Wänden können alle Aufgaben gelöst werden.

Nach bearbeitetem Kulturtest kehrt man wieder zum Beamten zurück, der den Test prüft und natürlich dabei feststellt, daß enorm viele fremde Einflüsse auch in der Kultur zu finden sind, daß „diese Kultur" noch nicht ausreicht, ein „guter Deutscher" zu sein. Der Beamte schickt die Mitspieler dann weiter zur „Schule der Nation". Dort gibt es Informationen zu Themen wie Kolonialismus, Nationalismus, völkisches Denken, Rassismus, Rechtsextremismus.

Wiederum wird der Besucher anhand eines Testes angeregt, diese Informationen durchzusehen und aufzunehmen.

Mit ausgefülltem Testbogen kommt man erneut zum Beamten. Bei ihm dürfen sich die Besucher aus einer Reihe Identitätskarten mit verschiedenen Texten der Ausstellung auf der Rückseite eine auswählen. Diese Identitätskarte wird, wie auf einer Behörde so üblich, gestempelt und unterschrieben ausgehändigt.

Nur eine Alltagslappalie

Darf ich Sie in dieses Café einladen, gnädige Frau? Sie sind ermattet? Legen Sie bitte die Jacke ab und nehmen Sie dort hinten auf dem Sofa mit der karminroten Matratze Platz! Der Konditor mit der steifen Mütze und dem weissen Kittel wird sofort eine Tasse Bohnenkaffee mit zwei Stückchen Zucker vor Sie hinstellen – oder lieber eine Karaffe eisgekühlte Limonade, falls Sie nicht Alkohol vorziehen? Nein? Dazu mögen Sie sicher eine Obsttorte mit Aprikosen und Bananen garniert. Natürlich, mein Freund, sind Sie heute zum Essen mein Gast! Zur Eröffnung darf ich Ihnen ein Sorbet von Orangen reichen. Die gefüllten Artischocken werden Ihnen als Vorspeise gefallen. Und was halten sie jetzt von bardiertem Kapaun auf pikantem Reis mit Spinat-Krusteln? Danach kann ich Ihnen die Zimtröllchen in Arraksauce sehr empfehlen. Und zum Beschluß einen Mokka. Und machen Sie es sich bitte auf dem Diwan bequem.

Aufgabe: Unterstreichen Sie alle arabischen Lehnwörter im Text

Lösungen: Café, ermattet, Jacke, Sofa, Karmin, Matratze, Konditor, Mütze, Kittel, Tasse, Bohnenkaffee, Zucker, Karaffe, Limonade, Alkohol, Aprikosen, Bananen, Sorbett, Orangen, Artischocken, bardiertem, Reis, Spinat, Zimt, Arrak, Mokka, Diwan

Am Ausgang wird der Besucher nach seinen ersten Eindrücken befragt. Nicht selten schließen sich daran spannende und interessante Gespräche an.

Der Spieldurchlauf dauert in der Regel eine halbe bis eine Stunde.

3. Was will die Spielaktion?

Die Spielaktion „Du doitsch?" möchte einen neuen Zugang zu Themen wie: fremdländische Einflüsse auf die deutsche Geschichte, Kultur, Funktion und Auswirkungen von Nationalismus, Ursachen und Absichten von Rassismus... ermöglichen. Sie möchte informieren, Zusammenhänge aufzeigen, auf der anderen Seite aber auch betroffen machen. Um dies zu verbinden, werden die Menschen in eine Spielhandlung miteinbezogen. Die Identifikation mit einer Spielrolle erleichtert den emotionalen Zugang zu den während des Spiels dargebrachten Themen und veranlaßt den Mitspieler, sich intensiver mit den Informationen auseinanderzusetzen.

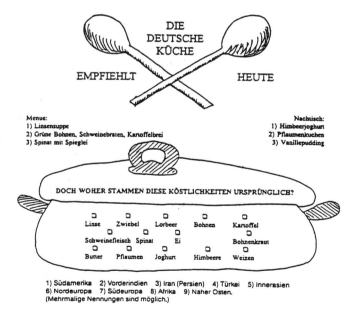

Projektanschrift: Fachberatung für Ausländerarbeit
　　　　　　　　im Diakonischen Werk Württemberg
　　　　　　　　Martinstr. 12
　　　　　　　　73728 Esslingen

Georg Zwingmann

„Mit Jugend ins Gespräch kommen..." - mehr eine Frage von beruflicher Haltung als eine Frage von Handlungskonzepten und Strategien

1. Gesellschaft spricht über Jugend...

Es gibt offensichtlich einen Konsens darüber, daß für einen immer größer werdenden Teil von Jugend die Identitätsfindung als wichtigste Entwicklungsaufgabe dieser Lebensphase zu einer Identitätskrise mit negativem Ausgang wird.

Soziale Verarmung und Beziehungslosigkeit werden zu Phänomenen der jugendlichen Subkultur gemacht, der gesamtgesellschaftliche Kontext wird auf die Sozialisationsinstanzen Schule und Jugendhilfe reduziert, in denen Gewalt, Kriminalität, Drogenkonsum und psychische Erkrankungen unter Jugendlichen zunehmen und sichtbar werden und zu wichtigen und vordringlich zu behandelnden pädagogischen Themen werden.

Mal angenommen:
– Gesellschaft würde als Zusammenlebenssystem über die soziale Verarmung und Beziehungslosigkeit immer größer werdender Teile der Bevölkerung ins Gespräch kommen, dann wären es vor allem Phänomene wie die zunehmende Ausdifferenzierung der Gemeinwesen (Stadtteile, Wohnbezirke) in ‚stabile' und ‚instabile' Teile der fortschreitende Verlust an sozial-, kultur- und umweltverträglichen Lebensräumen und die damit verbundene Bedrohung der Lebensqualität sozial gefährdeter Bevölkerungsgruppen wie Familien mit Kindern und Jugendlichen, über die diskutiert wurde.

Die wachsende Ungleichheit in der ökonomischen Attraktivität, der ökologischen Lebensqualität und der sozialen Stabilität würde deutlich machen, daß es für Menschen zunehmend darauf ankommt, in welchem Gemeinwesen sie leben, arbeiten, wohnen und aufwachsen und welche Unterstützung das jeweilige Gemeinwesen ihnen anbieten kann. Themen wie Armut, Berufstätigkeit beider Elternteile zur Existenzsicherung, drohender Arbeitsverlust, Arbeitslosigkeit, Wohnungsverlust und Wohnungsnot, Trennung und Scheidung, Schwächung von und Verlust an sozialen Netzwerken, soziale Isolation, Suchtmittelmißbrauch, Kriminalität, Gewalt in Familien und Zerstörung von Lebenswelten würden gesehen und wahrgenommen.

Der Zusammenhang von persönlicher Lebensführung und sozialer Lebensqualität in der Gesellschaft würde in den Blickpunkt gerückt und besondere Bedeutung bekommen. Aber dies scheint eher ein unwichtiges und nebensächlich zu behandelndes politisches Thema zu sein. Der gesamtgesellschaftliche Konsens würde auf das individuelle ‚Versagen' im konkreten Einzelfall reduziert.

2. Wie sich doch die Phänomene gleichen...
.... Bilder und Spiegelbilder...

Jugend demonstriert heute zu großen Teilen – ohne sozialpolitische Aktion – gesellschaftliche Wirklichkeit, wehrt sich gegen diese Wirklichkeit des ‚Wertlos-Seins' und verliert sich in Prozessen von Individualisierung und dissozialer Lebensqualität im Gemeinwesen.

Man weiß, daß jede menschliche Entwicklung das Ergebnis eines Wechselprozesses zwischen individuellen Fähigkeiten, d.h. persönlichen Ressourcen wie Ich-Stärke, Kommunikationsfähigkeit, soziale Kompetenz, und sozialen Kontakten, Interaktion und Erfahrungen mit der Umwelt ist. Kinder und Jugendliche sind davon besonders betroffen, da ihre Entwicklungsmöglichkeiten in starkem Maße davon abhängen, daß sie in einem familiären Umfeld und in einer sozialen Umwelt (Nachbarschaft, Schule, Freunde, Clique) heranwachsen, die ihnen positiv gegenübertreten.

Ökonomische Armut und psychische Not führen zu sozialer Verarmung, die sowohl Lebenslust und Neugier als auch soziale Orientierung und Perspektiven zerstört. Kindliche und jugendliche Entwicklung ist nicht nur von eigenen Fähigkeiten und Charaktereigenschaften abhängig, sondern auch von der Qualität, Vielfalt, Lebendigkeit und Tragfähigkeit ihres sozialen Umfeldes. Kinder und Jugendliche suchen in ihren Beziehungen nach Liebe, Zuneigung und Vertrautheit, die das Aussprechen von Gefühlen und das Erleben von Unsicherheit erlauben. Sie suchen nach Bestätigung und Wertschätzung, nach Orientierung und Grenzsetzung, nach Hilfe in Notlagen und nach Unterstützung im Umgang mit Gefühlen und bei der Kontrolle von Affekten.

Beziehungen mit Erwachsenen sagen Kindern und Jugendlichen, was von ihnen erwartet wird und leiten sie bei ihren Handlungen. Erwachsene beobachten Kinder und Jugendliche, ihr Verhalten und bewerten ihre Handlungen. Beziehungen sind Hilfesysteme **wechselseitiger** Unterstützung und daher unentbehrlich für den Lebensalltag und die Lebensbewältigung.

3. Mit Jugend ins Gespräch kommen

...bedeutet, sich als Erwachsener „in Szene zu setzen", sich zu zeigen, Zugang zu den eigenen Gefühlen zu bekommen, mit sich ins Gespräch zu kommen.

...bedeutet, Suchprozesse in Gang zu setzen, Sinn in seinen eigenen Handlungen zu erfahren, wertvoll zu sein, Gewinner-Modell für Kinder und Jugendliche zu sein.

...bedeutet für Erwachsene, den eigenen Sinnen eine Beteiligungschance zu lassen und zusammen mit Kindern und Jugendlichen auf Entdeckungsreise zu gehen.

Es geht um gegenseitiges Entdecken. Es geht um dialogische Prozesse, um Austauschprozesse, nicht um das einseitige Herstellen von Wirklichkeiten.

Jeder Mensch konstruiert seine Wirklichkeiten, um die Komplexität des Lebens zu reduzieren, um überleben zu können, um eigene Verletztheit heilen zu können, um Weisheit und Sinn zum Ausdruck bringen zu können.

Achtung vor Kindern und Jugendlichen und die Suche nach ihren Stärken, Fähigkeiten und Potentialen beginnt gerade dort, wo sie anscheinend fehlen, beim schwierigen, verletzten, aggressiven, verrückten Kind und/oder Jugendlichen.

Jedes noch so „verrückte" Verhalten ist primär ein Kooperationsangebot an uns Erwachsene. Es bedeutet: Tu was damit, schau dahinter, versuche mich zu sehen, mich zu **halten**.

Berufliche **Haltung** ist primär Be-ziehung und nicht Be-handeln. Pädagogische Haltung und Kompetenz beginnt immer mit dem Begreifen, da private und berufliche Überzeugungen, Grundsätze und Regeln nicht all das Mögliche umfassen, sondern die Möglichkeiten begrenzen.

Mit Jugend ins Gespräch kommen bedeutet, Mut und Vertrauen in eigene Wahrnehmungen, Gefühle und Intuitionen zu haben - mit Jugend ins Gespräch kommen bedeutet, sich selbst zu begegnen.

Projektanschrift: Fasanenhofschule Stuttgart
Markus-Schleicher-Str. 15
70565 Stuttgart

Autoren

Baacke, Dieter

Prof. Dr.; seit 1972 Prof. für außerschulische Pädagogik an der Universität Bielefeld, Fakultät für Pädagogik, Arbeitsschwerpunkte: Kinder- und Jugendforschung, Medienwissenschaft und Medienforschung sowie Medienpädagogik, Jugend-, Erwachsenen- und Weiterbildung; Vorsitzender der „Gesellschaft für Medienpädagogik und Kommunikationskultur", Vorstandsmitglied der „Kulturpolitischen Gesellschaft", Kuratoriumsmitglied des „Kinder- und Jugendfilmzentrums der Bundesrepublik" und der „Evangelischen Akademie".
Veröffentlichungen u.a..:
– Die 6- bis 12jährigen. Weinheim; Basel 1994[6]
– Die 13- bis 18jährigen. Weinheim; Basel 1994[4]
– Jugend- und Jugendkulturen. Weinheim 1992[2]

Beck, Elke

geb. 1964; Dipl.-Sozialpädagogin (FH), Studium der Sozialpädagogik, Evangelische Fachhochschule Ludwigshafen, Qualifikation Spielpädagogik Akademie Remscheid, Lehrbeauftragte an einer Fachschule für Sozialpädagogik; derzeit tätig als Jugendreferentin in der kirchlichen Jugendarbeit.

Berger, Wolfgang

geb. 1949; Referent für außerschulische Jugendbildung bei der Landeszentrale für politische Bildung Baden-Württemberg; Berufspraxis als Vermessungsingenieur, anschließend Studium in Berlin und Tübingen, Politikwissenschaft, Soziologie und Pädagogik; seit 1993 intensive Zusammenarbeit mit Jugendgemeinderäten.

Blanke, Hedwig

geb. 1956; Diplom-Pädagogin; derzeit tätig als Kinderanwältin.
Veröffentlichungen:
– Handbuch kommunale Jugendarbeit. Hrsg. Hedwig Blanke u.a. Münster 1993
– Lebensraum für Kinder schaffen. In: KABI 16.3.
– Bunte Leggings und kesse Kappe. In: Spielraum 3/1994

Blinkert, Baldo

Dr., geb. 1942; Studium der Soziologie, Nationalökonomie und Sozialpädagogik in Frankfurt und Freiburg; Akademischer Oberrat am Institut für Soziologie der Universität Freiburg; verantwortlich für den ständigen Forschungsschwerpunkt „Urbanisierung und soziale Probleme"; Gründer und Leiter des Freiburger Instituts für angewandte Sozialwissenschaft (FIFAS); Arbeitsschwerpunkte: praxisnahe Forschungen zu Themen aus den Bereichen soziale Probleme, Familie, Alter, Kindheit, Stadt und Technik.
Veröffentlichungen:
– Berufskrisen in der Sozialarbeit. Weinheim 1987
– Aktionsräume von Kindern in der Stadt. Pfaffenweiler 1994
Aufsätze über Themen aus den Bereichen Jugendkriminalität, Alter, Familie, soziale Ungleichheit, Techniksoziologie.

Breitenstein, Jutta

geb. 1955; Abitur, Studium der Sozialwissenschaften (Politik, Soziologie und Erwachsenenbildung) an der Johannes-Gutenberg-Universität Mainz; seit 1989 feste freie Mitarbeiterin im ZDF als Redakteurin bei „logo"-Nachrichten für junge Leute im ZDF.

Dieckmann, Brigitte

geb. 1955; seit 1992 Konrektorin.

Dörner, Christine

Dr.; Studium der Diplom-Pädagogik, Schwerpunkt Sozialarbeit/Sozialpädagogik; seit 1992 Leiterin des Kinderbüros Karlsruhe.

Ebbert, Birgit

Dr. päd., geb. 1962; Dipl.-Päd., Studium der Erziehungswissenschaft in Münster und Bonn; Fachreferentin für Medien bei der Aktion Jugendschutz (ajs), Landesarbeitsstelle Baden-Württemberg; seit 1993 Geschäftsführerin der ajs.

Feldtkeller, Andreas

geb. 1932; Dipl.-Ing. Architekt; Tätigkeit im Bereich der Regionalplanung, Stadtsanierung und Stadtentwicklung; seit 1962 Leiter des Stadtsanierungsamtes der Stadt Tübingen.

Veröffentlichungen:
- Die zweckentfremdete Stadt - wider die Zerstörung des öffentlichen Raums. Campus 1994

Fluhrer, Rolf
geb. 1954; Diplom-Sozialpädagoge (FH); derzeit tätig als Abteilungsleiter und Mitglied der Geschäftsführung beim Stadtjugendausschuß Karlsruhe e.V.

Gradmann, Reinhard
geb. 1956; 1978-1990 Jugendreferent, 1990-1992 Leiter der Geschäftsstelle Stadtkirchentag Stuttgart; seit 1992 Jugendbildungsreferent im Evangelischen Jugendwerk Stuttgart.

Grön, Merlin
geb. 1949; Diplom-Pädagoge, kirchliche Jugendbildungsarbeit, Dozent für Spiel und Theater; seit 1993 eigene Seminarstätte „Der Laden" in Gomaringen; tätig als freiberuflicher Spiel- und Theaterpädagoge und Psychodrama-Leiter.

Krauß, Bodo
geb. 1959; Diplom-Biologe, Konservator, Schreiner, Biologie-Studium, Wissenschaftlicher Mitarbeiter im Pathologischen Institut; derzeit Ökomobilbetreuer bei der Bezirksstelle für Naturschutz und Landschaftspflege Tübingen.

Meyer, Dieter
geb. 1960; Dipl.Soz.arb. (FH); 1987-1993 Mobile Jugendarbeit, 1993-1994 Wohnprojekt ehemals obdachloser Jugendliche; seit 1995 Schlupfwinkel (Anlaufstelle für AusreißerInnen).

Lilienfein, Klaus-Peter
geb. 1937; Studium der Pädagogik, 14 Jahre Lehrer GHS, Studium der evangelischen Theologie, 8 Jahre Pfarrer; seit 1987 ev. Schuldekan.

Michna, Kristin
geb. 1966; Geschäftsführerin im Kindergipfel-Verein.
Veröffentlichungen:
- Der rote Faden. Handbuch zum Kindergipfel. München 1994

Minarsch-Engisch, Josef

geb. 1954; Lehramtsstudium für Grund- und Hauptschule, Aufbaustudium Diplompädagogik; hauptamtliche Tätigkeit in einer Ausländerinitiative; seit 1991 Fachberater für Ausländerarbeit im Diakonischen Werk Württemberg.
Veröffentlichungen:
– Fremd – oder was? Unterrichtsmaterialien zum Thema: Ausländer, Fremde, Fremdenfeindlichkeit, Rechtsextremismus, zusammen mit Monika Bieg-Körber und Mechthild Schirmer.

Pfitzenmaier, Gerd

geb. 1958; Journalist.
Veröffentlichungen:
– Kinder mischen mit. In: Schmitz-Peick (Hrsg.): Wenn der Welt die Luft ausgeht. Kreative Kraft der Kinder. Natur-Dossier 9/1995

Rathgeber, Richard

geb. 1947; seit 1976 wissenschaftlicher Mitarbeiter am Deutschen Jugendinstitut in München; Autor von Sachbüchern für Jugendliche; derzeit tätig als Referent für Öffentlichkeitsarbeit am DJI.
Veröffentlichungen:
– Immer diese Jugend! Ein zeitgeschichtliches Mosaik 1945 bis heute. München 1985
– Wie geht's der Familie? Handbuch zur Situation der Familien heute. München 1988
– Kinderbeauftragte – Anwälte für Kinder oder Alibifiguren. In: Was für Kinder. Aufwachsen in Deutschland. Ein Handbuch. München 1994

Rossius, Juliane

geb. 1954; nach beendeter Lehrerausbildung diverse Hospitationen und Praktika bei Film, Theater und Hörfunk, von 1984 bis 1986 Reporterin und Autorin beim SFB-Hörfunk (u.a. Zeitfunk und „tam tam aktuell"), nach einem Volontariat 1987 Mitarbeit bei Hörfunk und Fernsehen des SFB; seit 1988 Redakteurin der Jugendsendung „Moskito – nichts sticht besser".

Sammet, Matthias

geb. 1962; Diplom-Sozialarbeiter (FH), Student der Wirtschaftswissenschaften, in der verbandlichen und offenen Jugendarbeit tätig seit 1977; seit 1990 Fortbildungsreferent beim Kreisjugendring Rems-Murr e.V.

Schön, Elke

geb. 1948; seit Anfang der 80er Jahre mädchenpolitisch initiativ, langjährig beruflich tätig in verschiedenen Projekten und der Auftragsforschung (Themen: Mädchen-/Jugendarbeitslosigkeit, Berufsorientierung von Mädchen, Arbeitsbedingungen von Frauen, Mädchen und Frauen mit Behinderung, berufliche Eingliederung von Menschen mit Behinderung), wissenschaftliche Mitarbeiterin in Projekten der Ev. Fachhochschule für Sozialwesen Reutlingen, freie Lehrbeauftragte.
Veröffentlichungen:
– Mädchen und junge Frauen in der Region sichtbar machen. Hrsg. von Foelz, C.; Schön, E. u.a. Tübingen 1989
– Frauen und Männer mit geistiger Behinderung auf dem allgemeinen Arbeitsmarkt. Ein Forschungsbericht. Hrsg. vom Bundesministerium für Arbeit und Sozialordnung mit dem LWV Württemberg-Hohenzollern. Reutlingen 1993
– Frauen mit Behinderung auf dem Arbeitsmarkt. In: Barwig, G.; Busch, C. (Hrsg.): Unbeschreiblich weiblich!? Frauen unterwegs zu einem selbstbewußten Leben mit Behinderung. München 1993

Wetzel, Maria

geb. 1960; 1. Staatsexamen Sozialwissenschaften/Geschichte; seit 1992 Redakteurin bei den „Stuttgarter Nachrichten", dort u.a. verantwortlich für „Zeitung in der Schule".

Zwingmann, Georg

geb. 1955; sozialtherapeutische Arbeit mit Kindern, Jugendlichen und Familien in sog. sozialen Brennpunkten, Erziehungsberatung, systemische Familienberatung; derzeit tätig als Schulsozialarbeiter in Stuttgart, Lehrbeauftragter der Berufsakademie Stuttgart.

Die vorliegende Schrift wird im Auftrag des Präsidiums der Aktion Jugendschutz (ajs), Landesarbeitsstelle Baden-Württemberg, Stafflenbergstraße 44, 70184 Stuttgart herausgegeben.

Präsidium:
   Klaus-Peter Lilienfein, Vorsitzender
   Volker Laubert, stellv. Vorsitzender
   Hans-Michael Zimmermann, stellv. Vorsitzender
   Gudrun Mertens, Beisitzerin
   Jürgen Schmidt, Beisitzer

Geschäftsführung:
   Dr. Birgit Ebbert

Die Aktion Jugendschutz (ajs) Baden-Württemberg ist eine Arbeitsgemeinschaft folgender Mitgliedsorganisationen:
Arbeiterwohlfahrt Baden-Württemberg
Beamtenbund Baden-Württemberg
Deutscher Kinderschutzbund, Landesverband Baden-Württemberg
Deutscher Paritätischer Wohlfahrtsverband Baden-Württemberg
Deutsches Rotes Kreuz, Landesverband Baden-Württemberg
Diözese Rottenburg-Stuttgart
Erzdiözese Freiburg
Evang. Landeskirche in Baden
Evang. Landeskirche in Württemberg
Gemeindetag Baden-Württemberg
Gewerkschaft Erziehung und Wissenschaft Baden-Württemberg
Landeselternbeirat Baden-Württemberg
Landesjugendring Baden-Württemberg
Landeswohlfahrtsverband Baden
Landeswohlfahrtsverband Württemberg-Hohenzollern
Landkreistag Baden-Württemberg
Städtetag Baden-Württemberg

Wissenschaftlicher Beirat:
   Dr. Maragrita Beitl
   Prof. Dr. Walter Chilian
   Dr. Paul Diesch
   Hermann Dürr
   Prof. Manfred Dzieyk
   Prof. Dieter R. Eichhorn
   Prof. Martin Furian
   Prof. Dr. Harry Hauke
   Dr. Rudolf Heidemann

   Prof. Dr. Albert Heller
   Dr. Joachim Jungmann
   Prof. Dr. Reinhart Lempp
   Prof. Dr. Dietmar Mieth
   Dr. Anton Monzer
   Manfred Scholz
   Dr. Christa Schweitzer
   Dr. Lothar Ulsamer
   Dr. Helmut Veitshans

Bücher für Erzieher und Lehrer

Materialdienst der Aktion Jugendschutz

Best.-Nr.   Einzelpreis DM

112 **Drogenbekämpfung und Suchtprävention**   14,–
Situationen – Analysen – Perspektiven
„ajs Jahrestagungsband" (170 S.)
Drogenabhängigkeit und Suchterkrankungen belasten und zerstören Familien, schädigen die Gesundheit der Betroffenen, führen zu Subkultur und sozialem Abstieg, erschweren und bedrohen das Zusammenleben in der Gesellschaft. Der Reader geht auf das umfassende Spektrum der Ursachen süchtigen Verhaltens ein und informiert über Möglichkeiten der Vorbeugung in der Bildungs- und Jugendarbeit.

501 **Faszination Kultur statt Sucht und Konsum**   12,–
Dokumentation der Jahrstagung 1993 zum Thema Suchtprävention und Medienpädagogik. Die Veröffentlichung enthält neben praxisnahen Beschreibungen der Workshops und Theateraufführungen die Texte der Referate, die an den drei Tagen gehalten wurden.

507 **Neue Wege zum Glück?**   18,–
Psychokulte – Neue Heilslehren – Jugendsekten
Reihe „ajs Jahrestagungsband" (ca. 240 Seiten)
Jugendliche und Erwachsene suchen in einer sinnverarmten Zeit nach neuen Wegen zum Glück und werden dabei nicht selten Opfer von neuen Heilslehren, die Sinn versprechen und Ein- und Abgrenzung bieten. Diese Sammlung der Referatbeiträge zur Jahrestagung 1991 bietet eine Einführung in die Problematik der Psychokulte und Jugendsekten.

508 **Freiheit und Schutz**   14,–
Ansätze und Perspektiven aktueller Jugendschutzarbeit
Reihe „ajs Jahrestagungsband" (184 S.)
Grundlegende Darstellung eines modernen, pädagogisch orientierten Jugendschutzes. Berücksichtigt wird das neue Jugendschutzrecht und Themen wie vorbeugender Jugend-

schutz in Kindergärten und Schule, polizeilicher Jugendschutz, Kindesmißhandlung, Kinder- und Jugendberatung, jugendliche Ausreißer, Medikamente in der Erziehung und Wertefragen.

516 **Jugend und Gesundheit** 14,–
Standortbestimmung – Gefährdung – Lösungsansätze
Reihe „ajs Jahrestagungsband" (208 S.)
Die körperliche und seelische Gesundheit junger Menschen ist gefährdet. Kinder und Jugendliche gehören nach wie vor zu den häufigsten Opfern im Straßenverkehr; sie werden durch Sexualdelikte bedroht; Kinder sind allzuhäufig gewaltsamen Handlungen Erwachsener ausgesetzt. Orientierungslos und verunsichert fliehen viele Jugendliche in Drogen, Jugendsekten oder in den totalen Medienrausch...

517 **„... und bist du nicht willig..."** 18,–
Gewalt – Kinder und Jugendliche als Opfer und Täter
Reihe „ajs Jahrestagungsband" (ca. 180 S.)
Kinder und Jugendliche fallen immer häufiger als Täter und Opfer auf. Diese Dokumentation der Jahrestagung 1992 umfaßt neben einer Analyse von Ursachen und Ausprägung der Gewalt Projektbereiche aus der Praxis des Umgangs mit Kindern und Jugendlichen.

519 **Jugend – Spiel – Schutz** 14,–
Spiel als Herausforderung für Erziehung und Jugendarbeit
Reihe „ajs Jahrestagungsband" (175 S.)
Spielen ist für Kinder und Jugendliche wichtig. Doch bergen Spiele auch Gefahrenpotentiale. Der Band geht auf Spielbedürfnisse, suchtartige Spielleidenschaft und aggressive Spielinhalte ein.

Alle Bestellungen unter Angabe der jeweiligen Best.-Nr. direkt an die

Aktion Jugendschutz (ajs),
Landesarbeitsstelle Baden-Württemberg,
Stafflenbergstraße 44, 70184 Stuttgart,
Telefon (07 11) 23 73 70
Telefax (07 11) 2 37 37 30